中等职业学校系列规划教材

数　　学

（下册）（第二版）

刘丹华　主编

清华大学出版社
北　京

内容简介

《数学(下册)(第二版)》是为中等职业教育数学课程编写的教材的下册部分，对应有《数学学习手册(下册)(第二版)》(ISBN:978-7-302-47300-8)。本书共6章，第6章介绍了角的概念与度量制度、三角函数的概念与变换公式、三角函数的图像与性质、解三角的知识；第7章介绍了向量的有关概念与基本运算、向量的坐标与运算、向量平行与垂直的条件、向量的平移公式；第8章介绍了直线的有关概念、直线方程的形式与建立、两条直线的位置关系与相关公式；第9章介绍了曲线与方程的概念，圆、椭圆、双曲线、抛物线的概念、图像与几何性质；第10章介绍了计数原理、随机事件与概率、数理统计的基本概念、抽样方法及用样本估计总体的方法；第11章介绍了平面图形的基本性质与直观图的画法、空间两条直线的位置关系的判断与性质、空间直线与平面的性质与判定、空间两个平面的位置关系的判定与性质、多面体与球体的概念与性质及其面积公式与体积公式。

本书内容结构设置合理，既遵循"教学大纲"与"考试大纲"要求，又符合中职生的学习规律与教学规律，并注重学生学科知识的学习与学习能力的培养。全书概念清晰严谨，定理与性质简洁明了，知识科学实用，文字简洁流畅；精选的例题与习题，易于学生巩固知识与解决问题能力的提升。本书既渗透了教法指点，又融入了学法指导，是一册能满足专业学习需要和升学考试要求的实用教材。

本书教学课件及相关资源可通过网站 http://www.tupwk.com.cn 免费下载。

图书在版编目(CIP)数据

数学. 下册 / 刘丹华　主编. —2版. —北京：清华大学出版社，2017(2023.7重印)

(中等职业学校系列规划教材)

ISBN 978-7-302-47295-7

Ⅰ. ①数… Ⅱ. ①刘… Ⅲ. ①数学课－中等专业学校－教材 Ⅳ. ①G634.601

中国版本图书馆 CIP 数据核字(2017)第125981号

责任编辑：王　定　程　琪
封面设计：牛艳敏
版式设计：思创景点
责任校对：牛艳敏
责任印制：曹婉颖

出版发行：清华大学出版社
网　　址：http://www.tup.com.cn，http://www.wqbook.com
地　　址：北京清华大学学研大厦A座　**邮　　编：**100084
社 总 机：010-83470000　**邮　　购：**010-62786544
投稿与读者服务：010-62776969，c-service@tup.tsinghua.edu.cn
质 量 反 馈：010-62772015，zhiliang@tup.tsinghua.edu.cn
课 件 下 载：http://www.tup.com.cn，010-62781730
印 装 者：三河市龙大印装有限公司
经　　销：全国新华书店
开　　本：185mm×260mm　**印　　张：**14　**字　　数：**287千字
版　　次：2015年8月第1版　2017年9月第2版　**印　　次：**2023年7月第10次印刷
定　　价：49.80元

产品编号：075036-03

本书编委会

主　编： 刘丹华

副主编： 尚文婷　杨贫智　张玉婷　张　正

编　委： 刘伟峰　田淑文　黄美德　王　凌　杨永军　罗　樟　樊青冬　杨贫智　操柏松　杨纯琦　王　伟　葛　静　于德林　张晓风　卢友波

前　　言

本套教材是中等职业教育课程改革规划教材，是根据教育部颁布的《中等职业学校教学大纲》(以下简称“教学大纲”)的精神，以及多年来广东省中职学校的学科教学实践经验与学生的实际情况编写的。本套教材坚持“教学大纲”及《2017 年广东省高等职业院校招收中等职业学校毕业生数学学科考试大纲》(以下简称“考试大纲”)对“课程教学目标”的定位要求，兼顾了专业教学与升学教学的需求，相应完成了《数学(第二版)》(上、下册)。每册教材配备了学习手册、电子教案及部分动画教学素材。教材内容的选择严格根据“教学大纲”与“考试大纲”规定的“教学内容的要求”“认知的要求”及“技能与能力的要求”。

本套教材包括以下书目：

《数学(上册)(第二版)》	ISBN：978-7-302-47301-5	定价：35.00 元
《数学学习手册(上册)(第二版)》	ISBN：978-7-302-47302-2	定价：32.00 元
《数学(下册)(第二版)》	ISBN：978-7-302-47295-7	定价：35.00 元
《数学学习手册(下册)(第二版)》	ISBN：978-7-302-47300-8	定价：32.00 元

本套教材主要体现了以下编写特色：

(1) 体现了基础性。在确保科学性的基础上，大幅度调整了教材难度，注重新旧知识的衔接，极大地减轻了学生的学习负担，增强了学生学习数学的自信心。

(2) 体现了分层教学的思想。考虑到学生的差异性与不同的教学目标要求，对知识应用的例题及跟踪练习的难度进行阶梯性设置，其中，标示“●”的例题及跟踪练习是为满足学有余力或有升学要求的学生而设置的。

(3) 突出了教与学实践过程的有机结合。根据中职生的年龄特征和心理特点，以及课堂教学的基本理论，本套教材通过旧知识链接、小组互动、动动脑以及说明、评注贯穿每小节的内容，并重视教学方法与学生的学习方法的指导，这样不仅引导教师合理地组织安排教学，而且帮助学生采用正确的学习方法学习数学。

(4) 突出了针对性。人性化结构模式，不仅可节省任课教师的教学设计时间，以便对中等职业教育数学学习困难生加强辅导力度，而且极大程度地方便了中职生课前预习、课后巩固复习和及时检查反馈。

(5) 突出了职业性。选择了与专业学习、日常生活、生产岗位及经济领域相关的素材，引入新知识学习，并体验利用数学知识解决实际问题。

(6) 突出了实用性。本套教材的配套学习手册不仅兼顾了普通配套练习的所有功能，而且每章节配有学法指导，指导学生每学一节内容要及时梳理知识与总结解题方法，另增设课堂练习的配置，让学生能学会恰当的学习方式，并牢固掌握新知识及知识应用的方法。此外，还为本套教材编制了可修改的教学课件，不仅有新授课教学课件，而且有习题课与复习课的教学课件，每一小节教学课件还配有课堂练习的演讲答案，相关资源可通过 www.tupwk.com.cn 免费下载。

本套教材编写的依据为：不仅反复研读“教学大纲”与“考试大纲”，而且调研并分析近年来中等职业教育数学教学的实际情况，了解教学主体与客体喜爱哪种类型的教材，使本套教材不仅方便老师教学，也方便学生自学，以谋求教材结构的最优化，既减轻了学生的学习负担和老师的教学负担，又实现了课堂学科教学效率的最大化。

根据上述编写思路，本套教材每章节分两部分，一部分是教材主体内容，另一部分是教法与学法指导。主体内容由观察与思考、新知识学习、新知识应用组成，每一节还配有本节知识的综合习题，每一章配有本章知识的复习参考题及阅读材料。每小节新知识学习配有说明，以强化新知识的理解；每小节新知识应用配有评注，以揭示解题方法与思想，另外配备的跟踪练习是让学生模仿并理解每种题型的解题方法。无论是教材章节内容还是学习手册内容均能紧扣“数学大纲”和“考试大纲”要求，不仅有助于学生课前预习、课中学习、课后复习，而且有利于学生掌握扎实的基础知识，把握学习新知识的重点与难点，提高数学学科的学习能力与技能。此外还注重学科学习的实效性，收录了适量的应用型和能力型练习题，配有解题思路与方法的指导，使教师和学生在整个学习过程中能够做到“讲练结合，学练结合”，并能及时强化学习效果，提高应用数学知识解决问题的能力，激发学生对数学学科的学习兴趣。

本书为《数学(下册)(第二版)》，包含三角函数、平面向量、直线、二次曲线、概率与数理统计初步、立体几何 6 个章节。完成本书内容需要 94 学时，学时分配如下表所示。

学时分配表章节	第 6 章 三角函数	第 7 章 平面向量	第 8 章 直线	第 9 章 二次曲线	第 10 章 概率与数理统计初步	第 11 章 立体几何
学时数	24	10	10	18	12	14
机动学时数	6					

本书由刘丹华担任主编。清华大学出版社对本套教材的编写与出版提供了很大的帮助，在此深表感谢！

由于编者的学术水平有限，书中难免存在不足之处，恳请广大读者和专家提出宝贵的意见和建议，反馈邮箱 383270415@qq.com，电话：01062794504。

编　者

2017 年 5 月

目　录

第6章 三角函数

6.1 角的概念推广及其度量

6.1.1 角的概念推广

观察与思考

观察：初中学过角，角的度数不超过一个周角，但在现实生活中角的绝对量常常超过了 $360°$，如图 6－1 所示.

图 6－1

思考：如何表示它们旋转的角度呢？

现在从旋转方向和旋转数量来推广角的概念.

旧知识链接：

阅读数学上册中第 11～12 页的并集运算.

新知识学习

1. 角的概念

（1）角的定义

角可以看作一条射线绕着它的端点旋转而成的图形. 如图 6－2 所示，比如 $\angle AOB$ 的顶点为 O，始边为 OA，终边为 OB.

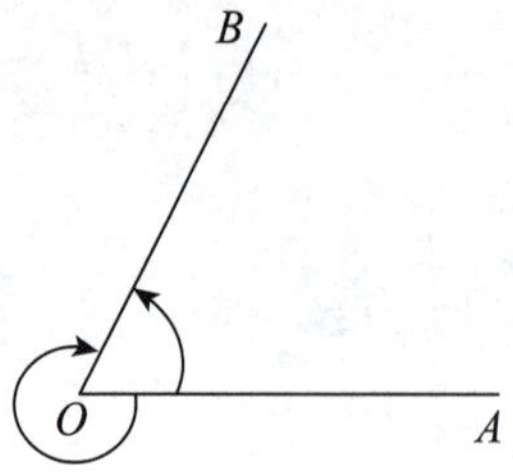

图 6-2

(2) 角的分类

在平面内，一条射线绕着它的端点旋转有两个相反的方向：顺时针方向和逆时针方向，如图 6-2 所示. 按逆时针方向旋转而成的角叫做**正角**，当射线没有旋转时，把它看成一个角，叫做**零角**. 按顺时针方向旋转而成的角叫做**负角**.

在画图时，常用带箭头的弧表示旋转的方向和旋转的绝对量. 旋转生成的角，又常称为**转角**. 例如图 6-3(1) 中 $\angle AOB$ 是正角，图 6-3(2) 中 $\angle COD$ 是零角，图 6-3(3) 中 $\angle EOF$ 是负角.

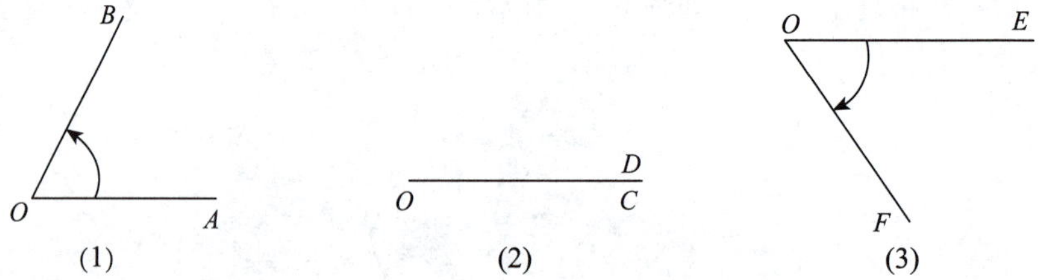

图 6-3

比如：若一条射线绕它的端点从初始位置按逆时针方向旋转一周形成的角是 360°，那么按顺时针方向旋转半周形成的角是 −180°；按逆时针方向旋转 $\frac{1}{4}$ 周形成的角是 90°；而先按逆时针方向旋转 $\frac{1}{4}$ 周，接着又按顺时针方向旋转 $\frac{1}{8}$ 周，这两次旋转的总效果形成的角是 45°(如图 6-4 所示).

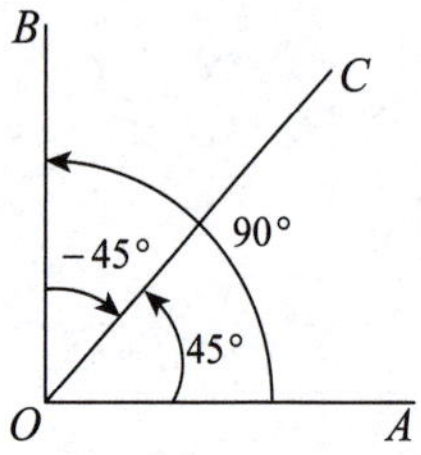

图 6-4

小组互动：

探讨并理解角的概念与范围.

说明：① 各角和的旋转量等于各角旋转量的和. 一般地，$\alpha-\beta$ 可直接看成 α 与 $-\beta$ 的代数和.

② 由角的概念可知，可以有任意大小的正角、负角或零角.

2. 终边相同的角

(1) 观察与思考

如图 6-5 所示，$\angle AOB$ 表示以 OA 为始边，以 OB 为终边的角. 显然，如果不指出旋转量的大小，它可以表示许多旋转量不同的角，但这些角彼此相差 360°的整数倍. 设$\angle AOB=\alpha$，则

$\alpha+360°$，　　$\alpha-360°$，

$\alpha+2\cdot 360°$，　　$\alpha-2\cdot 360°$，

$\alpha+3\cdot 360°$，　　$\alpha-3\cdot 360°$，

…

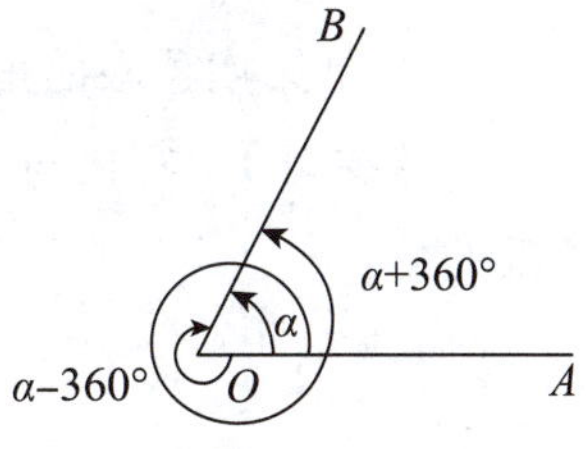

图 6-5

它们的始边和终边都分别相同.

(2) 终边相同的角

所有与角 α 终边相同的角构成的集合为

$$\{\beta|\beta=k\cdot 360°+\alpha,\ k\in\mathbf{Z}\}.$$

比如：与 60°终边相同的角的集合为$\{\beta|\beta=k\cdot 360°+60°,\ k\in\mathbf{Z}\}$，与 $-45°$终边相同的角的集合为$\{\beta|\beta=k\cdot 360°-45°,\ k\in\mathbf{Z}\}$.

小组互动：

探讨并理解终边相同的角的概念及形式.

(3) 象限角

在直角坐标系中讨论角，通常使角的顶点与坐标原点重合，角的始边与 x 轴的非负半轴重合，它的终边落在第几象限，就叫做**第几象限的角**. 角的终边落在坐标轴上的角，称为**界限角**. 如图 6-6 所示，

$\angle xOA$ 是第一象限的角，$\angle xOB$ 是第二象限的角，

$\angle xOC$ 是第三象限的角，$\angle xOD$ 是第四象限的角，

$\angle xOy$ 不属于任何象限.

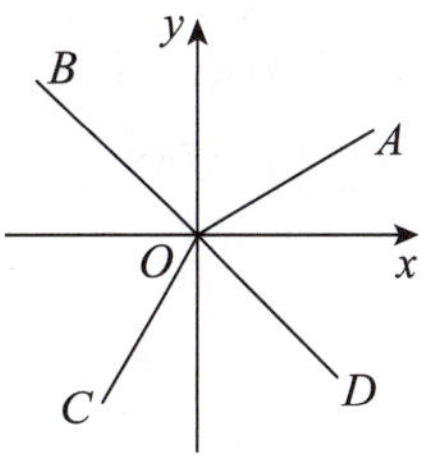

图 6-6

小组互动：

探讨并理解象限角与界限角的概念.

说明： 在 0°～360°范围内，当 $0°<\alpha<90°$时，α 是第一象限的角；当 $90°<\alpha<180°$时，α 是第二象限的角；当 $180°<\alpha<270°$时，α 是第三象限的角；当 $270°<\alpha<360°$时，α 是第四象限的角.

新知识应用

例题 1　写出与下列各角终边相同的角的集合，并指出它们是哪个象限的角：

(1) 125°；　　　　(2) $-50°$.

解： (1) 与 125°终边相同的角的集合是

$$A=\{x|x=k\cdot 360°+125°,\ k\in\mathbf{Z}\},$$

因为 125° 是第二象限的角，所以集合 A 中的角都是第二象限的角.

(2) 与 -50° 终边相同的角的集合是

$$B=\{x \mid x=k\cdot 360^\circ-50^\circ,\ k\in\mathbf{Z}\}.$$

因为 -50° 是第四象限的角，所以集合 B 中的角都是第四象限的角.

动动脑：

归纳写出与任意角的终边相同的角的集合的方法.

跟踪练习 1 写出与下列各角终边相同的角的集合，并指出它们是哪个象限的角：

(1) 85°；　　(2) 289°.

例题 2 在 $0^\circ\sim360^\circ$ 之间，找出与下列各角终边相同的角，并判定分别是哪个象限的角：

(1) 855°；　　(2) -650°.

解：(1) 因为 $855^\circ=2\times360^\circ+135^\circ$，

所以 855° 的角与 135° 的角的终边相同，它是第二象限的角.

(2) 因为 $-650^\circ=-2\times360^\circ+70^\circ$，

所以 -650° 的角与 70° 的角的终边相同，它是第一象限的角.

动动脑：

归纳判断任意角所在象限的常规方法与技巧.

跟踪练习 2 在 $0^\circ\sim360^\circ$ 之间，找出与下列各角终边相同的角，并判定分别是哪个象限的角：

(1) 768°；　　(2) -490°.

例题 3 写出终边在 x 轴上的角的集合.

解：终边在 x 轴的正半轴上的一个角为 0°，终边在 x 轴负半轴上的一个角为 180°（如图 6－7 所示），因此，终边在 x 轴的正半轴、负半轴上的角的集合分别是

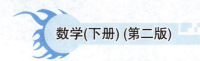

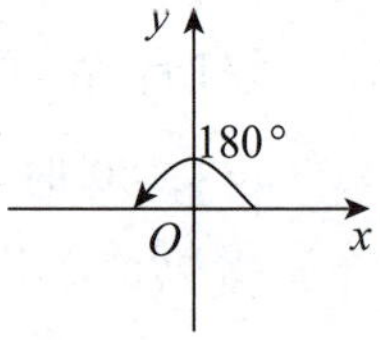

图 6－7

$P=\{x \mid x=k\cdot 360^\circ,\ k\in\mathbf{Z}\}$；

$Q=\{x \mid x=k\cdot 360^\circ+180^\circ,\ k\in\mathbf{Z}\}$，

所以终边在 x 轴上的角的集合为

$$\begin{aligned}P\cup Q&=\{x \mid x=k\cdot 360^\circ,\ k\in\mathbf{Z}\}\cup\{x \mid x=k\cdot 360^\circ+180^\circ,\ k\in\mathbf{Z}\}\\&=\{x \mid x=2k\cdot 180^\circ,\ k\in\mathbf{Z}\}\cup\{x \mid x=(2k+1)\cdot 180^\circ,\ k\in\mathbf{Z}\}\\&=\{x \mid x=k\cdot 180^\circ,\ k\in\mathbf{Z}\}.\end{aligned}$$

跟踪练习 3 写出终边在 y 轴上的角的集合.

动动脑：

归纳写出终边在坐标轴上的角的集合的常规方法与技巧.

例题 4 写出第二象限的角的集合.

解： 在 0°～360°之间，第二象限的角取值范围是 $90°<\alpha<180°$，所以第二象限的角的集合是

$$\{x \mid k\cdot 360°+90°<x<k\cdot 360°+180°,\ k\in \mathbf{Z}\}.$$

跟踪练习 4 写出第一象限的角的集合.

动动脑：

归纳写出各象限角的集合的常规方法与技巧.

6.1.2 弧度制

观察与思考

初中我们学习过用“度”为单位来度量角的大小，但度的换算单位较复杂，它采用的是六十进制，实际问题中常采用另一种度量单位——弧度.

旧知识链接：

复习圆的周长公式.

新知识学习

1. 角度制

如图 6－8 所示，把一圆周 360 等分，则其中 1 份所对的圆心角是 1 度角. 这种用度做单位来度量角的制度叫做**角度制**.

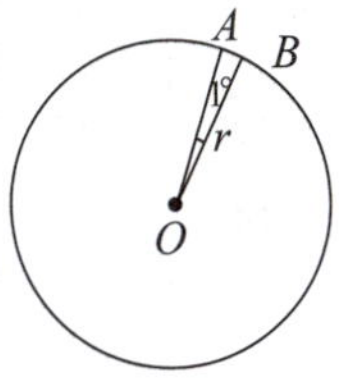

图 6－8

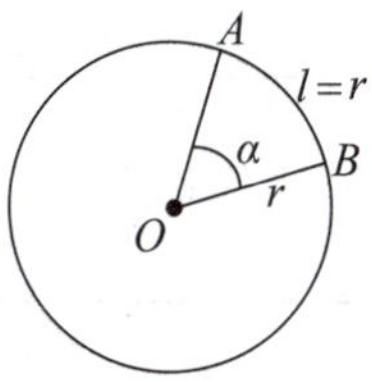

图 6－9

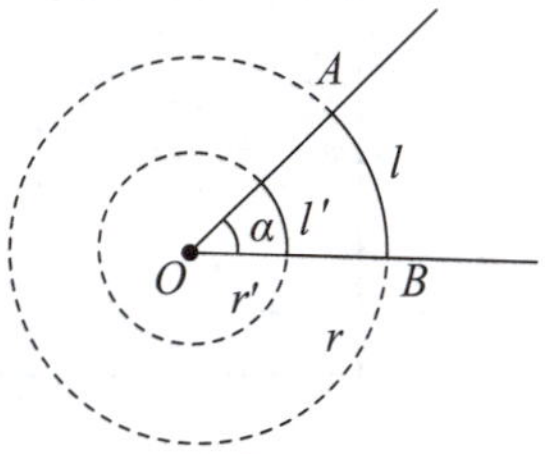

图 6－10

2. 弧度制

（1）1 弧度的角

把等于半径长的圆弧所对的圆心角叫做 **1 弧度的角**，1 弧度记作 1rad. 用“弧度”做单位度量角的制度叫做**弧度制**.

如图 6－9 所示，$\overset{\frown}{AB}$的长等于半径 r，$\overset{\frown}{AB}$所对的圆心角就是 1 弧度的角，记为 1rad.

小组互动：

探讨能否将 1 角写成 1°角，或将 1°角写成 1 角？

说明：① 由于角有正负，规定：正角对应正的弧度数，负角对应负的弧度数，零角对应零弧度数；

② 观察图 6-10，两个大小不同的同心圆，虽然同一圆心角所对弧长与半径都不相等，但它们的比值相同.

（2）公式

由 1 弧度的角定义可知：

$$|\alpha|=\frac{l}{r}\Rightarrow l=|\alpha|r\Rightarrow S_{扇形}=\frac{1}{2}|\alpha|r^2.$$

其中 α 为已知角的弧度数，l 为圆心角 α 所对的弧长，r 为圆的半径.

3. 角度与弧度互换

由弧度数公式，得

$$周角=\frac{l}{r}=\frac{2\pi r}{r}=2\pi\ \mathrm{rad}=360°,$$

于是可以得到角度制与弧度制的换算关系：

$$\pi\ \mathrm{rad}=180°;$$

$$1\mathrm{rad}=\left(\frac{180}{\pi}\right)^{\circ}\approx 57°18'=57.30°;$$

$$1°=\frac{\pi}{180}\mathrm{rad}\approx 0.01745\mathrm{rad}.$$

说明：所有与角 α 始边、终边分别相同的角构成的集合弧度表示形式为 $\{x\mid x=2k\pi+\alpha,\ k\in\mathbf{Z}\}$.

一些常用特殊角的度数与弧度数的对应值，如表 6-1 所示.

小组互动：

探讨特殊角的弧度与角度互换形式的记忆方法.

表 6-1

周角	0	$\frac{1}{12}$	$\frac{1}{8}$	$\frac{1}{6}$	$\frac{1}{4}$	$\frac{1}{2}$	$\frac{3}{4}$	1
度	0°	30°	45°	60°	90°	180°	270°	360°
弧度	0	$\frac{\pi}{6}$	$\frac{\pi}{4}$	$\frac{\pi}{3}$	$\frac{\pi}{2}$	π	$\frac{3\pi}{2}$	2π

新知识应用

例题 5 把下列各角由角度化为弧度：240°，330°，−40°30′.

解：$240°=240\times\frac{\pi}{180}\ \mathrm{rad}=\frac{4\pi}{3}\ \mathrm{rad}$；

$330°=330\times\frac{\pi}{180}\ \mathrm{rad}=\frac{11\pi}{6}\ \mathrm{rad}$；

$-40°30'=-40.5°=-40.5\times\frac{\pi}{180}\ \mathrm{rad}=-\frac{9\pi}{40}\ \mathrm{rad}.$

跟踪练习 5　把下列各角由角度化为弧度：

$$210°,\ -120°,\ 31.5°.$$

动动脑：

归纳将任意角的角度形式化为弧度形式的常规方法与技巧.

例题 6　把下列各角由弧度化成角度：

$$\frac{3\pi}{5},\ -2,\ \frac{7\pi}{3}.$$

解： $\frac{3\pi}{5}=\frac{3}{5}\times180°=108°$；$-2=-2\times\frac{180°}{\pi}=-\frac{360°}{\pi}$；

$\frac{7\pi}{3}=\frac{7}{3}\times180°=420°$.

跟踪练习 6　把下列各角由弧度化成角度：

$$-\frac{5\pi}{6},\ \frac{8\pi}{3},\ 3.$$

动动脑：

归纳将任意角的弧度形式化为角度形式的常规方法与技巧.

例题 7　把$-\frac{33\pi}{5}$化成 $0\sim2\pi$ 之间的角加上 $2k\pi(k\in\mathbf{Z})$的形式，并判断该角所在的象限.

解： 因为$-\frac{33\pi}{5}=-8\pi+\frac{7\pi}{5}$，所以$-\frac{33\pi}{5}$与$\frac{7\pi}{5}$的终边相同.

又因为$\frac{7\pi}{5}$的终边在第三象限，所以$-\frac{33\pi}{5}$是第三象限的角.

跟踪练习 7　把$\frac{22\pi}{3}$化成 $0\sim2\pi$ 之间的角加上 $2k\pi(k\in\mathbf{Z})$的形式，并判断该角所在的象限.

动动脑：

归纳判断任意弧度角所在象限的常规方法与技巧.

例题 8　如图 6－11 所示，$\overset{\frown}{AB}$所对的圆心角是 150°，半径为 12，求$\overset{\frown}{AB}$的长及扇形面积(精确到 0.1).

解： 因为 $150°=\frac{5\pi}{6}$，所以

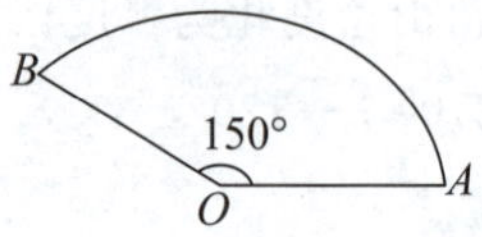

图 6－11

$$l=|\alpha|r=\frac{5\pi}{6}\times 12=10\pi\approx 10\times 3.142=31.42\approx 31.4,$$

$$S_{扇形}=\frac{1}{2}|\alpha|r^2=\frac{1}{2}\times\frac{5\pi}{6}\times 12^2=60\pi\approx 60\times 3.142\approx 188.5.$$

答：$\overset{\frown}{AB}$的长 31.4，所对应的扇形面积为 188.5.

动动脑：

归纳利用弧长公式与扇形面积公式解决数学问题的常规方法.

跟踪练习 8 求半径为 6cm，圆心角为 120°的扇形面积.

6.2　任意角的三角函数

6.2.1　任意角的三角函数

观察与思考

旧知识链接：

复习比值的特征及初中所学习的正弦、余弦与正切的概念.

观察：如图 6－12 所示，已知任意角 α，以角 α 的顶点 O 为坐标原点，以角 α 的始边方向作为 x 轴的正方向，建立平面直角坐标系 xOy，并且使 $\angle xOy=90°$. 在角 α 的终边上，任取两点 $P(x, y)$，$P'(x', y')$，设 $|\overrightarrow{OP}|=r(r\neq0)$，$|\overrightarrow{OP'}|=r'(r'\neq0)$，则由平行线分线段成比例的性质可知：

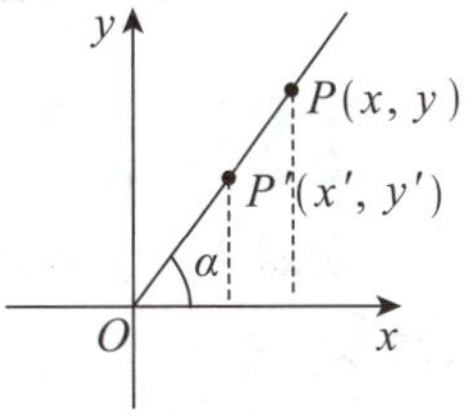

图 6－12

$$\frac{x}{r}=\frac{x'}{r'},\quad \frac{y}{r}=\frac{y'}{r'},\quad \frac{x}{y}=\frac{x'}{y'};$$

思考：这三个比值 $\frac{x}{r}$，$\frac{y}{r}$，$\frac{y}{x}$ 不论点 P 在终边上的任何位置(除原点外)，它们都是定值，它们只依赖于 α 的大小，与点 P 在 α 终边上的位置无关，即当点 P 在 α 的终边上变化时，这三个比值始终等于定值.

新知识学习

1. 任意角的三角函数的概念

如图 6－13 所示，在直角坐标系 xOy 中，任意角的终边为 OA，在 OA 上任意取一点 P，如果点 P 的坐标为 (x, y)，P 点到原点 O 的距离 $|OP|$ 为 r $(r=\sqrt{x^2+y^2}>0)$，那么 x，y，r 这三个数可以定义以下三角函数：

正弦函数 $\sin\alpha=\frac{y}{r}$；

余弦函数 $\cos\alpha=\frac{x}{r}$；

正切函数 $\tan\alpha=\frac{y}{x}$.

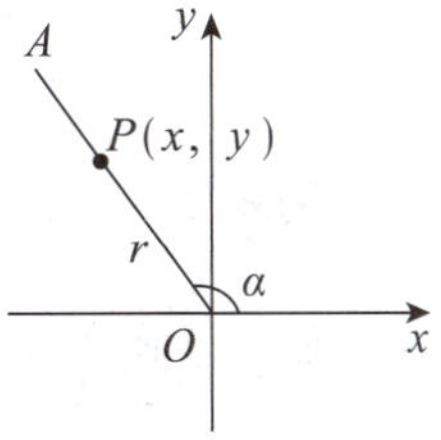

图 6－13

说明：当 α 为锐角时，上述所定义的三角函数，与在直角三角形中所定义的三角函数是一致的.

2. 特殊角的三角函数值

由三角函数的定义可得如表 6－2 所示特殊角的三角函数值.

小组互动：

探讨特殊角三角函数值的记忆方法与技巧.

表 6 - 2

α	0 (0°)	$\frac{\pi}{6}$ (30°)	$\frac{\pi}{4}$ (45°)	$\frac{\pi}{3}$ (60°)	$\frac{\pi}{2}$ (90°)	π (180°)
$\sin\alpha$	0	$\frac{1}{2}$	$\frac{\sqrt{2}}{2}$	$\frac{\sqrt{3}}{2}$	1	0
$\cos\alpha$	1	$\frac{\sqrt{3}}{2}$	$\frac{\sqrt{2}}{2}$	$\frac{1}{2}$	0	-1
$\tan\alpha$	0	$\frac{\sqrt{3}}{3}$	1	$\sqrt{3}$	不存在	0

新知识应用

例题 1 已知角 α 终边上一点 $P(-2, 2)$，求角 α 的三个三角函数值（图 6 - 14）.

解： 已知 $P(-2, 2)$，则

$$r=|OP|=\sqrt{(-2)^2+2^2}=2\sqrt{2}.$$

由三角函数的定义，得

$$\sin\alpha=\frac{y}{r}=\frac{2}{2\sqrt{2}}=\frac{\sqrt{2}}{2},$$

$$\cos\alpha=\frac{x}{r}=\frac{-2}{2\sqrt{2}}=-\frac{\sqrt{2}}{2},$$

$$\tan\alpha=\frac{y}{x}=\frac{2}{-2}=-1.$$

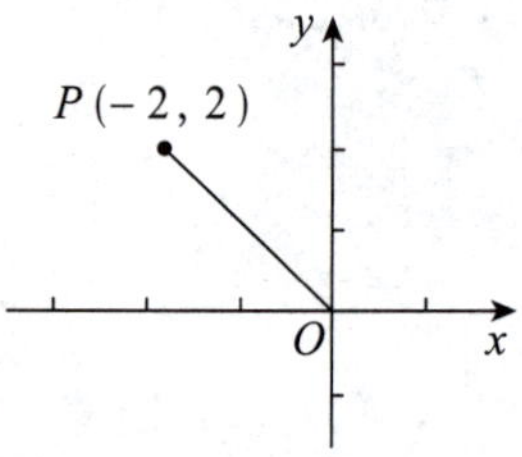

图 6 - 14

动动脑：

归纳由已知角的终边上一点求其三角函数值的常规方法.

跟踪练习 1 已知角 α 终边上一点 $A(5, -12)$，求角 α 的三个三角函数值.

例题 2 计算 $3\tan\frac{\pi}{4}-\sqrt{2}\sin\frac{\pi}{4}+4\cos\pi-\tan 0$ 的值.

解： $3\tan\frac{\pi}{4}-\sqrt{2}\sin\frac{\pi}{4}+4\cos\pi-\tan 0$

$=3\times1-\sqrt{2}\times\frac{\sqrt{2}}{2}+4\times(-1)-0$

$=3-1-4$

$=-2.$

跟踪练习 2 计算$\sqrt{3}\sin60^\circ+3\tan30^\circ-\sqrt{2}\cos45^\circ+\cos90^\circ$的值.

动动脑：

归纳求特殊角的三角函数式值的常规方法.

例题 3 角 α 终边经过点 $A(x,\ 12)$，且 $\cos\alpha=-\dfrac{5}{13}$，求 x 的值.

解： 已知点 $A(x,\ 12)$的横坐标是 $x(x<0)$，纵坐标是 $y=12$，所以 $r=\sqrt{x^2+y^2}=\sqrt{x^2+12^2}$. 由三角函数的定义及已知条件可知：

$$\cos\alpha=\frac{x}{\sqrt{x^2+12^2}}=-\frac{5}{13}.$$

解得 $x=-5$ 或 $x=5$(舍去).

所以 x 的值为-5.

小组互动：

探讨为何 $x<0$？

跟踪练习 3 角 α 的终边经过点 $P(-3,\ y)$，且 $\sin\alpha=\dfrac{4}{5}$，求 y 的值.

动动脑：

归纳由三角函数值确定点的坐标的常规方法.

例题 4 已知 α 是第三象限的角，并且终边在直线 $y=2x$ 上，求 $\sin\alpha$，$\cos\alpha$ 和 $\tan\alpha$ 的值.

分析： 首先在位于第三象限的直线 $y=2x$ 上任取不是原点的一点，然后计算 r 的值，最后由任意角的三角函数的定义求出 $\sin\alpha$、$\cos\alpha$ 和 $\tan\alpha$ 的值.

解： 因为 α 是第三象限的角，且终边在直线 $y=2x$ 上，

所以可在角 α 的终边上取点 $P(-1,\ -2)$，则

$$r=\sqrt{x^2+y^2}=\sqrt{(-1)^2+(-2)^2}=\sqrt{5},$$

$$\sin\alpha=\frac{y}{r}=\frac{-2}{\sqrt{5}}=-\frac{2\sqrt{5}}{5},$$

$$\cos\alpha=\frac{x}{r}=\frac{-1}{\sqrt{5}}=-\frac{\sqrt{5}}{5},$$

$$\tan\alpha=\frac{y}{x}=\frac{-2}{-1}=2.$$

动动脑：

归纳求角的终边在已知直线上的三角函数值的常规方法与技巧.

● **跟踪练习 4**　已知 α 是第二象限的角，且终边在直线 $y=-x$ 上，求 $\sin\alpha$ 和 $\cos\alpha$ 的值.

6.2.2　三角函数在各象限的符号

旧知识链接：

阅读教材下册中第 3 页终边相同的角的内容及确定任意角所在象限的内容.

观察与思考

观察： 正弦函数 $\sin\alpha=\dfrac{y}{r}$；余弦函数 $\cos\alpha=\dfrac{x}{r}$；正切函数 $\tan\alpha=\dfrac{y}{x}$.

思考： 分析三角函数在各象限的符号

当 α 是第一象限的角时，x ______ 0，y ______ 0，则

$\sin\alpha$ ______ 0，$\cos\alpha$ ______ 0，$\tan\alpha$ ______ 0；

当 α 是第二象限的角时，x ______ 0，y ______ 0，则

$\sin\alpha$ ______ 0，$\cos\alpha$ ______ 0，$\tan\alpha$ ______ 0；

当 α 是第三象限的角时，x ______ 0，y ______ 0，则

$\sin\alpha$ ______ 0，$\cos\alpha$ ______ 0，$\tan\alpha$ ______ 0；

当 α 是第四象限的角时，x ______ 0，y ______ 0，则

$\sin\alpha$ ______ 0，$\cos\alpha$ ______ 0，$\tan\alpha$ ______ 0.

新知识学习

小组互动：

探讨任意角的三角函数在各象限符号的记忆方法.

由三角函数的定义可得，三角函数在各象限的符号如图 6 - 15 所示.

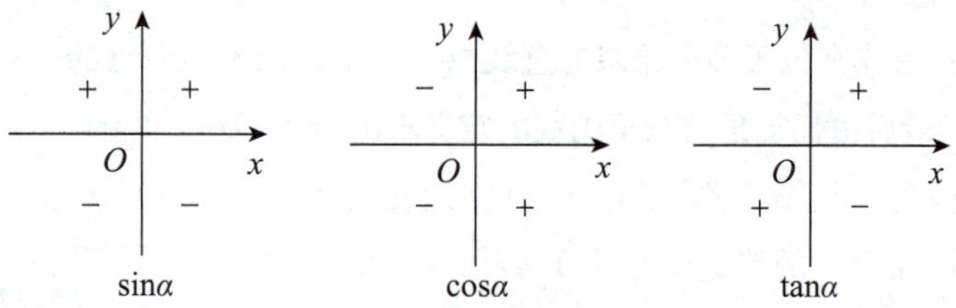

图 6 - 15

新知识应用

例题 5　如果 $\sin\alpha>0$，则 α 是______或______象限的角，或______；如果 $\cos\alpha<0$，则 α 是______或______象限的角，或______.

解： 当 $\sin\alpha>0$ 时，α 是第一象限或第二象限的角，或终边位于 y 轴的正半轴；当 $\cos\alpha<0$ 时，α 是第二象限或第三象限的角，或终边位于 x 轴的负半轴.

跟踪练习 5　如果 $\cos\alpha>0$，则 α 是______或______象限的角，或______；如果 $\tan\alpha<0$，则 α 是______或______象限的角.

动动脑：

归纳由三角函数值的符号判断角所在象限的常规方法.

例题 6　确定下列各三角函数值的符号：

(1) $\sin\left(-\frac{10\pi}{3}\right)$；　　(2) $\tan 670°$.

解：(1) 因为 $-\frac{10\pi}{3}=-4\pi+\frac{2\pi}{3}$，

所以 $-\frac{10\pi}{3}$ 角与 $\frac{2\pi}{3}$ 角的终边相同，位于第二象限，

即 $\sin\left(-\frac{10\pi}{3}\right)>0$；

(2) 因为 $670°=360°+310°$，

所以 $670°$ 角与 $310°$ 角的终边相同，位于第四象限，

即 $\tan 670°<0$

跟踪练习 6　确定下列各三角函数值的符号：

(1) $\cos\left(-\frac{13\pi}{4}\right)$；　　(2) $\sin 1400°$.

动动脑：

归纳判断任意角三角函数值的符号的常规方法.

● **例题 7**　根据 $\cos\alpha<0$，且 $\tan\alpha<0$，确定 α 是第几象限的角.

解：因为 $\cos\alpha<0$，所以 α 是第二或第三象限的角或终边在 x 轴的负半轴上.

又因为 $\tan\alpha<0$，所以 α 是第二或第四象限的角.

所以满足 $\cos\alpha<0$，且 $\tan\alpha<0$ 的 α 是第二象限的角.

● **跟踪练习 7**　根据 $\sin\alpha>0$，且 $\cos\alpha<0$，确定 α 是第几象限的角.

动动脑：

归纳由两种三角函数值的符号判断角所在象限的常规方法.

6.2.3 单位圆和三角函数线

旧知识链接：

阅读教材下册中第 9 页有关三角函数概念的内容.

观察与思考

观察：正弦函数 $\sin\alpha=\frac{y}{r}$；余弦函数 $\cos\alpha=\frac{x}{r}$；正切函数 $\tan\alpha=\frac{y}{x}$.

思考：当 $r=1$ 时，$\sin\alpha=?$，$\cos\alpha=?$；当 $x=1$ 时，$\tan\alpha=?$.

新知识学习

1. 单位圆

(1) 有关概念

如图 6-16 所示，半径为 1 的圆叫做单位圆.

规定：平行坐标轴且与坐标轴正方向同向的线段为正的，而平行坐标轴且与坐标轴正方向相反的线段为负的.

比如：在图 6-16 中，$AB=3$，$BA=-3$；$CD=6$，$DC=-6$.

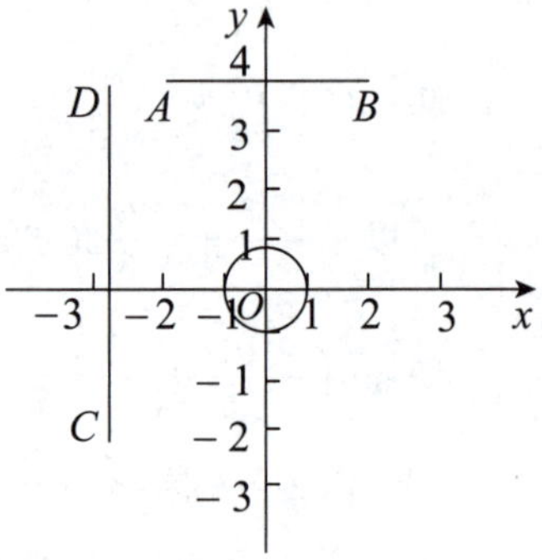

图 6-16

(2) 思考与分析

如图 6-17 所示，设单位圆的圆心与坐标原点重合，则单位圆与 x 轴的正半轴交于点 $A(1, 0)$. 设角 α 的顶点在圆心 O，始边与 x 轴的非负半轴重合，终边与单位圆相交点 $P(x, y)$，过点 P 作 PM 垂直 x 轴于 M，则由三角函数的定义可知：

$$\sin\alpha=\frac{y}{r}=y=MP，\cos\alpha=\frac{x}{r}=x=OM.$$

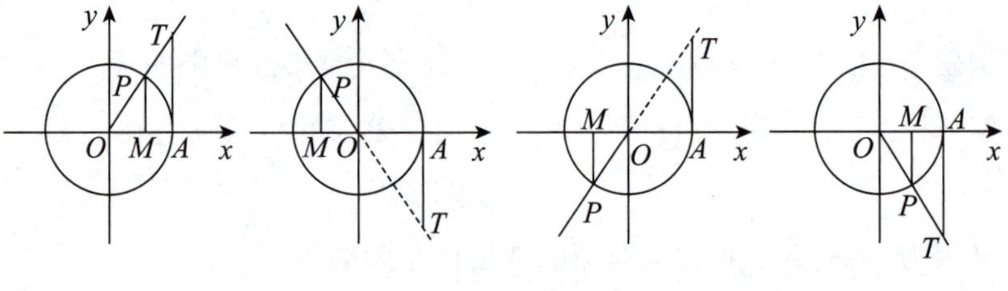

图 6-17

设单位圆在点 A 的切线与 α 的终边或其反向延长线相交于点 T，则由三角函数的定义可知：

$$\tan\alpha=\frac{y}{x}=\frac{MP}{OM}=\frac{AT}{OA}=AT.$$

2. 三角函数线

在单位圆中，规定了方向的线段 MP、OM 和 AT 分别叫做角 α 的正弦线、余弦线和正切线.

说明： 在单位圆中，角 α 的终边与单位圆交点 P 的坐标为$(\cos\alpha, \sin\alpha)$.

小组互动：

探讨并理解作三角函数线的原理.

新知识应用

例题 8　如图 6－18 所示，$\angle xOP=60°$，边 OP 与单位圆相交于点 P，求点 P 的坐标.

解： 设点 P 的坐标为(x, y)，则

$$x=\cos 60°=\frac{1}{2},\ y=\sin 60°=\frac{\sqrt{3}}{2}.$$

所以点 P 的坐标为$\left(\frac{1}{2}, \frac{\sqrt{3}}{2}\right)$.

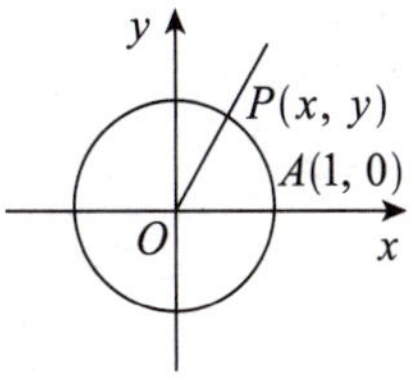

图 6－18

跟踪练习 8　已知 $\alpha=\frac{5\pi}{6}$，角 α 的终边与单位圆相交于 P 点，求点 P 的坐标.

动动脑：

归纳由已知角求角的终边与单位圆的交点坐标的常规方法.

例题 9　在直角坐标系的单位圆中，分别画出 $45°$ 和 $\frac{7\pi}{6}$ 的正弦线、余弦线和正切线.

解： $45°$的正弦线 MP、余弦线 OM 和正切线 AT 如图 6－19(1)所示. $\frac{7\pi}{6}$ 的正弦线 MP、余弦线 OM 和正切线 AT 如图 6－19(2)所示.

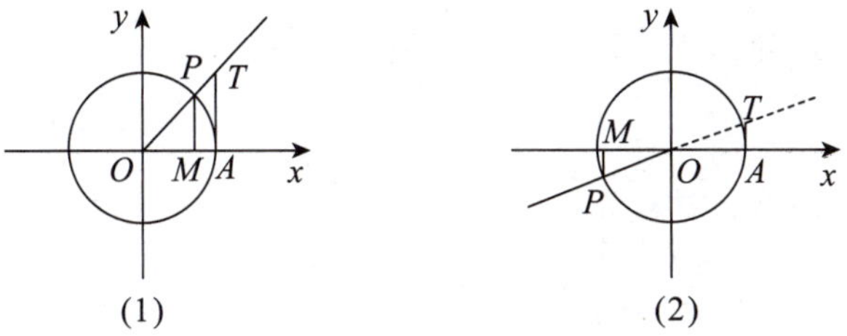

图 6－19

跟踪练习 9　在直角坐标系的单位圆中，分别画出 $60°$ 和 $\frac{3\pi}{4}$ 的正弦线、余弦线和正切线.

动动脑：

归纳作三角函数线的方法与技巧.

6.2.4 同角三角函数的基本关系式

旧知识链接：

阅读教材下册中第 9 页三角函数的概念.

观察与思考

观察：正弦函数 $\sin\alpha=\frac{y}{r}$；余弦函数 $\cos\alpha=\frac{x}{r}$；正切函数 $\tan\alpha=\frac{y}{x}$.

思考：(1) 正切函数可用正弦函数和余弦函数表示，即

$$\frac{\sin\alpha}{\cos\alpha}=\frac{\frac{y}{r}}{\frac{x}{r}}=\frac{y}{x}=\tan\alpha;$$

(2) 正弦函数与余弦函数存在平方关系，即

$$\sin^2\alpha+\cos^2\alpha=\left(\frac{y}{r}\right)^2+\left(\frac{x}{r}\right)^2=\frac{x^2+y^2}{r^2}=1.$$

新知识学习

由三角函数的定义，容易得到以下同角三角函数的基本关系：

平方关系：$\sin^2\alpha+\cos^2\alpha=1$.

商数关系：$\tan\alpha=\frac{\sin\alpha}{\cos\alpha}$.

说明：使用同角三角函数变换公式时应注意

(1) 必须在同角条件下使用；

(2) 同一个公式有三种不同的表达形式，注意灵活运用.

新知识应用

例题 10 已知 $\sin\alpha=\frac{5}{13}$，且 α 是第二象限的角，求角 α 的其他三角函数值.

解：由 $\sin^2\alpha+\cos^2\alpha=1$，得

$$\cos\alpha=\pm\sqrt{1-\sin^2\alpha}.$$

因为 α 是第二象限的角，$\cos\alpha<0$，所以

$$\cos\alpha=-\sqrt{1-\left(\frac{5}{13}\right)^2}=-\frac{12}{13}.$$

由商数关系，得

$$\tan\alpha=\frac{\sin\alpha}{\cos\alpha}=\frac{\frac{5}{13}}{-\frac{12}{13}}=-\frac{5}{12}.$$

评注：此类求值问题一般先求与已知的三角函数有直接关系的三角函

数的值，再根据同角三角函数的基本关系求其他三角函数值.

跟踪练习 10　已知 $\cos\alpha=\frac{4}{5}$，且 α 是第四象限的角，求角 α 的其他三角函数值.

动动脑：

归纳已知一种三角函数值求其他三角函数值的常规方法与技巧.

例题 11　已知 $\tan\theta=-2$，求 $\frac{2\sin\theta+3\cos\theta}{\sin\theta-4\cos\theta}$ 的值.

分析：利用已知条件求三角函数式的值，常规方法有两种：一种是先将已知条件变形，再将变形后的三角式代入所求三角函数式中进行化简求值；另一种是将所求的三角函数式用已知三角函数来表示.

解：方法一

由已知 $\tan\theta=-2$ 得，$\frac{\sin\theta}{\cos\theta}=-2$，即 $\sin\theta=-2\cos\theta$，所以

$$\frac{2\sin\theta+3\cos\theta}{\sin\theta-4\cos\theta}=\frac{2\times(-2\cos\theta)+3\cos\theta}{-2\cos\theta-4\cos\theta}=\frac{-\cos\theta}{-6\cos\theta}=\frac{1}{6}.$$

方法二

由 $\tan\theta=-2$ 知 $\cos\theta\neq0$，所以

$$\frac{2\sin\theta+3\cos\theta}{\sin\theta-4\cos\theta}=\frac{\frac{2\sin\theta+3\cos\theta}{\cos\theta}}{\frac{\sin\theta-4\cos\theta}{\cos\theta}}=\frac{2\tan\theta+3}{\tan\theta-4}=\frac{2\times(-2)+3}{-2-4}=\frac{1}{6}.$$

跟踪练习 11　已知 $\tan\alpha=3$，求 $\frac{3\sin\alpha-\cos\alpha}{5\sin\alpha+\cos\alpha}$ 的值.

动动脑：

归纳已知一种三角函数值求相关三角函数式的值的常规方法与技巧.

例题 12　化简：

(1) $\frac{\sin\theta+\cos\theta}{1+\tan\theta}$；　　(2) $\sqrt{1-\cos^2 280^\circ}$.

解：(1) $\frac{\sin\theta+\cos\theta}{1+\tan\theta}=\frac{\sin\theta+\cos\theta}{1+\frac{\sin\theta}{\cos\theta}}=\frac{\sin\theta+\cos\theta}{\frac{\cos\theta+\sin\theta}{\cos\theta}}=\cos\theta$；

(2) $\sqrt{1-\cos^2 280^\circ}=\sqrt{\sin^2 280^\circ}=|\sin280^\circ|$，

因为 280° 是第四象限的角，所以 $\sin280^\circ<0$，

即原式 $=-\sin280^\circ$.

评注：对含有开方的三角函数式，开方时需注意被开方式的符号.

动动脑：

归纳化简三角函数式的常规方法与技巧.

跟踪练习 12 化简：

(1) $\frac{1-\sin\alpha}{\cos\alpha}-\frac{\cos\alpha}{1+\sin\alpha}$；　　(2) $\sqrt{1-\sin^2\frac{6\pi}{5}}$.

6.3　诱导公式

6.3.1　角 α 与 $2k\pi+\alpha(k\in \mathbf{Z})$，$-\alpha$ 的三角函数间的关系

观察与思考

观察 1：角 α 与 $2k\pi+\alpha(k\in \mathbf{Z})$ 的终边相同.

思考 1：角 α 与终边相同的角 $2k\pi+\alpha(k\in \mathbf{Z})$ 的三角函数之间有什么关系?

观察 2：如图 6 - 20 所示，角 α 与 $-\alpha$ 的终边关于 x 轴对称.

思考 2：角 α 与 $-\alpha$ 的三角函数之间存在什么关系?

旧知识链接：

阅读教材下册中第 10 页特殊角的三角函数值.

新知识学习

1. 角 α 与 $2k\pi+\alpha(k\in Z)$ 的三角函数间的关系

在直角坐标系中，角 α 与 $2k\pi+\alpha(k\in \mathbf{Z})$ 的终边相同，根据三角函数的定义，它们的三角函数值相等，即

$$\begin{aligned}&\sin(2k\pi+\alpha)=\sin\alpha;\\&\cos(2k\pi+\alpha)=\cos\alpha;\\&\tan(2k\pi+\alpha)=\tan\alpha.\end{aligned}\qquad(1)$$

小组互动：

探讨诱导公式(1)的记忆规律.

说明：利用公式(1)，可以将绝对值大于 2π 的任意角的三角函数问题转化为绝对值小于 2π 的角的三角函数问题.

2. 角 α 与 $-\alpha$ 的三角函数间的关系

如图 6 - 20 所示. 设单位圆与角 α、$-\alpha$ 的终边的交点分别为 P 和 P'. 容易看出，点 P 和点 P' 关于 x 轴对称.

已知点 P 的坐标 $(\cos\alpha,\ \sin\alpha)$，则点 P' 的坐标是 $(\cos(-\alpha),\ \sin(-\alpha))$. 于是，得

$$\begin{aligned}&\sin(-\alpha)=-\sin\alpha;\\&\cos(-\alpha)=\cos\alpha;\\&\tan(-\alpha)=-\tan\alpha.\end{aligned}\qquad(2)$$

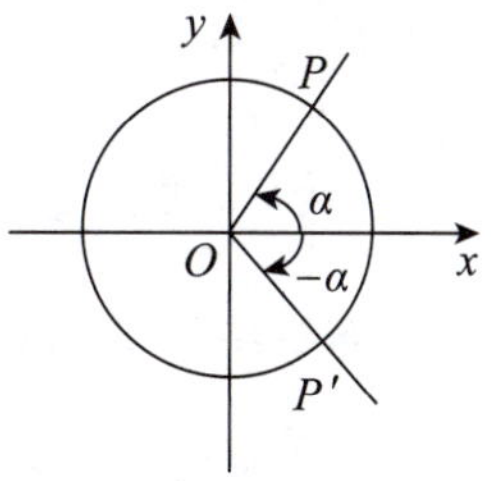

图 6 - 20

小组互动：

探讨诱导公式(2)的记忆规律.

说明：(1) 利用公式(2)，可以将任意负角的三角函数问题转化为正角的三角函数问题；

(2) 从公式(2)还可以看出，余弦函数是偶函数，而正弦函数、正切函数都是奇函数.

新知识应用

例题 1 求下列各三角函数值：

(1) $\sin\left(-\frac{5\pi}{3}\right)$；　　(2) $\cos\frac{9\pi}{2}$；

(3) $\tan(-315^\circ)$.

解：(1) $\sin\left(-\frac{5\pi}{3}\right)=\sin\left(-2\pi+\frac{\pi}{3}\right)=\sin\frac{\pi}{3}=\frac{\sqrt{3}}{2}$；

(2) $\cos\frac{9\pi}{2}=\cos\left(4\pi+\frac{\pi}{2}\right)=\cos\frac{\pi}{2}=0$；

(3) $\tan(-315^\circ)=\tan(-360^\circ+45^\circ)=\tan45^\circ=1$.

动动脑：

归纳利用诱导公式(1)求三角函数值的常规方法与技巧.

跟踪练习 1 求下列各三角函数值：

(1) $\sin\frac{13\pi}{6}$；　　(2) $\cos(-660^\circ)$；

(3) $\tan(-2\pi)$.

例题 2 求下列各三角函数值：

(1) $\sin(-60^\circ)$；　　(2) $\cos\left(-\frac{\pi}{4}\right)$；

(3) $\tan(-30^\circ)$；　　(4) $\sin\frac{5\pi}{3}$.

解：(1) $\sin(-60^\circ)=-\sin60^\circ=-\frac{\sqrt{3}}{2}$；

(2) $\cos\left(-\frac{\pi}{4}\right)=\cos\frac{\pi}{4}=\frac{\sqrt{2}}{2}$；

(3) $\tan(-30^\circ)=-\tan30^\circ=-\frac{\sqrt{3}}{3}$；

(4) $\sin\frac{5\pi}{3}=\sin\left[2\pi+\left(-\frac{\pi}{3}\right)\right]=\sin\left(-\frac{\pi}{3}\right)=-\sin\frac{\pi}{3}=-\frac{\sqrt{3}}{2}$.

动动脑：

归纳利用诱导公式(2)求三角函数值的常规方法与技巧.

跟踪练习 2 求下列各三角函数值：

(1) $\sin\left(-\frac{\pi}{2}\right)$；　　(2) $\cos(-60^\circ)$；

(3) $\tan\left(-\frac{\pi}{6}\right)$；　　(4) $\cos(-420^\circ)$.

6.3.2　角 α 与 $\pi-\alpha$, $\frac{\pi}{2}-\alpha$ 的三角函数间的关系

旧知识链接：

阅读教材下册中第 10 页特殊角的三角函数值及第 15 页三角函数线.

观察与思考

观察 3：如图 6-21 所示，角 α 与 $\pi-\alpha$ 的终边关于 y 轴对称.

思考 3：角 α 与 $\pi-\alpha$ 的三角函数之间存在什么关系？

观察 4：如图 6-21 所示，角 α 与 $\frac{\pi}{2}-\alpha$ 的终边与单位圆的交点坐标的特点.

思考 4：角 α 与 $\frac{\pi}{2}-\alpha$ 的三角函数之间存在什么关系？

新知识学习

1. 角 α 与 $\pi-\alpha$ 的三角函数间的关系

如图 6-21 所示. 设单位圆与角 α、$\pi-\alpha$ 的终边的交点分别为 P 和 P'. 容易看出，点 P 和点 P' 关于 y 轴对称. 已知点 P 的坐标 $(\cos\alpha, \sin\alpha)$，则点 P' 的坐标是 $(\cos(\pi-\alpha), \sin(\pi-\alpha))$. 于是，得

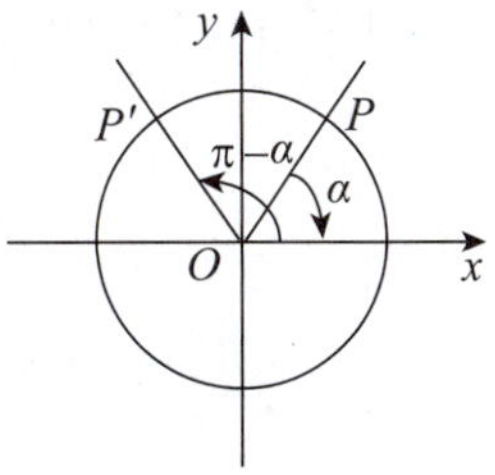

图 6-21

$$\sin(\pi-\alpha)=\sin\alpha;$$
$$\cos(\pi-\alpha)=-\cos\alpha;\qquad(3)$$
$$\tan(\pi-\alpha)=-\tan\alpha.$$

小组互动：

探讨诱导公式(3)的记忆规律.

说明：利用公式(3)，可以将钝角或平角的三角函数问题转化为锐角或零的三角函数问题.

2. 角 α 与 $\frac{\pi}{2}-\alpha$ 的三角函数间的关系

如图 6-22 所示. 设单位圆与角 α、$\frac{\pi}{2}-\alpha$ 的终边的交点分别为 P 和 P'，过点 P 和 P' 分别作 x 轴的垂线，垂足分别为 M 和 M'. 容易看出，$\triangle OPM\cong\triangle P'OM'$. 已知点 P 的坐标 $(\cos\alpha, \sin\alpha)$，则点 P' 的坐标是 $\left(\cos\left(\frac{\pi}{2}-\alpha\right), \sin\left(\frac{\pi}{2}-\alpha\right)\right)$. 于是，得

$$\sin\left(\frac{\pi}{2}-\alpha\right)=\cos\alpha;\qquad(4)$$
$$\cos\left(\frac{\pi}{2}-\alpha\right)=\sin\alpha.$$

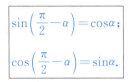

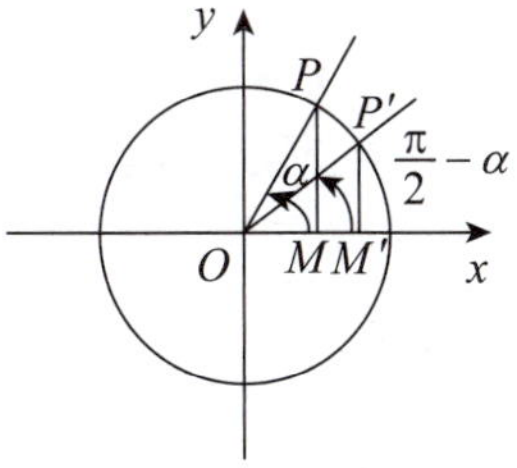

图 6-22

小组互动：

探讨诱导公式(4)的记忆规律.

说明：利用公式(4)，可以将余弦函数化为正弦函数，也可将正弦函数化为余弦函数.

新知识应用

例题 3 求下列各三角函数值：

(1) $\sin \frac{3\pi}{4}$；　　(2) $\cos \frac{8\pi}{3}$；

(3) $\cos 240°$；　　(4) $\tan(-510°)$.

解： (1) $\sin \frac{3\pi}{4}=\sin\left(\pi-\frac{\pi}{4}\right)=\sin \frac{\pi}{4}=\frac{\sqrt{2}}{2}$；

(2) $\cos \frac{8\pi}{3}=\cos\left(2\pi+\frac{2\pi}{3}\right)=\cos \frac{2\pi}{3}=\cos\left(\pi-\frac{\pi}{3}\right)=-\cos \frac{\pi}{3}=-\frac{1}{2}$；

(3) $\cos 240°=\cos[180°-(-60°)]=-\cos(-60°)=-\cos 60°=-\frac{1}{2}$；

(4) $\tan(-510°)=-\tan(360°+150°)$

$=-\tan(180°-30°)$

$=-(-\tan 30°)$

$=\tan 30°$

$=\frac{\sqrt{3}}{3}$.

动动脑：

归纳利用诱导公式(3)求三角函数值的常规方法与技巧.

跟踪练习 3 求下列各三角函数值：

(1) $\cos\left(-\frac{5\pi}{6}\right)$；　　(2) $\tan \frac{14\pi}{3}$；

(3) $\sin \frac{3\pi}{2}$；　　(4) $\sin(-945°)$.

例题 4　化简：$\dfrac{\cos(2\pi-\alpha)\sin(\alpha+\pi)}{\cos\left(\alpha-\dfrac{\pi}{2}\right)}$.

解： 原式$=\dfrac{\cos[2\pi+(-\alpha)]\cdot\sin[\pi-(-\alpha)]}{\cos\left[-\left(\dfrac{\pi}{2}-\alpha\right)\right]}$

$=\dfrac{\cos(-\alpha)\cdot\sin(-\alpha)}{\cos\left(\dfrac{\pi}{2}-\alpha\right)}$

$=\dfrac{\cos\alpha\cdot(-\sin\alpha)}{\sin\alpha}$

$=-\cos\alpha.$

跟踪练习 4　化简：$\dfrac{\sin(-\alpha)}{\tan(3\pi-\alpha)\sin\left(\dfrac{\pi}{2}-\alpha\right)}$.

动动脑：

归纳综合利用诱导公式化简三角函数式的常规方法与技巧.

6.4 和角公式

6.4.1 两角和与差的余弦

旧知识链接：

阅读教材下册中第 10 页特殊角的三角函数值的内容与第 15 页有关三角函数线的内容.

观察与思考

观察： $\cos(60°+30°)=\cos90°=0$，$\cos60°+\cos30°=\frac{1}{2}+\frac{\sqrt{3}}{2}=\frac{1+\sqrt{3}}{2}$；

$\cos(60°-30°)=\cos30°=\frac{\sqrt{3}}{2}$，$\cos60°-\cos30°=\frac{1}{2}-\frac{\sqrt{3}}{2}=\frac{1-\sqrt{3}}{2}$.

思考： 显然 $\cos(60°+30°)\neq\cos60°+\cos30°$，$\cos(60°-30°)\neq\cos60°-\cos30°$，那么 $\cos(\alpha+\beta)=?$，$\cos(\alpha-\beta)=?$.

新知识学习

两角和与差的余弦公式：

$C_{\alpha+\beta}$：$\cos(\alpha+\beta)=\cos\alpha\cos\beta-\sin\alpha\sin\beta$;

$C_{\alpha-\beta}$：$\cos(\alpha-\beta)=\cos\alpha\cos\beta+\sin\alpha\sin\beta$.

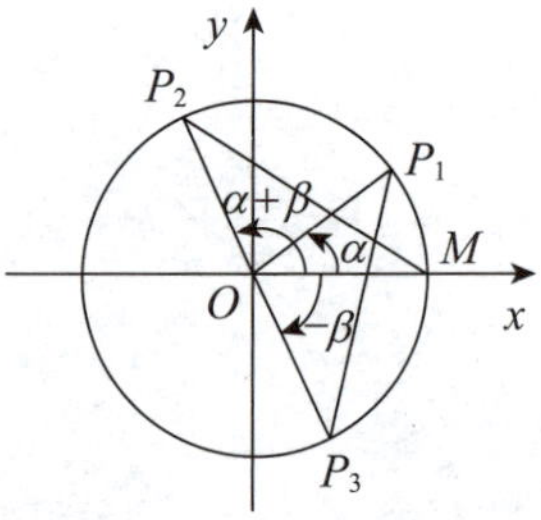

图 6-23

●**推导：** 如图 6-23 所示，在直角坐标系中，以坐标原点为圆心作单位圆，交 Ox 于点 M. 再以 Ox 为始边作角 α、$\alpha+\beta$ 与角 $-\beta$，分别交单位圆于点 P_1、P_2、P_3，则点 M、P_1、P_2、P_3 坐标分别为 $M(1, 0)$，$P_1(\cos\alpha, \sin\alpha)$，$P_2(\cos(\alpha+\beta), \sin(\alpha+\beta))$，$P_3(\cos(-\beta), \sin(-\beta))$.

由 $|MP_2|=|P_1P_3|$ 及两点间距离公式，得

$[\cos(\alpha+\beta)-1]^2+\sin^2(\alpha+\beta)=[\cos(-\beta)-\cos\alpha]^2+[\sin(-\beta)-\sin\alpha]^2$.

展开，整理得

$$2-2\cos(\alpha+\beta)=2-2(\cos\alpha\cos\beta-\sin\alpha\sin\beta).$$

所以 $\cos(\alpha+\beta)=\cos\alpha\cos\beta-\sin\alpha\sin\beta$.

$$\begin{aligned}\cos(\alpha-\beta)&=\cos[\alpha+(-\beta)]\\&=\cos\alpha\cos(-\beta)-\sin\alpha\sin(-\beta)\\&=\cos\alpha\cos\beta-\sin\alpha(-\sin\beta)\\&=\cos\alpha\cos\beta+\sin\alpha\sin\beta.\end{aligned}$$

小组互动：

探讨两角和与差的余弦公式的记忆规律.

说明： 两角和与差的余弦变换结果是同弦之差(和).

新知识应用

例题 1　求 $\cos105°$ 及 $\cos15°$ 的精确值.

解： $\cos105°=\cos(60°+45°)$

$=\cos60°\cos45°-\sin60°\sin45°$

$=\frac{1}{2}\times\frac{\sqrt{2}}{2}-\frac{\sqrt{3}}{2}\times\frac{\sqrt{2}}{2}$

$=\frac{\sqrt{2}-\sqrt{6}}{4}$；

$\cos15°=\cos(45°-30°)$

$=\cos45°\cos30°+\sin45°\sin30°$

$=\frac{\sqrt{2}}{2}\times\frac{\sqrt{3}}{2}+\frac{\sqrt{2}}{2}\times\frac{1}{2}$

$=\frac{\sqrt{6}+\sqrt{2}}{4}$.

跟踪练习 1　求 $\cos75°$ 及 $\cos165°$ 的精确值.

动动脑：

归纳利用两角和与差的余弦公式求特殊角的三角函数值的常规方法与技巧.

例题 2　化简：

(1) $\cos85°\cos65°-\sin85°\sin65°$；

(2) $\cos(\alpha-\beta)\cos\beta-\sin(\alpha-\beta)\sin\beta$；

(3) $\cos33°\cos27°-\sin33°\sin153°$.

解：(1) 原式 $=\cos(85°+65°)=\cos(180°-30°)=-\cos30°=-\frac{\sqrt{3}}{2}$；

(2) 原式 $=\cos[(\alpha-\beta)+\beta]=\cos\alpha$；

(3) 原式 $=\cos33°\cos27°-\sin33°\sin(180°-27°)$

$=\cos33°\cos27°-\sin33°\sin27°$

$=\cos(33°+27°)$

$=\frac{1}{2}$.

动动脑：

归纳利用两角和与差的余弦公式化简三角函数式的常规方法与技巧.

跟踪练习 2 化简：

(1) $\cos100^\circ\cos35^\circ-\sin100^\circ\sin35^\circ$；

(2) $\cos(93^\circ+\theta)\cos(33^\circ+\theta)+\sin(93^\circ+\theta)\sin(33^\circ+\theta)$；

(3) $\cos64^\circ\cos19^\circ+\sin116^\circ\sin19^\circ$.

例题 3 已知 $\sin\alpha=\frac{4}{5}\left(\frac{\pi}{2}<\alpha<\pi\right)$，求 $\cos\left(\alpha-\frac{\pi}{4}\right)$的值.

解： 因为 $\sin\alpha=\frac{4}{5}$，且$\frac{\pi}{2}<\alpha<\pi$，所以

$$\cos\alpha=-\sqrt{1-\left(\frac{4}{5}\right)^2}=-\frac{3}{5}.$$

即 $\cos\left(\alpha-\frac{\pi}{4}\right)=\cos\alpha\cos\frac{\pi}{4}+\sin\alpha\sin\frac{\pi}{4}=-\frac{3}{5}\times\frac{\sqrt{2}}{2}+\frac{4}{5}\times\frac{\sqrt{2}}{2}=\frac{\sqrt{2}}{10}$.

动动脑：

归纳利用两角和与差的余弦公式求含参数角的三角函数值的常规方法.

跟踪练习 3 已知 $\cos\alpha=-\frac{1}{7}\left(\frac{\pi}{2}<\alpha<\pi\right)$，求 $\cos\left(\frac{\pi}{3}+\alpha\right)$的值.

6.4.2 两角和与差的正弦

旧知识链接：

阅读教材下册中第 10 页特殊角的三角函数值的内容与第 24 页有关两角和与差的余弦的内容.

观察与思考

观察： $\sin(60^\circ+30^\circ)=\sin90^\circ=1$，$\sin60^\circ+\sin30^\circ=\frac{\sqrt{3}}{2}+\frac{1}{2}=\frac{\sqrt{3}+1}{2}$；

$\sin(60^\circ-30^\circ)=\sin30^\circ=\frac{1}{2}$，$\sin60^\circ-\sin30^\circ=\frac{\sqrt{3}}{2}-\frac{1}{2}=\frac{\sqrt{3}-1}{2}$.

思考： 显然 $\sin(60^\circ+30^\circ)\neq\sin60^\circ+\sin30^\circ$，$\sin(60^\circ-30^\circ)\neq\sin60^\circ-\sin30^\circ$，那么 $\sin(\alpha+\beta)=?$，$\sin(\alpha-\beta)=?$.

新知识学习

两角和与差的正弦公式：

$S_{\alpha+\beta}$：$\sin(\alpha+\beta)=\sin\alpha\cos\beta+\cos\alpha\sin\beta$；

$S_{\alpha-\beta}$：$\sin(\alpha-\beta)=\sin\alpha\cos\beta-\cos\alpha\sin\beta$.

证明： $\sin(\alpha+\beta)=\cos\left[\frac{\pi}{2}-(\alpha+\beta)\right]$

$=\cos\left[\left(\frac{\pi}{2}-\alpha\right)-\beta\right]$

$=\cos\left(\frac{\pi}{2}-\alpha\right)\cos\beta+\sin\left(\frac{\pi}{2}-\alpha\right)\sin\beta$

$=\sin\alpha\cos\beta+\cos\alpha\sin\beta.$

$\sin(\alpha-\beta)=\sin[\alpha+(-\beta)]$

$=\sin\alpha\cos(-\beta)+\cos\alpha\sin(-\beta)$

$=\sin\alpha\cos\beta-\cos\alpha\sin\beta.$

说明： 两角和与差的正弦变换结果是正余弦之积加(减)余正弦之积.

小组互动：

探讨两角和与差的正弦公式的记忆规律.

新知识应用

例题 4 求 $\sin165°$的精确值.

解： $\sin165°=\sin(180°-15°)$

$=\sin(45°-30°)$

$=\sin45°\cos30°-\cos45°\sin30°$

$=\frac{\sqrt{2}}{2}\times\frac{\sqrt{3}}{2}-\frac{\sqrt{2}}{2}\times\frac{1}{2}$

$=\frac{\sqrt{6}-\sqrt{2}}{4}.$

跟踪练习 4 求 $\sin105°$的精确值.

动动脑：

归纳利用两角和与差的正弦公式计算三角函数式的常规方法.

例题 5 化简：

(1) $\sin65°\cos35°-\cos65°\sin35°$；

(2) $\sin(\alpha-\beta)\cos\beta+\cos(\alpha-\beta)\sin\beta.$

解： (1) $\sin65°\cos35°-\cos65°\sin35°=\sin(65°-35°)=\sin30°=\frac{1}{2}$；

(2) $\sin(\alpha-\beta)\cos\beta+\cos(\alpha-\beta)\sin\beta=\sin[(\alpha-\beta)+\beta]=\sin\alpha.$

跟踪练习 5 化简：

(1) $\sin55°\cos10°-\cos55°\sin170°$；

(2) $\sin(90°-\theta)\cos\theta+\cos(90°-\theta)\sin\theta.$

动动脑：

归纳利用两角和与差的正弦公式化简三角函数式的常规方法与技巧.

例题 6　已知 $\cos\theta=\frac{\sqrt{3}}{3}$，$\frac{3\pi}{2}<\theta<2\pi$，求 $\sin\left(\theta-\frac{\pi}{6}\right)$的值.

解： 因为 $\cos\theta=\frac{\sqrt{3}}{3}$，$\frac{3\pi}{2}<\theta<2\pi$，

所以 $\sin\theta=-\sqrt{1-\cos^2\theta}=-\sqrt{1-\left(\frac{\sqrt{3}}{3}\right)^2}=-\frac{\sqrt{6}}{3}$，

即 $\sin\left(\theta-\frac{\pi}{6}\right)=\sin\theta\cos\frac{\pi}{6}-\cos\theta\sin\frac{\pi}{6}$

$$=-\frac{\sqrt{6}}{3}\times\frac{\sqrt{3}}{2}-\frac{\sqrt{3}}{3}\times\frac{1}{2}$$

$$=-\frac{3\sqrt{2}+\sqrt{3}}{6}.$$

动动脑：

归纳利用两角和与差的正弦公式求含参数角的三角函数值的常规方法.

跟踪练习 6　已知 $\sin\alpha=-\frac{8}{17}$，且 $\pi<\alpha<\frac{3\pi}{2}$，求 $\sin\left(\frac{\pi}{4}+\alpha\right)$的值.

例题 7　将函数 $y=a\sin x+b\cos x$ 化为一种三角函数的形式.

解： 考察以$(a，b)$为坐标的点 $P(a，b)$，设以 OP 为终边的一个角为 θ，则 $\cos\theta=\frac{a}{\sqrt{a^2+b^2}}$，$\sin\theta=\frac{b}{\sqrt{a^2+b^2}}$. 于是，已知函数可化为

$$y=\sqrt{a^2+b^2}\left(\frac{a}{\sqrt{a^2+b^2}}\sin x+\frac{b}{\sqrt{a^2+b^2}}\cos x\right)$$

$$=\sqrt{a^2+b^2}(\cos\theta\sin x+\sin\theta\cos x)$$

$$=\sqrt{a^2+b^2}\sin(x+\theta).$$

动动脑：

归纳将同角的三角函数 $a\sin x+b\cos x$ 化为一种三角函数形式的常规方法.

跟踪练习 7　将函数 $y=\sqrt{3}\sin x+\cos x$ 化为一种三角函数的形式.

6.4.3　两角和与差的正切

旧知识链接：

阅读教材下册中第10页特殊角的三角函数值的内容与第24～27页有关两角和与差的余弦、正弦的内容.

观察与思考

观察： $\tan(45°+30°)=\tan 75°=\dfrac{\sin 75°}{\cos 75°}=\dfrac{\frac{\sqrt{6}+\sqrt{2}}{4}}{\frac{\sqrt{6}-\sqrt{2}}{4}}=2+\sqrt{3}$；

$\tan(45°-30°)=\tan 15°=\dfrac{\sin 15°}{\cos 15°}=\dfrac{\frac{\sqrt{6}-\sqrt{2}}{4}}{\frac{\sqrt{6}+\sqrt{2}}{4}}=2-\sqrt{3}$；

$\tan 45°+\tan 30°=1+\dfrac{\sqrt{3}}{3}$，$\tan 45°-\tan 30°=1-\dfrac{\sqrt{3}}{3}$.

思考： 显然 $\tan(45°+30°)\neq\tan 45°+\tan 30°$，$\tan(45°-30°)\neq\tan 45°-\tan 30°$，那么 $\tan(\alpha+\beta)=?$，$\tan(\alpha-\beta)=?$.

新知识学习

小组互动：

探讨两角和与差的正切公式的记忆规律.

两角和与差的正切公式：

$$T_{\alpha+\beta}:\ \tan(\alpha+\beta)=\frac{\tan\alpha+\tan\beta}{1-\tan\alpha\tan\beta};$$

$$T_{\alpha-\beta}:\ \tan(\alpha-\beta)=\frac{\tan\alpha-\tan\beta}{1+\tan\alpha\tan\beta}.$$

证明： 由 $\tan(\alpha+\beta)=\dfrac{\sin(\alpha+\beta)}{\cos(\alpha+\beta)}=\dfrac{\sin\alpha\cos\beta+\cos\alpha\sin\beta}{\cos\alpha\cos\beta-\sin\alpha\sin\beta}$，

把后面一个分式的分子、分母分别除以 $\cos\alpha\cos\beta(\cos\alpha\cos\beta\neq 0)$ 得 $T_{\alpha+\beta}$，再把公式中 β 的换成 $-\beta$，得 $T_{\alpha-\beta}$.

说明： 在两角和与差的正切公式中，α，β 的取值应使分母不为0.

新知识应用

例题 8　求下列各式的精确值：

(1) $\tan 105°$；　　(2) $\dfrac{\tan 85°-\tan 25°}{1+\tan 85°\tan 25°}$；

(3) $\dfrac{\sqrt{3}-\tan 15°}{1+\sqrt{3}\tan 15°}$.

解： (1) $\tan 105°=\tan(60°+45°)=\dfrac{\tan 60°+\tan 45°}{1-\tan 60°\tan 45°}=\dfrac{\sqrt{3}+1}{1-\sqrt{3}}=-(2+\sqrt{3})$；

(2) $\dfrac{\tan 85°-\tan 25°}{1+\tan 85°\tan 25°}=\tan(85°-25°)=\tan 60°=\sqrt{3}$；

(3) $\frac{\sqrt{3}-\tan15^\circ}{1+\sqrt{3}\tan15^\circ}=\frac{\tan60^\circ-\tan15^\circ}{1+\tan60^\circ\tan15^\circ}=\tan(60^\circ-15^\circ)=\tan45^\circ=1.$

动动脑：

归纳利用两角和与差的正切公式计算三角函数式的常规方法.

跟踪练习 8 求下列各式的精确值：

(1) $\tan75^\circ$； (2) $\frac{\tan75^\circ+\tan45^\circ}{1-\tan75^\circ\tan45^\circ}$；

(3) $\frac{1-\tan15^\circ}{1+\tan15^\circ}$.

例题 9 已知 $\tan\alpha>\tan\beta$，且 $\tan\alpha$，$\tan\beta$ 是方程 $x^2-3x-1=0$ 的两个根，求 $\tan(\alpha+\beta)$ 的值.

解： 因为 $\tan\alpha$，$\tan\beta$ 是方程 $x^2-3x-1=0$ 的两个根，

所以 $\begin{cases}\tan\alpha+\tan\beta=3,\\ \tan\alpha\tan\beta=-1.\end{cases}$

即 $\tan(\alpha+\beta)=\frac{\tan\alpha+\tan\beta}{1-\tan\alpha\tan\beta}=\frac{3}{1-(-1)}=\frac{3}{2}.$

动动脑：

归纳利用两角和与差的正切公式及韦达定理计算三角函数值的特殊方法.

跟踪练习 9 已知 $\tan\alpha$，$\tan\beta$ 是方程 $x^2+6x-7=0$ 的两个根，求 $\tan(\alpha+\beta)$ 的值.

6.4.4 倍角公式

观察与思考

旧知识链接：

阅读教材下册中第 10 页特殊角的三角函数值的内容与第 24～29 页有关两角和与差的余弦、正弦、正切的内容.

观察： 因 $\sin60^\circ=\frac{\sqrt{3}}{2}$，$\sin30^\circ=\frac{1}{2}$，则 $\sin60^\circ\neq2\sin30^\circ$；

因 $\cos90^\circ=0$，$\cos45^\circ=\frac{\sqrt{2}}{2}$，则 $\cos90^\circ\neq2\cos45^\circ$；

因 $\tan150^\circ=-\frac{\sqrt{3}}{3}$，$\tan75^\circ=2+\sqrt{3}$，则 $\tan150^\circ\neq2\tan75^\circ$；

思考： 一般情况下，$\sin2\alpha=?$，$\cos2\alpha=?$，$\tan2\alpha=?$.

新知识学习

1. 倍角公式

(1) 分析与探索

$\sin 2\alpha=\sin(\alpha+\alpha)=$ ______________;

$\cos 2\alpha=\cos(\alpha+\alpha)=$ ______________;

$\tan 2\alpha=\dfrac{\sin 2\alpha}{\cos 2\alpha}=$ ______________.

(2) 倍角的正弦、余弦、正切公式

$S_{2\alpha}$：$\sin 2\alpha=2\sin\alpha\cos\alpha$；

$C_{2\alpha}$：$\cos 2\alpha=\cos^2\alpha-\sin^2\alpha=2\cos^2\alpha-1=1-2\sin^2\alpha$；

$T_{2\alpha}$：$\tan 2\alpha=\dfrac{2\tan\alpha}{1-\tan^2\alpha}$.

小组互动：

探讨二倍角公式的记忆规律.

说明：(1) 倍角的三角函数是两角和的三角函数当 $\alpha=\beta$ 时的特殊情况.

(2) 对倍角公式要灵活运用，会顺用、逆用、变形用、复合用等，

例如：$\sin 4\alpha=2\sin 2\alpha\cos 2\alpha$，$\sin\alpha=2\sin\dfrac{\alpha}{2}\cos\dfrac{\alpha}{2}$.

2. 降幂公式

由二倍角的余弦公式可得以下降幂公式：

$$\cos^2\alpha=\frac{1+\cos 2\alpha}{2},$$

$$\sin^2\alpha=\frac{1-\cos 2\alpha}{2}.$$

小组互动：

探讨降幂公式的记忆规律.

新知识应用

例题 10　已知 $\cos\alpha=-\dfrac{4}{5}$，$\alpha\in\left(\dfrac{\pi}{2},\pi\right)$，求 $\sin 2\alpha$，$\cos 2\alpha$，$\tan 2\alpha$ 的值.

解：因为 $\cos\alpha=-\dfrac{4}{5}$，$\alpha\in\left(\dfrac{\pi}{2},\pi\right)$，所以

$$\sin\alpha=\sqrt{1-\cos^2\alpha}=\sqrt{1-\left(-\frac{4}{5}\right)^2}=\frac{3}{5},$$

即 $\sin 2\alpha=2\sin\alpha\cos\alpha=2\times\dfrac{3}{5}\times\left(-\dfrac{4}{5}\right)=-\dfrac{24}{25}$,

$$\cos 2\alpha=\cos^2\alpha-\sin^2\alpha=\left(-\frac{4}{5}\right)^2-\left(\frac{3}{5}\right)^2=\frac{7}{25},$$

$$\tan 2\alpha=\frac{\sin 2\alpha}{\cos 2\alpha}=\frac{-\frac{24}{25}}{\frac{7}{25}}=-\frac{24}{7}.$$

动动脑：

归纳利用二倍角公式计算三角函数值的常规方法与技巧.

跟踪练习 10 已知 $\sin\alpha=-\dfrac{15}{17}$，$\alpha\in\left(\pi,\dfrac{3\pi}{2}\right)$，求 $\sin2\alpha$，$\cos2\alpha$，$\tan2\alpha$ 的值.

例题 11 已知 $\cos\alpha=\dfrac{2}{5}$，求 $\sin^2\dfrac{\alpha}{2}$的值.

解： $\sin^2\dfrac{\alpha}{2}=\dfrac{1-\cos\alpha}{2}=\dfrac{1-\dfrac{2}{5}}{2}=\dfrac{3}{10}$.

动动脑：

归纳利用降幂公式求三角函数值的常规方法与技巧。

跟踪练习 11 已知 $\sin\alpha=\dfrac{12}{13}$，$\alpha$ 为钝角，求 $\cos^2\dfrac{\alpha}{2}$的值.

例题 12 化简：$\dfrac{\sin2\alpha+\sin\alpha}{2\cos2\alpha+2\sin^2\alpha+\cos\alpha}$.

解： $\dfrac{\sin2\alpha+\sin\alpha}{2\cos2\alpha+2\sin^2\alpha+\cos\alpha}$

$=\dfrac{2\sin\alpha\cos\alpha+\sin\alpha}{2(\cos^2\alpha-\sin^2\alpha)+2\sin^2\alpha+\cos\alpha}$

$=\dfrac{\sin\alpha(2\cos\alpha+1)}{\cos\alpha(2\cos\alpha+1)}$

$=\tan\alpha$.

动动脑：

归纳利用二倍角公式化简三角函数式的常规方法与技巧.

跟踪练习 12 化简：$\dfrac{2\sin\alpha-\sin2\alpha}{2\sin\alpha+\sin2\alpha}$.

6.5　三角函数的图像与性质

6.5.1　正弦函数的图像和性质

观察与思考

观察： 由公式 $\sin(2k\pi+\alpha)=\sin\alpha$，$k\in\mathbf{Z}$ 及单位圆的正弦线可知，正弦函数值每隔 2π 区间重复出现，正弦函数值呈周期变化现象.

思考： 根据正弦函数值变化的周期性，那么正弦函数的图像是否也呈现周期性？

旧知识链接：

阅读教材下册中第 15 页正弦线的内容与第 19 页正弦的诱导公式(1)的内容.

新知识学习

1. 周期函数

对于函数 $y=f(x)$，如果存在一个非零的常数 T，使得定义域 D 内的任意一个 x 值，都有 $x+T\in D$，且都满足

$$f(x+T)=f(x),$$

那么函数 $f(x)$ 就叫做**周期函数**，非零常数 T 叫做这个函数的一个**周期**. 在所有的正周期中，如果存在一个最小的数，那么就把它叫做**最小正周期**.

例如：由诱导公式(1)可知，正弦函数 $y=\sin x$ 是定义域为 $(-\infty,+\infty)$ 的周期函数，所有的周期为 $2k\pi$($k\in\mathbf{Z}$ 且 $k\neq0$)，它的最小正周期为 2π.

2. 正弦函数的图像

(1) 五点作图法

由正弦函数的周期性，我们只要做出一个周期区间的函数图像，其他周期区间的函数图像可由此平移得到.

下面用描点法画出在一个周期 $[0,2\pi]$ 的图像. 将区间分成八等份，分别列出在各分点的对应函数值，如表 6－3 所示.

表 6－3

x	0	$\frac{\pi}{4}$	$\frac{\pi}{2}$	$\frac{3\pi}{4}$	π	$\frac{5\pi}{4}$	$\frac{3\pi}{2}$	$\frac{7\pi}{4}$	2π
$y=\sin x$	0	$\frac{\sqrt{2}}{2}$	1	$\frac{\sqrt{2}}{2}$	0	$-\frac{\sqrt{2}}{2}$	-1	$-\frac{\sqrt{2}}{2}$	0

以表 6－3 中的 x，y 值为坐标描出点 (x, y)，再用光滑曲线连接各点，

可以得到正弦函数 $y=\sin x$ 在 $[0,\ 2\pi]$ 上的图像，如图 6-24 所示.

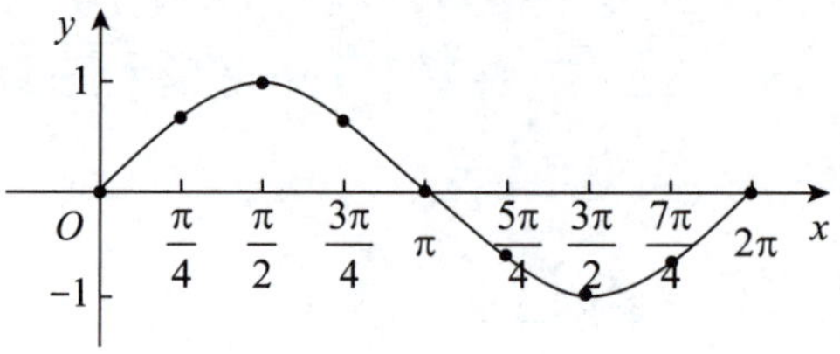

图 6-24

从图 6-24 中观察得，五个点 $(0,\ 0)$，$\left(\frac{\pi}{2},\ 1\right)$，$(\pi,\ 0)$，$\left(\frac{3\pi}{2},\ -1\right)$，$(2\pi,\ 0)$ 在确定图像形状时起着关键的作用，这五个点描出后，正弦函数 $y=\sin x$，$x\in[0,\ 2\pi]$ 的图像的形状就基本上确定了. 因此，在精确度要求不太高时，常常先描出这关键的五个点，然后用光滑曲线将它们连接起来，就得到相应区间内的正弦函数的简图.

今后，作正弦函数的简图，一般都可以像这样先找出确定图像形状的关键的五个点，然后描点作图，这种作图方法叫做五点法.

说明： 可以利用单位圆中的正弦线来作正弦函数的图像.

(2) 正弦曲线

由正弦函数 $y=\sin x$ 的周期性，把 $y=\sin x$ 在 $x\in[0,\ 2\pi]$ 的图像，沿 x 轴平移 $\pm 2\pi$，$\pm 4\pi$，…，就可得到 $y=\sin x$，$x\in\mathbf{R}$ 的图像，如图 6-25 所示.

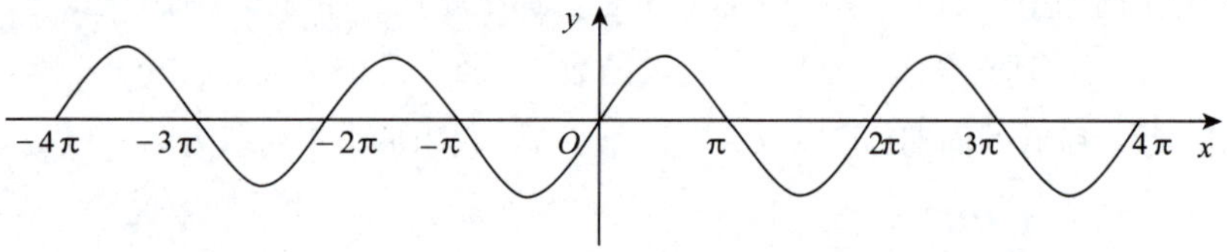

图 6-25

正弦函数 $y=\sin x$，$x\in\mathbf{R}$ 的图像叫做正弦曲线.

3. 正弦函数的性质

由正弦曲线与三角函数的定义，可观察和分析出如下性质：

(1) 定义域

函数 $y=\sin x$ 的定义域是实数集 $\mathbf{R}$.

(2) 值域

正弦函数的值域是闭区间 $[-1,\ 1]$. 当 $x=\frac{\pi}{2}+2k\pi\ (k\in\mathbf{Z})$ 时，y 取最大值 1；当 $x=-\frac{\pi}{2}+2k\pi\ (k\in\mathbf{Z})$ 时，y 取最小值 -1.

(3) 周期性

正弦函数 $y=\sin x$，$x\in\mathbf{R}$ 是周期函数，$2k\pi(k\in\mathbf{Z}, k\neq 0)$都是它的周期，$2\pi$ 是它的最小正周期.

说明： 以后说到三角函数的周期，一般指的都是最小正周期.

(4) 对称性

正弦函数的图像关于直线 $x=k\pi+\frac{\pi}{2}$，$k\in\mathbf{Z}$ 对称.

(5) 奇偶性

由公式 $\sin(-x)=-\sin x$ 可知，正弦函数 $y=\sin x$，$x\in\mathbf{R}$ 是奇函数. 正弦曲线关于坐标原点对称.

(6) 单调性

由正弦曲线可以看出，当 x 由 $-\frac{\pi}{2}$ 增加到 $\frac{\pi}{2}$ 时，$\sin x$ 由 -1 增加到 1；当 x 由 $\frac{\pi}{2}$ 增加到 $\frac{3\pi}{2}$ 时，$\sin x$ 由 1 减小到 -1，这种变化情况如表 6-4 所示.

表 6-4

x	$-\frac{\pi}{2}$	↗	0	↗	$\frac{\pi}{2}$	↗	π	↗	$\frac{3\pi}{2}$
$\sin x$	-1	↗	0	↗	1	↘	0	↘	-1

再由正弦函数的周期性可知：

正弦函数 $y=\sin x$，在每一个闭区间 $\left[-\frac{\pi}{2}+2k\pi, \frac{\pi}{2}+2k\pi\right](k\in\mathbf{Z})$ 上都是增函数；在每一个闭区间 $\left[\frac{\pi}{2}+2k\pi, \frac{3\pi}{2}+2k\pi\right](k\in\mathbf{Z})$ 上都是减函数.

小组互动：

探讨并理解正弦函数的性质.

新知识应用

例题 1 作函数 $y=3\sin x$，$x\in[0, 2\pi]$的简图.

解： 列表 6-5.

表 6-5

x	0	$\frac{\pi}{2}$	π	$\frac{3\pi}{2}$	2π
$\sin x$	0	1	0	-1	0
$3\sin x$	0	3	0	-3	0

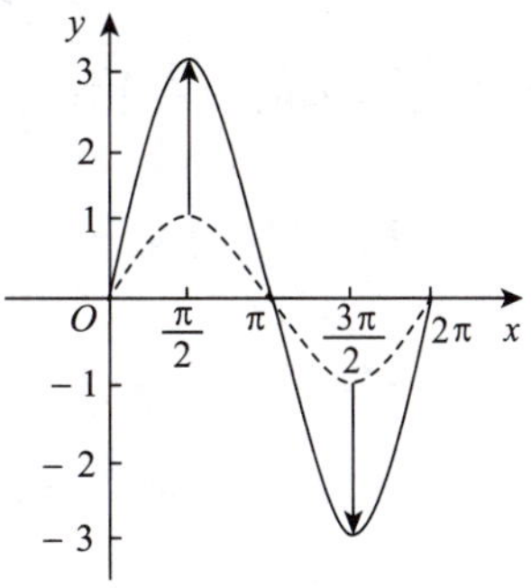

图 6-26

描点作图(如图 6-26 所示).

说明： 函数 $y=3\sin x$，$x\in[0, 2\pi]$的图像可由函数 $y=\sin x$，$x\in[0, 2\pi]$的图像的纵坐标伸长 3 倍得到.

动动脑：

归纳作正弦函数简图的方法与技巧.

跟踪练习 1 作函数 $y=1+\sin x$，$x\in[0, 2\pi]$的简图.

例题 2 求使函数 $y=2\sin x-1$ 取得最大值、最小值的 x 值的集合，并求这个函数的最大值、最小值和周期.

解： 因为使函数 $y=\sin x$ 分别得最大值与最小值的 x，就是使函数 $y=2\sin x-1$ 分别得最大值、最小值的 x，所以使函数 $y=2\sin x-1$ 取最大值、最小值的 x 的集合分别是

$$\left\{x \middle| x=2k\pi+\frac{\pi}{2}, k\in\mathbf{Z}\right\}, \left\{x \middle| x=2k\pi-\frac{\pi}{2}, k\in\mathbf{Z}\right\}.$$

$y_{max}=2(\sin x)_{max}-1=2\times1-1=1$，

$y_{min}=2(\sin x)_{min}-1=2\times(-1)-1=-3$.

函数 $y=2\sin x-1$ 与 $y=\sin x$ 的周期相同，周期是 2π.

动动脑：

归纳求含正弦的三角函数的最值与周期的方法.

跟踪练习 2 求使函数 $y=\frac{1}{2}\sin x+1$ 取最大值、最小值的 x 值的集合，并求这个函数的最大值、最小值和周期.

例题 3 不求值，比较下列各对正弦值的大小：

(1) $\sin\left(-\frac{\pi}{5}\right)$与 $\sin\frac{\pi}{7}$；　　(2) $\sin(-560°)$与 $\sin(-520°)$.

解：(1) 因为$-\frac{\pi}{2}<-\frac{\pi}{5}<\frac{\pi}{7}<\frac{\pi}{2}$，且正弦函数在区间$\left[-\frac{\pi}{2}, \frac{\pi}{2}\right]$上是增函数，所以 $\sin\left(-\frac{\pi}{5}\right)<\sin\frac{\pi}{7}$；

(2) $\sin(-560°)=\sin(-2\times360°+160°)=\sin160°$，

$\sin(-520°)=\sin(-2\times360°+200°)=\sin200°$.

因为 $90°<160°<200°<270°$，且正弦函数在区间$[90°, 270°]$上是减函数，所以 $\sin160°>\sin200°$，即 $\sin(-560°)>\sin(-520°)$.

跟踪练习 3 不求值，比较下列各对正弦值的大小：

(1) $\sin 130°$与$\sin 170°$；　　(2) $\sin\left(-\frac{19\pi}{5}\right)$与$\sin\left(-\frac{23\pi}{4}\right)$.

动动脑：

归纳利用正弦函数单调性判断正弦值大小的常规方法与技巧.

例题 4 已知 $\sin x=2a-1$，试确定 a 的取值范围.

解：因为$-1\leqslant\sin x\leqslant 1$，所以

$$-1\leqslant 2a-1\leqslant 1,$$

解得 $0\leqslant a\leqslant 1$.

跟踪练习 4 已知 $\sin x=2-a$，试确定 a 的取值范围.

动动脑：

归纳利用正弦函数的性质求未知参数取值范围的常规方法.

6.5.2 余弦函数的图像与性质

观察与思考

观察：由公式 $\cos(2k\pi+\alpha)=\cos\alpha$，$k\in\mathbf{Z}$ 及单位圆的余弦线可知，余弦函数值每隔 2π 区间重复出现，余弦函数值呈周期变化现象.

思考：根据余弦函数值变化的周期性，那么余弦函数的图像是否也像正弦函数图像一样呈现周期性？

旧知识链接：

阅读教材下册中第 15 页余弦线的内容、第 19 页正弦的诱导公式(1)的内容及第 33～35 页正弦函数的图像与性质.

新知识学习

1. 余弦函数的图像

(1) 余弦函数的简图

由余弦函数的周期性，我们只要做出一个周期区间的函数图像，其他周期区间的函数图像可由此平移得到.

下面用描点法画出一个周期$[0, 2\pi]$的图像. 将区间分成八等份，分别列出各分点的对应函数值，如表 6－6 所示.

表 6－6

x	0	$\frac{\pi}{4}$	$\frac{\pi}{2}$	$\frac{3\pi}{4}$	π	$\frac{5\pi}{4}$	$\frac{3\pi}{2}$	$\frac{7\pi}{4}$	2π
$y=\cos x$	1	$\frac{\sqrt{2}}{2}$	0	$-\frac{\sqrt{2}}{2}$	-1	$-\frac{\sqrt{2}}{2}$	0	$\frac{\sqrt{2}}{2}$	1

以表中的 x，y 值为坐标描出点(x, y)，再用光滑曲线连接各点，可

以得到余弦函数 $y=\cos x$ 在 $[0,\ 2\pi]$ 上的图像，如图 6－27 所示.

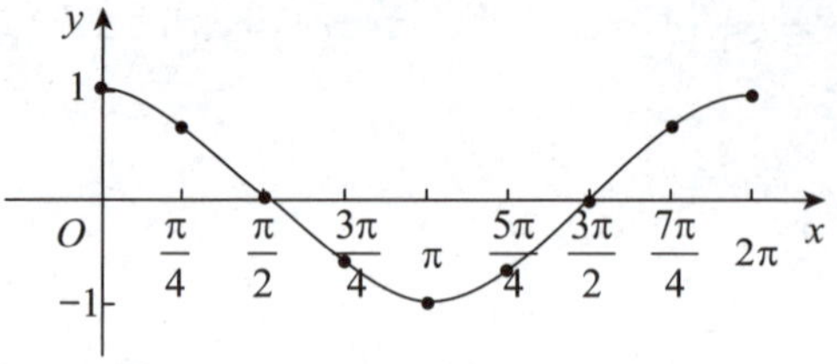

图 6－27

从图 6－27 中观察得，五个点 $(0,\ 1)$，$\left(\frac{\pi}{2},\ 0\right)$，$(\pi,\ -1)$，$\left(\frac{3\pi}{2},\ 0\right)$，$(2\pi,\ 1)$ 在确定图像形状时起着关键的作用，这五个点描出后，余弦函数 $y=\cos x$，$x\in[0,\ 2\pi]$ 的图像的形状就基本上确定了. 因此，在精确度要求不太高时，也常先描出这关键的五个点，然后用光滑曲线将它们连接起来，就得到相应区间内的余弦函数的简图.

说明： 可以利用单位圆中的余弦线来作余弦函数的图像.

(2) 余弦曲线

由余弦函数 $y=\cos x$ 的周期性，把 $y=\cos x$ 在 $x\in[0,\ 2\pi]$ 的图像，沿 x 轴平移 $\pm 2\pi$，$\pm 4\pi$，…，就可得到 $y=\cos x$，$x\in\mathbf{R}$ 的图像（如图 6－28 所示）.

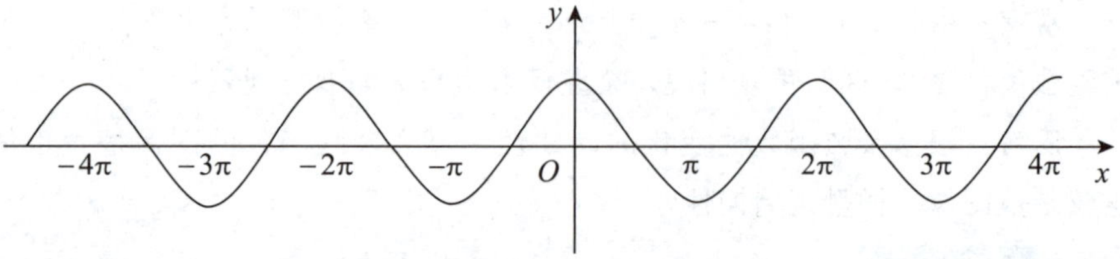

图 6－28

余弦函数 $y=\cos x$，$x\in\mathbf{R}$ 的图像叫做余弦曲线.

2. 余弦函数的性质

由余弦曲线与三角函数的定义，可观察和分析出如下性质：

(1) 定义域

函数 $y=\cos x$ 的定义域是实数集 $\mathbf{R}$.

(2) 值域

余弦函数的值域是闭区间 $[-1,\ 1]$. 当 $x=2k\pi\ (k\in\mathbf{Z})$ 时，y 取最大值 1；当 $x=2k\pi+\pi\ (k\in\mathbf{Z})$ 时，y 取最小值 -1.

(3) 周期性

由 $\cos(2k\pi+x)=\cos x\ (k\in\mathbf{Z})$ 可知，余弦函数 $y=\cos x$，$x\in\mathbf{R}$ 是周期函数，$2k\pi\ (k\in\mathbf{Z},\ k\neq 0)$ 都是它的周期，2π 是它的最小正周期.

(4) 对称性

余弦函数 $y=\cos x$ 的图像关于直线 $x=k\pi$，$k\in\mathbf{Z}$ 对称.

(5) 奇偶性

因为 $\cos(-x)=\cos x$，所以函数 $y=\cos x$ 是偶函数，它的图像关于 y 轴对称.

(6) 单调性

由余弦曲线可以看出，当 x 由 $-\pi$ 增加到 0 时，$\cos x$ 由 -1 增加到 1，当 x 由 0 增加到 π 时，$\cos x$ 由 1 减小到 -1；这种变化情况如表 6－7 所示.

表 6－7

x	$-\pi$	↗	$-\frac{\pi}{2}$	↗	0	↗	$\frac{\pi}{2}$	↗	π
$\cos x$	-1	↗	0	↗	1	↘	0	↘	-1

再由余弦函数的周期性可知：

余弦函数 $y=\cos x$，在每一个闭区间 $[-\pi+2k\pi, 2k\pi](k\in\mathbf{Z})$ 上都是增函数；在每一个闭区间 $[2k\pi, \pi+2k\pi](k\in\mathbf{Z})$ 上都是减函数.

小组互动：

探讨并理解余弦函数的性质.

新知识应用

例题 5 作函数 $y=2\cos x-1$，$x\in[0, 2\pi]$的简图.

解： 列表 6－8.

表 6－8

x	0	$\frac{\pi}{2}$	π	$\frac{3\pi}{2}$	2π
$\cos x$	1	0	-1	0	1
$2\cos x-1$	1	-1	-3	-1	1

描点作图，如图 6－29 所示.

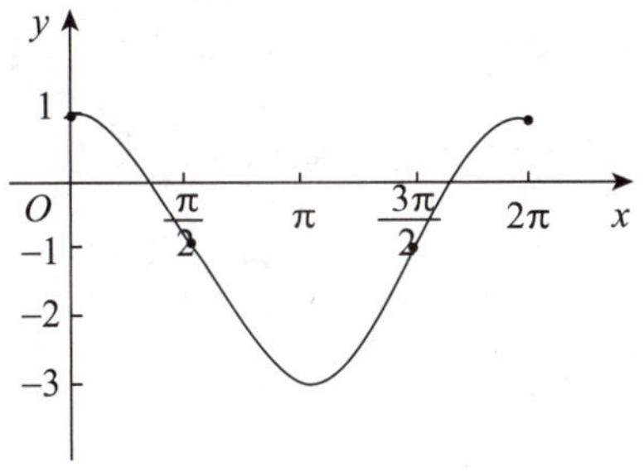

图 6－29

动动脑：

归纳作余弦函数图像的方法与技巧.

跟踪练习 5 作函数 $y=\cos x+2$，$x\in[0, 2\pi]$的简图.

例题 6 求下列函数的最大值、最小值和周期：

(1) $y=-3\cos x+2$； (2) $y=5\cos x-1$.

解：(1) 周期 $T=2\pi$. 当$(\cos x)_{\max}=1$时，$y_{\min}=-3\times1+2=-1$；

当$(\cos x)_{\min}=-1$时，$y_{\max}=-3\times(-1)+2=5$.

(2) 周期 $T=2\pi$. 当$(\cos x)_{\max}=1$时，$y_{\max}=5\times1-1=4$；

当$(\cos x)_{\min}=-1$时，$y_{\min}=5\times(-1)-1=-6$.

动动脑：

归纳求含余弦函数的三角函数的最值与周期的方法.

跟踪练习 6 求下列函数的最大值、最小值和周期：

(1) $y=-3\cos x+1$； (2) $y=4\cos x-3$.

例题 7 若 $\cos x$ 为减函数，$\sin x$ 为增函数，则 x 为( ).

A. 第一象限的角 B. 第二象限的角

C. 第三象限的角 D. 第四象限的角

解：选 A. 因为 $\cos x$ 为减函数的角 x 的终边在第一、第二象限，$\sin x$ 为增函数的角 x 的终边在第一、第四象限，所以符合条件的 x 是为第一象限的角.

动动脑：

归纳根据正弦函数、余弦函数的单调性确定角所在象限的常规方法.

跟踪练习 7 若 $\sin x$ 为减函数，$\cos x$ 为减函数，则 x 为( ).

A. 第一象限的角 B. 第二象限的角

C. 第三象限的角 D. 第四象限的角

例题 8 不求值，比较下列各对余弦值的大小：

(1) $\cos\frac{12\pi}{5}$和$\cos\frac{7\pi}{5}$； (2) $\cos(-400^\circ)$和$\cos(-440^\circ)$.

解：(1) $\cos\frac{12\pi}{5}=\cos\left(2\pi+\frac{2\pi}{5}\right)=\cos\frac{2\pi}{5}$,

$$\cos\frac{7\pi}{5}=\cos\left[2\pi+\left(-\frac{3\pi}{5}\right)\right]=\cos\left(-\frac{3\pi}{5}\right)=\cos\frac{3\pi}{5}.$$

因为 $0<\frac{2\pi}{5}<\frac{3\pi}{5}<\pi$，且函数 $y=\cos x$ 在区间$[0, \pi]$上是减函数，

所以 $\cos\frac{2\pi}{5}>\cos\frac{3\pi}{5}$，即 $\cos\frac{12\pi}{5}>\cos\frac{7\pi}{5}$.

(2) $\cos(-400°)=\cos[-360°+(-40°)]=\cos(-40°)$，

$\cos(-440°)=\cos[-360°+(-80°)]=\cos(-80°)$，

因为 $-180°<-80°<-40°<0°$，且函数 $y=\cos x$ 在区间 $[-180°, 0°]$ 上是增函数，所以 $\cos(-40°)>\cos(-80°)$，即 $\cos(-400°)>\cos(-440°)$.

跟踪练习 8　不求值，比较下列各组中两个函数值的大小：

(1) $\cos500°$ 和 $\cos70°$；　　(2) $\cos\left(-\frac{19\pi}{7}\right)$ 和 $\cos\left(-\frac{3\pi}{7}\right)$.

动动脑：

归纳利用余弦函数单调性比较余弦值大小的方法与技巧.

6.5.3　正切函数的图像与性质

观察与思考

观察： 由 $\tan(\pi+\alpha)=\tan[\pi-(-\alpha)]=-\tan(-\alpha)=-(-\tan\alpha)=\tan\alpha$ 可知，正切函数值每隔 π 区间重复出现，正切函数值呈周期变化现象.

思考： 根据正切函数值变化的周期性，那么正切函数的图像是否也像正弦函数、余弦函数的图像一样呈现周期性？

旧知识链接：

阅读教材下册中第 19、21 页正弦、正切的诱导公式(1)、(3)的内容及第 33～39 页正弦函数、余弦函数的图像与性质.

新知识学习

1. 正切函数的图像

(1) 正切函数的简图

由正切函数的周期性，我们只要做出一个周期区间的函数图像，其他周期区间的函数图像可由此平移得到.

下面用描点法画出在一个周期 $\left(-\frac{\pi}{2}, \frac{\pi}{2}\right)$ 的图像. 将区间分成六等份，分别列出在各分点的对应函数值，如表 6－9 所示.

表 6－9

x	$-\frac{\pi}{3}$	$-\frac{\pi}{4}$	0	$\frac{\pi}{4}$	$\frac{\pi}{3}$
$y=\tan x$	$-\sqrt{3}$	-1	0	1	$\sqrt{3}$

以表中的 x，y 值为坐标描出点 (x, y)，再用光滑曲线连接各点，可以得到正切函数 $y=\tan x$ 在 $\left(-\frac{\pi}{2}, \frac{\pi}{2}\right)$ 上的图像(如图 6－30 所示).

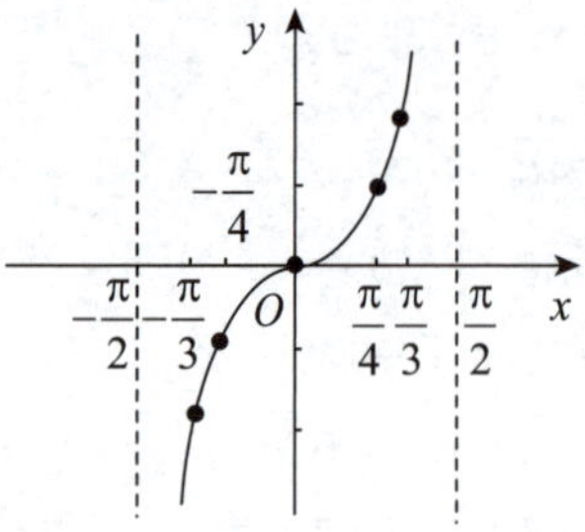

图 6－30

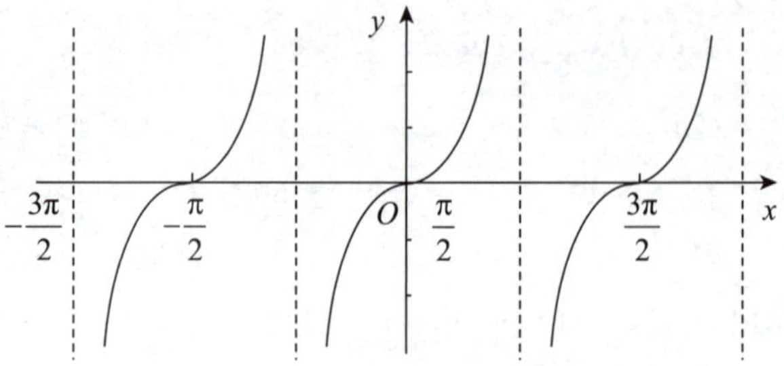

图 6－31

（2）正切曲线

由正切函数的周期性，将正切函数 $y=\tan x$ 在 $\left(-\frac{\pi}{2}, \frac{\pi}{2}\right)$ 上的图像沿 x 轴平移 $\pm\pi$，$\pm 2\pi$，…，就可得到 $y=\tan x$，$x\neq k\pi+\frac{\pi}{2}(k\in\mathbf{Z})$ 的图像（如图 6－31 所示）.

正切函数 $y=\tan x$，$x\neq k\pi+\frac{\pi}{2}(k\in\mathbf{Z})$ 的图像叫做正切曲线.

2. 正切函数的性质

由正切曲线及三角函数的定义，可观察和分析出如下主要性质：

（1）定义域

正切函数 $y=\tan x$ 的定义域是 $\left\{x \,\middle|\, x\neq\frac{\pi}{2}+k\pi, k\in\mathbf{Z}\right\}$.

（2）值域

从图中 6－31 可以看出，在区间 $\left(-\frac{\pi}{2}, \frac{\pi}{2}\right)$ 内，当 x 无限接近 $\frac{\pi}{2}$ 时，$\tan x$ 可无限地增大；当 x 无限接近 $-\frac{\pi}{2}$ 时，$\tan x$ 无限减小. 换言之，$\tan x$ 可取任意实数值，既没有最大值，也没有最小值. 因此，函数 $y=\tan x$ 的值域是实数集 $(-\infty, +\infty)$.

（3）周期

由诱导公式可知，函数 $y=\tan x$ 是周期函数，它的最小正周期是 π.

（4）奇偶性

因为 $\tan(-x)=-\tan x$，所以函数 $y=\tan x$ 是奇函数，它的图像关于原点对称.

（5）单调性

小组互动：

探讨并理解正切函数的性质.

从图 6－31 可以看出，正切函数在每一个开区间 $\left(-\frac{\pi}{2}+k\pi, \frac{\pi}{2}+k\pi\right)$，$k\in\mathbf{Z}$ 内都是增函数.

说明： 正切函数在整个定义域内不是增函数.

新知识应用

例题 9　求函数 $y=\tan\left(x+\frac{\pi}{6}\right)$ 的定义域.

解： 令 $z=x+\frac{\pi}{6}$，则函数 $y=\tan z$ 的定义域是

$$\left\{z \middle| z\neq k\pi+\frac{\pi}{2},\ k\in\mathbf{Z}\right\}.$$

由 $z=x+\frac{\pi}{6}\neq k\pi+\frac{\pi}{2}$，$k\in\mathbf{Z}$，得

$$x\neq k\pi+\frac{\pi}{3},\ k\in\mathbf{Z}.$$

所以函数 $y=\tan\left(x+\frac{\pi}{6}\right)$ 的定义域是 $\left\{x \middle| x\neq k\pi+\frac{\pi}{3},\ k\in\mathbf{Z}\right\}$.

跟踪练习 9　求函数 $y=-5\tan\left(2x-\frac{\pi}{4}\right)$ 的定义域.

动动脑：

归纳求正切函数定义域的常规方法.

例题 10　不求值，比较下列各对三角函数值的大小：

(1) $\tan 230°$ 和 $\tan 320°$；　　(2) $\tan\frac{12\pi}{5}$ 和 $\tan\frac{17\pi}{7}$.

解： (1) 因为 $\tan 230°=\tan(180°+50°)=\tan 50°$，

$$\tan 320°=\tan[360°+(-40°)]=\tan(-40°),$$

又因为 $-90°<-40°<50°<90°$，且 $y=\tan x$ 在 $(-90°, 90°)$ 上是增函数，

所以 $\tan 50°>\tan(-40°)$，即 $\tan 230°>\tan 320°$.

(2) 因为 $\tan\frac{12\pi}{5}=\tan\left(2\pi+\frac{2\pi}{5}\right)=\tan\frac{2\pi}{5}$，

$$\tan\frac{17\pi}{7}=\tan\left(2\pi+\frac{3\pi}{7}\right)=\tan\frac{3\pi}{7},$$

又因为 $-\frac{\pi}{2}<\frac{2\pi}{5}<\frac{3\pi}{7}<\frac{\pi}{2}$，且 $y=\tan x$ 在 $\left(-\frac{\pi}{2}, \frac{\pi}{2}\right)$ 上是增函数，

所以 $\tan\frac{2\pi}{5}<\tan\frac{3\pi}{7}$，即 $\tan\frac{12\pi}{5}<\tan\frac{17\pi}{7}$.

动动脑：

归纳利用正切函数的单调性比较正切函数值大小的常规方法与技巧.

跟踪练习 10 不求值，比较下列各组中两个函数值的大小：

(1) $\tan\left(-\frac{25}{6}\pi\right)$和 $\tan\frac{2\pi}{7}$；　　(2) $\tan 440°$和 $\tan(-65°)$.

6.5.4 正弦型函数 $y=a\sin(\omega x+\varphi)$ 的图像与性质

旧知识链接：

阅读教材下册中第 33～35 页正弦函数的图像与性质.

观察与思考

观察：在科学研究与生产实践过程中，经常会涉及形如 $y=A\sin(\omega x+\varphi)$（其中 A，ω，φ 是常数）的解析式，如图 6－32 所示弹簧振动的函数图像.

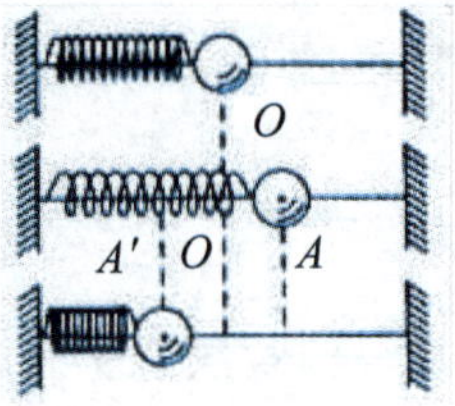

图 6－32

思考：函数 $y=A\sin(\omega x+\varphi)$（其中 A，ω，φ 是常数）的图像与函数 $y=\sin x$ 的图像有什么关系？能否由函数 $y=\sin x$ 的图像变换得到？

新知识学习

1. 正弦函数 $y=A\sin(\omega x+\varphi)$（$A>0$，$\omega>0$）的图像

(1) 函数 $y=A\sin x$（$A>0$）与函数 $y=\sin x$ 的图像之间的关系

思考题 1：试分析函数 $y=2\sin x$，$y=\frac{1}{2}\sin x$ 的图像与函数 $y=\sin x$ 的图像关系.

作图 1：易知，函数 $y=2\sin x$ 及 $y=\frac{1}{2}\sin x$ 的周期 $T=2\pi$，作 $x\in[0, 2\pi]$时的函数的简图.

列表 6－10.

表 6－10

x	0	$\frac{\pi}{2}$	π	$\frac{3\pi}{2}$	2π
$\sin x$	0	1	0	-1	0
$2\sin x$	0	2	0	-2	0
$\frac{1}{2}\sin x$	0	$\frac{1}{2}$	0	$-\frac{1}{2}$	0

描点作图(如图 6－33 所示).

利用这类函数的周期性，可把上面的简图向左、向右连续平移$\pm 2\pi$，$\pm 4\pi$，…，就可得出 $y=2\sin x$，$x\in\mathbf{R}$ 及 $y=\frac{1}{2}\sin x$，$x\in\mathbf{R}$ 的简图(图略).

分析：从图 6-33 可以看出，函数 $y=2\sin x$，$x\in\mathbf{R}$ 的图像可由函数 $y=\sin x$ 的图像上所有点的纵坐标伸长 2 倍（横坐标不变）得到，它的值域是 $[-2, 2]$，最大值是 2，最小值是 -2；函数 $y=\frac{1}{2}\sin x$，$x\in\mathbf{R}$ 的图像可由函数 $y=\sin x$ 的图像所有点的纵坐标缩短 $\frac{1}{2}$ 倍（横坐标不变）得到，它的值域是 $\left[-\frac{1}{2}, \frac{1}{2}\right]$，最大值是 $\frac{1}{2}$，最小值是 $-\frac{1}{2}$.

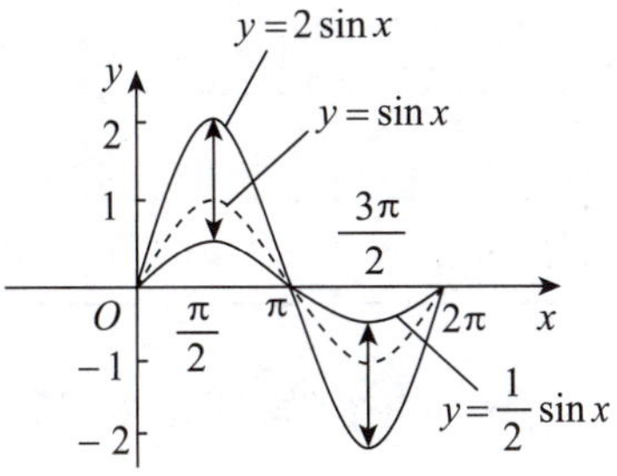

图 6-33

结论：函数 $y=A\sin x\,(A>0)$ 的图像可由函数 $y=\sin x$ 的图像上所有点的纵坐标伸长 $(A>1)$ 或缩短 $(0<A<1)$ 到原来的 A 倍（横坐标不变）而得到，它的值域是 $[-A, A]$，最大值是 A，最小值是 $-A$.

说明：类似于用“五点法”作函数 $y=\sin x$ 的简图的方法，选出关键的五点，可以作出函数 $y=A\sin x$ 的简图.

小组互动：

探讨函数 $y=A\sin x$ 的图像与函数 $y=\sin x$ 的图像之间的关系.

(2) 函数 $y=\sin\omega x\,(\omega>0)$ 与函数 $y=\sin x$ 的图像关系

思考题 2：试分析函数 $y=\sin 2x$，$y=\sin\frac{1}{2}x$ 的图像与函数 $y=\sin x$ 的图像间关系.

作图 2：当 x 由 0 变到 π 时，$2x$ 由 0 变到 2π，函数 $y=\sin 2x$ 取到一个周期内的所有值. 因此，函数 $y=\sin 2x$ 的周期是 π；当 x 由 0 变到 4π 时，$\frac{x}{2}$ 由 0 变到 2π，因此，$y=\sin\frac{1}{2}x$ 的周期是 4π.

函数 $y=\sin 2x$ 的周期为 π，作 $x\in[0, \pi]$ 的图像；函数 $y=\sin\frac{1}{2}x$ 的周期为 4π，作 $x\in[0, 4\pi]$ 的图像.

列表 6-11 和表 6-12.

表 6-11

x	0	$\frac{\pi}{4}$	$\frac{\pi}{2}$	$\frac{3\pi}{4}$	π
$2x$	0	$\frac{\pi}{2}$	π	$\frac{3\pi}{2}$	2π
$\sin 2x$	0	1	0	-1	0

表 6 - 12

x	0	π	2π	3π	4π
$\frac{x}{2}$	0	$\frac{\pi}{2}$	π	$\frac{3\pi}{2}$	2π
$\sin\frac{x}{2}$	0	1	0	-1	0

描点作图(如图 6 - 34 所示).

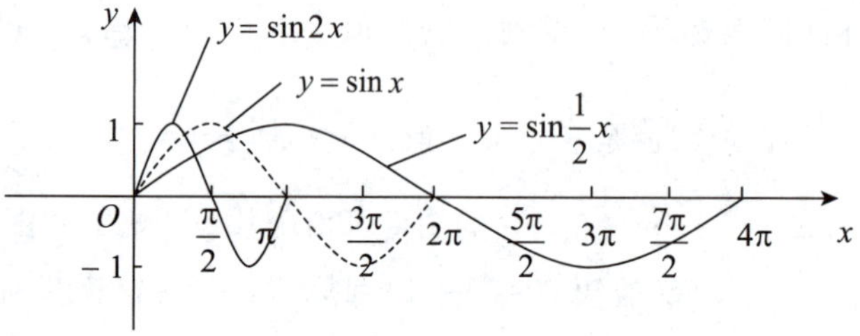

图 6 - 34

利用正弦型函数的周期性，把上面的简图分别向左、向右连续地平移相应的周期，就可得出 $y=\sin 2x$，$x\in\mathbf{R}$ 及 $y=\sin\frac{1}{2}x$，$x\in\mathbf{R}$ 的简图.

分析：从上例可以看出，函数 $y=\sin 2x$ 的图像可由函数 $y=\sin x$ 的图像上所有点的横坐标缩短到原来的 $\frac{1}{2}$ 倍(纵坐标不变)得到，其周期是 $\frac{2\pi}{2}=\pi$；函数 $y=\sin\frac{x}{2}$ 的图像可由函数 $y=\sin x$ 的图像上所有点的横坐标伸长到原来的 2 倍(纵坐标不变)得到，其周期是 $\frac{2\pi}{\frac{1}{2}}=4\pi$.

小组互动：

探讨函数 $y=\sin\omega x$ 的图像与函数 $y=\sin x$ 的图像的关系.

结论：函数 $y=\sin\omega x(\omega>0)$ 的图像可由函数 $y=\sin x$ 的图像上所有点的横坐标伸长$(0<\omega<1)$或缩短$(\omega>1)$到原来的 $\frac{1}{\omega}$ 倍(纵坐标不变)得到，其周期是 $\frac{2\pi}{\omega}$.

(3) 函数 $y=\sin(x+\varphi)$ 与函数 $y=\sin x$ 的图像关系

思考题 3：试分析函数 $y=\sin\left(x+\frac{\pi}{4}\right)$，$y=\sin\left(x-\frac{\pi}{4}\right)$ 的图像与函数 $y=\sin x$ 的图像间的关系.

作图 3：当 x 由 $-\frac{\pi}{4}$ 变到 $\frac{7\pi}{4}$ 时，$x+\frac{\pi}{4}$ 由 0 变到 2π，函数 $y=\sin\left(x+\frac{\pi}{4}\right)$ 取到一个周期内的所有值，因此，函数 $y=\sin\left(x+\frac{\pi}{4}\right)$ 的周期应是 2π；当 x 由 $\frac{\pi}{4}$ 变到 $\frac{9\pi}{4}$ 时，$x-\frac{\pi}{4}$ 由 0 变到 2π，因此，$y=\sin\left(x-\frac{\pi}{4}\right)$ 的周期为 2π. 函数 $y=$

$\sin\left(x+\frac{\pi}{4}\right)$的周期为 2π，作 $x\in\left[-\frac{\pi}{4},\ \frac{7\pi}{4}\right]$的图像；函数 $y=\sin\left(x-\frac{\pi}{4}\right)$的周期为 2π，作 $x\in\left[\frac{\pi}{4},\ \frac{9\pi}{4}\right]$的图像.

列表 6 - 13 和表 6 - 14.

表 6 - 13

x	$-\frac{\pi}{4}$	$\frac{\pi}{4}$	$\frac{3\pi}{4}$	$\frac{5\pi}{4}$	$\frac{7\pi}{4}$
$x+\frac{\pi}{4}$	0	$\frac{\pi}{2}$	π	$\frac{3\pi}{2}$	2π
$\sin\left(x+\frac{\pi}{4}\right)$	0	1	0	-1	0

表 6 - 14

x	$\frac{\pi}{4}$	$\frac{3\pi}{4}$	$\frac{5\pi}{4}$	$\frac{7\pi}{4}$	$\frac{9\pi}{4}$
$x-\frac{\pi}{4}$	0	$\frac{\pi}{2}$	π	$\frac{3\pi}{2}$	2π
$\sin\left(x-\frac{\pi}{4}\right)$	0	1	0	-1	0

描点作图(如图 6 - 35 所示).

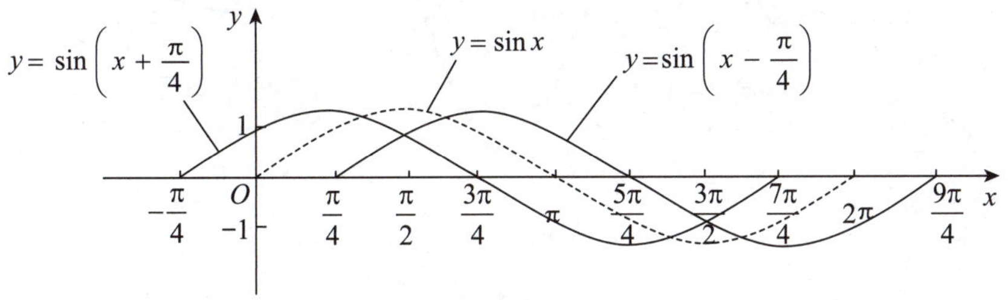

图 6 - 35

利用正弦型函数的周期性，把上面的简图分别向左、向右连续地平移相应的周期，可得出 $y=\sin\left(x+\frac{\pi}{4}\right)$，$x\in\mathbf{R}$ 及 $y=\sin\left(x-\frac{\pi}{4}\right)$，$x\in\mathbf{R}$ 的简图.

分析：从上例可以看出，函数 $y=\sin\left(x+\frac{\pi}{4}\right)$的图像可由函数 $y=\sin x$ 的图像上所有点的横坐标向左平移$\frac{\pi}{4}$个单位长度(纵坐标不变)得到，其周期仍是 2π；函数 $y=\sin\left(x-\frac{\pi}{4}\right)$的图像可由函数 $y=\sin x$ 的图像上所有点的横坐标向右平移$\frac{\pi}{4}$个单位(纵坐标不变)得到，其周期仍是 2π.

结论：函数 $y=\sin(x+\varphi)$的图像可由函数 $y=\sin x$ 的图像上所有点的横坐标向左($\varphi>0$)或向右($\varphi<0$)平移$|\varphi|$个单位长度(纵坐标不变)得到.

小组互动：

探讨函数 $y=\sin(x+\varphi)$的图像与函数 $y=\sin x$ 的图像的关系.

(4) 函数 $y=A\sin(\omega x+\varphi)$ $(A>0,\ \omega>0)$ 与函数 $y=\sin x$ 的图像关系

思考题 4： 试说明函数 $y=\sin x$ 与函数 $y=3\sin\left(2x-\frac{\pi}{3}\right)$ 图像之间的关系.

作图 4： 如图 6－36 所示，因为函数 $y=\sin 2x$ 的周期是 π，所以把函数 $y=\sin x$ 的图像向原点压缩一半得到函数 $y=\sin 2x$ 一个周期的图像；因为 $y=\sin\left(2x-\frac{\pi}{3}\right)=\sin\left[2\left(x-\frac{\pi}{6}\right)\right]$，所以把函数 $y=\sin 2x$ 的图像向右平移 $\frac{\pi}{6}$ 个单位长度，可得到函数 $y=\sin\left(2x-\frac{\pi}{3}\right)$ 的图像，最后将函数 $y=\sin\left(2x-\frac{\pi}{3}\right)$ 的图像纵向伸长为原来的 3 倍，就可得到 $y=3\sin\left(2x-\frac{\pi}{3}\right)$ 的图像.

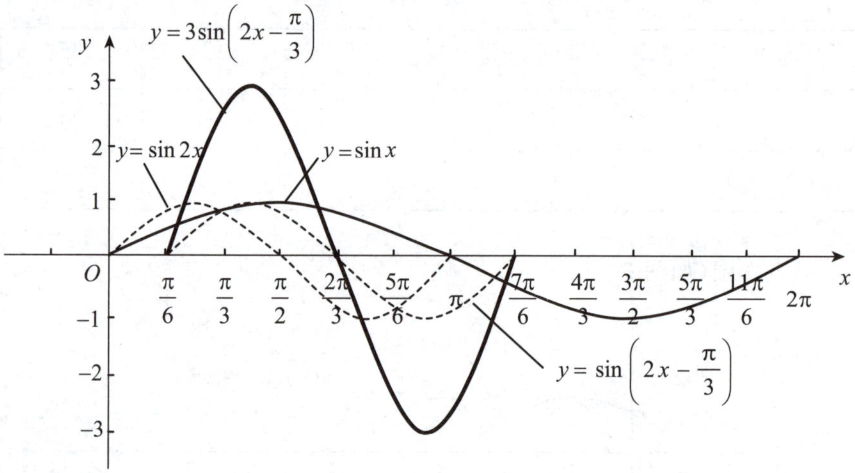

图 6－36

结论： 函数 $y=A\sin(\omega x+\varphi)$ 的图像可通过 $y=\sin x$ 的图像变换而得到，其变换过程如下：

小组互动：

探讨并理解正弦型三角函数的图像与正弦函数的图像的关系.

$y=\sin x$ 的图像 $\xrightarrow{\text{横坐标向左}(\varphi>0)\text{或向右}(\varphi<0)\text{平移}|\varphi|\text{个单位长度}}$

$y=\sin(x+\varphi)$ 的图像 $\xrightarrow{\text{横坐标伸长}(0<\omega<1)\text{或缩小}(\omega>1)\text{到原来的}\frac{1}{\omega}\text{倍}}$

$y=\sin(\omega x+\varphi)$ 的图像 $\xrightarrow{\text{纵坐标伸长}(A>1)\text{或缩小}(0<A<1)\text{到原来的}A\text{倍}}$

$y=A\sin(\omega x+\varphi)$ 的图像.

2. 正弦型函数 $y=A\sin(\omega x+\varphi)$ $(A>0,\ \omega>0)$ 的性质

由以上各例分析，可得到函数 $y=A\sin(\omega x+\varphi)$ $(A>0,\ \omega>0)$ 的一些主要性质：

(1) 定义域

因 x 取一切实数，正弦型函数都有意义，所以它的定义域是实数集.

(2) 值域

函数 $y=A\sin(\omega x+\varphi)(A>0,\ \omega>0)$ 的值域是 $[-A,\ A]$. 当 $\omega x+\varphi=2k\pi+\frac{\pi}{2}(k\in\mathbf{Z})$ 时，y 取最大值 A；当 $\omega x+\varphi=2k\pi-\frac{\pi}{2}(k\in\mathbf{Z})$ 时，y 取最小值 $-A$.

(3) 周期

函数 $y=A\sin(\omega x+\varphi)(A>0,\ \omega>0)$ 的周期 $T=\frac{2\pi}{\omega}$.

小组互动：

探讨并理解正弦型三角函数的性质.

新知识应用

例题 11　作出函数 $y=3\sin\left(\frac{1}{2}x+\frac{\pi}{4}\right)$ 在一个周期区间上的简图.

解： 列表 6－15.

表 6－15

x	$-\frac{\pi}{2}$	$\frac{\pi}{2}$	$\frac{3\pi}{2}$	$\frac{5\pi}{2}$	$\frac{7\pi}{2}$
$\frac{1}{2}x+\frac{\pi}{4}$	0	$\frac{\pi}{2}$	π	$\frac{3\pi}{2}$	2π
$y=3\sin\left(\frac{1}{2}x+\frac{\pi}{4}\right)$	0	3	0	-3	0

描点作图(如图 6－37 所示).

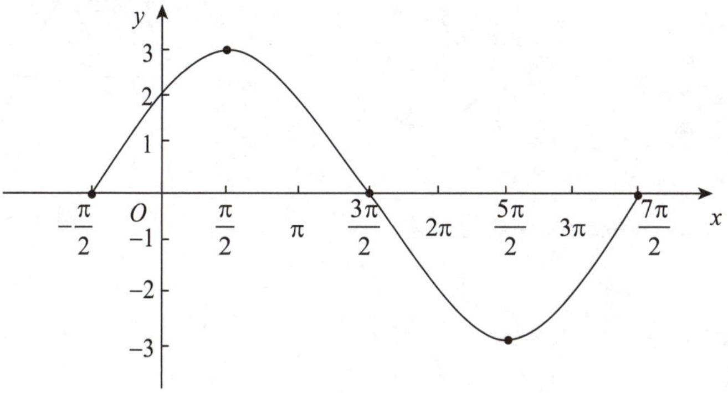

图 6－37

跟踪练习 11　作出函数 $y=2\sin\left(3x-\frac{3\pi}{4}\right)$ 在一个周期区间上的简图.

动动脑：

归纳作正弦型三角函数简图的方法与技巧.

例题 12 函数 $y=\sin\left(x-\frac{\pi}{6}\right)$ 在长度为一个周期区间上的简图大致为(　　).

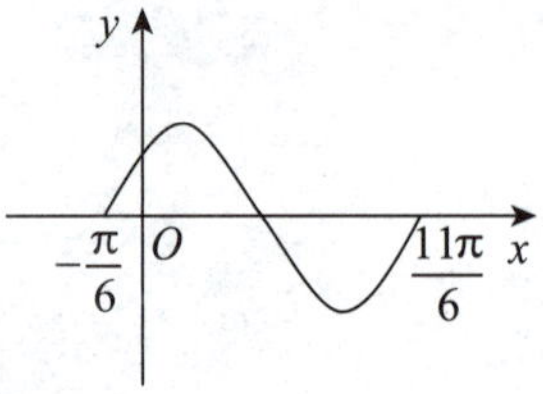

A.

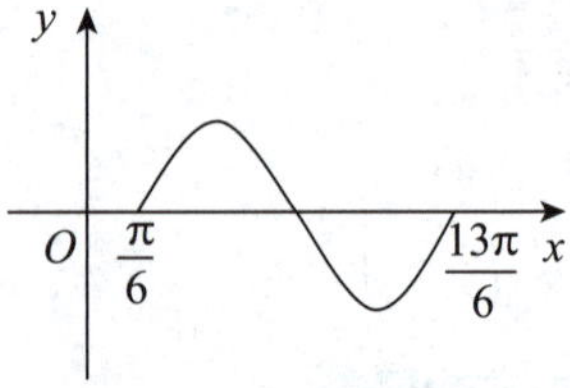

B.

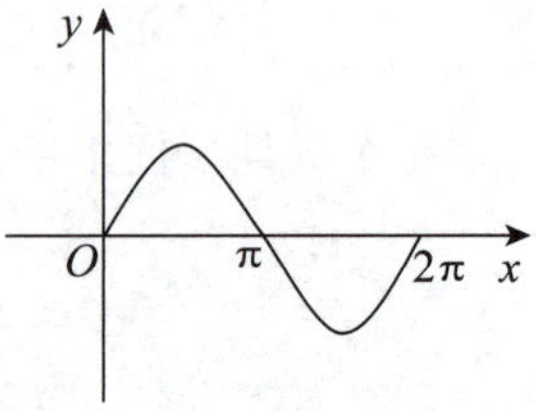

C.

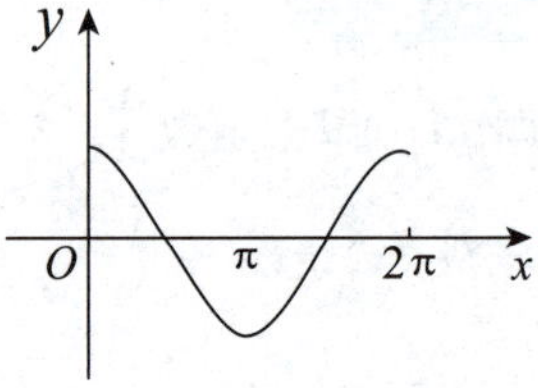

D.

解： 因函数 $y=\sin\left(x-\frac{\pi}{6}\right)$ 的图像可由函数 $y=\sin x$ 的图像向右平移 $\frac{\pi}{6}$ 个单位长度得到，所以选 B.

动动脑：

归纳由正弦型三角函数的图像求其解析式的常规方法与技巧.

跟踪练习 12 图 6 - 38 所示为函数 $y=A\sin(\omega x+\varphi)$ 的图像的一段，那么(　　).

A. $A=2$，$\omega=\frac{1}{2}$，$\varphi=-\frac{\pi}{8}$

B. $A=2$，$\omega=\frac{1}{2}$，$\varphi=-\frac{\pi}{4}$

C. $A=2$，$\omega=2$，$\varphi=\frac{\pi}{4}$

D. $A=2$，$\omega=2$，$\varphi=-\frac{\pi}{4}$

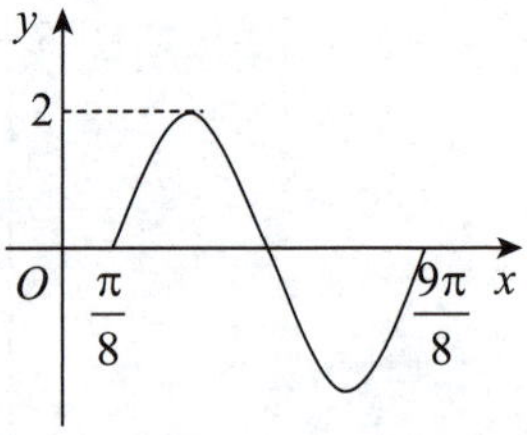

图 6 - 38

例题 13 求下列各函数的最大值、最小值和最小正周期：

(1) $y=5-2\sin\left(4x-\frac{\pi}{3}\right)$；　　(2) $y=\sin x+\cos x$；

(3) $y=\cos^2 x+\frac{\sqrt{3}}{2}\sin 2x$.

分析： 首先将原函数表达式变形成 $y=A\sin(\omega x+\varphi)+B$ 的形式，然后根据正弦型函数的性质求各函数的最小正周期和最大值、最小值.

解：(1) 当$\left[\sin\left(4x-\frac{\pi}{3}\right)\right]_{max}=1$时，$y_{min}=5-2\times1=3$；

当$\left[\sin\left(4x-\frac{\pi}{3}\right)\right]_{min}=-1$时，$y_{max}=5-2\times(-1)=7$.

周期$T=\frac{2\pi}{\omega}=\frac{2\pi}{4}=\frac{\pi}{2}$.

(2) 因为

$$
\begin{aligned}
y&=\sin x+\cos x\\
&=\sqrt{2}\left(\frac{\sqrt{2}}{2}\sin x+\frac{\sqrt{2}}{2}\cos x\right)\\
&=\sqrt{2}\left(\sin x\cos\frac{\pi}{4}+\cos x\sin\frac{\pi}{4}\right)\\
&=\sqrt{2}\sin\left(x+\frac{\pi}{4}\right),
\end{aligned}
$$

所以最小正周期$T=\frac{2\pi}{1}=2\pi$.

当$\left[\sin\left(x+\frac{\pi}{4}\right)\right]_{max}=1$时，$y_{max}=\sqrt{2}$；

当$\left[\sin\left(x+\frac{\pi}{4}\right)\right]_{min}=-1$时，$y_{min}=-\sqrt{2}$.

(3) 因为

$$
\begin{aligned}
y&=\cos^2x+\frac{\sqrt{3}}{2}\sin 2x\\
&=\frac{1+\cos 2x}{2}+\frac{\sqrt{3}}{2}\sin 2x\\
&=\frac{\sqrt{3}}{2}\sin 2x+\frac{1}{2}\cos 2x+\frac{1}{2}\\
&=\sin 2x\cos\frac{\pi}{6}+\cos 2x\sin\frac{\pi}{6}+\frac{1}{2}\\
&=\sin\left(2x+\frac{\pi}{6}\right)+\frac{1}{2},
\end{aligned}
$$

所以最小正周期$T=\frac{2\pi}{2}=\pi$.

当$\left[\sin\left(2x+\frac{\pi}{6}\right)\right]_{max}=1$时，$y_{max}=1+\frac{1}{2}=\frac{3}{2}$；

当$\left[\sin\left(2x+\frac{\pi}{6}\right)\right]_{min}=-1$时，$y_{min}=-1+\frac{1}{2}=-\frac{1}{2}$.

动动脑：

归纳运用三角函数式变形求其性质的特殊方法.

跟踪练习 13 求下列各函数的最大值、最小值和最小正周期：

(1) $y=2+\sin\left(3x-\frac{\pi}{6}\right)$； (2) $y=\sqrt{3}\sin\frac{x}{2}-\cos\frac{x}{2}$；

(3) $y=\sin^4 x-\cos^4 x$.

6.5.5 已知三角函数值求角

旧知识链接：

阅读教材下册第 19～21 页中诱导公式的内容.

观察与思考

已知任意一个角，可以求出它的三角函数值(角必须属于这个函数的定义域)；反过来，如果已知一个角的三角函数值，也可求出它对应的角.

新知识学习

解三角方程

解三角方程的基本步骤(以 $\sin x=a(x\in[0, 2\pi))$ 为例)如下：

(1) 根据 a 的正负来确定 x 所在的象限.

(2) 求出 $\sin x=|a|$ 时的锐角 α.

(3) 写出满足 $\sin x=a(x\in[0, 2\pi))$ 的角：

第一象限的解为 $x_1=\alpha$，第二象限的解为 $x_2=\pi-\alpha$，第三象限的解为 $x_3=\pi+\alpha$，第四象限的解为 $x_4=2\pi-\alpha$.

新知识应用

例题 14 已知 $\sin x=-\frac{\sqrt{2}}{2}$，且 $x\in[0, 2\pi)$，求 x 的取值集合.

解： 因为 $\sin x=-\frac{\sqrt{2}}{2}<0$，所以 x 是第三或第四象限的角.

又因为 $\sin\frac{\pi}{4}=\frac{\sqrt{2}}{2}$，

所以根据诱导公式，符合条件的第三象限的角是 $\pi+\frac{\pi}{4}=\frac{5\pi}{4}$，符合条件的第四象限的角是 $2\pi-\frac{\pi}{4}=\frac{7\pi}{4}$.

于是所求的角 x 的取值集合为 $\left\{\frac{5\pi}{4},\ \frac{7\pi}{4}\right\}$.

评注： 由上例可知函数 $y=\sin x$，在区间 $[0,\ 2\pi)$ 上，对 $y\in(-1,\ 1)$ 的任意一个值，有两个角 x 值与之对应；如果在 $(-\infty,\ +\infty)$ 上取值，由诱导公式可知对 $y\in[-1,\ 1]$ 的任意一个值，有无穷多个 x 值与之对应.

跟踪练习 14　已知 $\sin x=-\frac{1}{2}$，且 $x\in[0,\ 2\pi)$，求 x 的取值集合.

动动脑：

归纳形如方程 $\sin ax=b$ 的解法.

例题 15　已知 $\cos x=\frac{\sqrt{3}}{2}$，且 $x\in[0,\ 2\pi)$，求 x 的取值集合.

解： 因为 $\cos x=\frac{\sqrt{3}}{2}>0$，所以 x 是第一或第四象限的角.

又因为 $\cos\frac{\pi}{6}=\frac{\sqrt{3}}{2}$，

所以符合条件的第一象限的角是 $\frac{\pi}{6}$ 或第四象限的角 $2\pi-\frac{\pi}{6}=\frac{11\pi}{6}$.

于是所求的角 x 的取值集合为 $\left\{\frac{\pi}{6},\ \frac{11\pi}{6}\right\}$.

评注： 由上例可知函数 $y=\cos x$，在区间 $[0,\ 2\pi)$ 上，对 $y\in(-1,\ 1)$ 的任意一个值，有两个 x 值与之对应；如果在 $(-\infty,\ +\infty)$ 上取值，那么对 $y\in[-1,\ 1]$ 的任意一个值，有无穷多个 x 值与之对应.

跟踪练习 15　已知 $\cos x=-\frac{\sqrt{2}}{2}$，且 $x\in[0,\ 2\pi)$，求 x 的取值集合.

动动脑：

归纳形如方程 $\cos ax=b$ 的解法.

例题 16 已知 $\tan x=-1$，$x\in\left(-\frac{\pi}{2}, \frac{\pi}{2}\right)$，求 x 的值.

解： 因为正切函数在区间$\left(-\frac{\pi}{2}, \frac{\pi}{2}\right)$上是增函数，所以正切值等于$-1$的角 x 有且只有一个.

又因为 $\tan\left(-\frac{\pi}{4}\right)=-\tan\frac{\pi}{4}=-1$，

所以所求的角 $x=-\frac{\pi}{4}$.

评注： 如果 $\tan x=a\,(a\in\mathbf{R})$，在$\left(-\frac{\pi}{2}, \frac{\pi}{2}\right)$取值，那么对于任意一正切值，有且只有一个角 x 与之对应；如果在$\left(k\pi-\frac{\pi}{2}, k\pi+\frac{\pi}{2}\right)(k\in\mathbf{Z})$上取值，那么对任一个正切值，有无穷多个 x 值与之对应.

动动脑：

归纳形如方程 $\tan ax=b$ 的解法.

跟踪练习 16 已知 $\tan x=\frac{\sqrt{3}}{3}$，$x\in\left(-\frac{\pi}{2}, \frac{\pi}{2}\right)$，求 x 的值.

6.6 余弦定理和正弦定理

6.6.1 余弦定理

观察与思考

在初中，已经学过直角三角形的边、角性质定理及解直角三角形的方法，那么斜三角形是否具备与直角三角形相似的性质定理，解斜三角形与解直角三角形的思想与方法是否类似？

旧知识链接：

阅读教材下册第 52 页中解简单的三角方程，并复习解直角三角形.

新知识学习

1. 余弦定理

三角形任何一边长的平方等于其他两边长的平方和减去这两边的长与它们的夹角的余弦乘积的2倍.

如图 6-39 所示，在△ABC 中，用 a，b，c 分别表示∠A，∠B，∠C 的对边及其长度，则有

$$a^2=b^2+c^2-2bc\cos A,\quad (1)$$
$$b^2=c^2+a^2-2ca\cos B,\quad (2)$$
$$c^2=a^2+b^2-2ab\cos C.\quad (3)$$

证明： 如图 6-39 所示，作 $AD\perp BC$ 于 D.

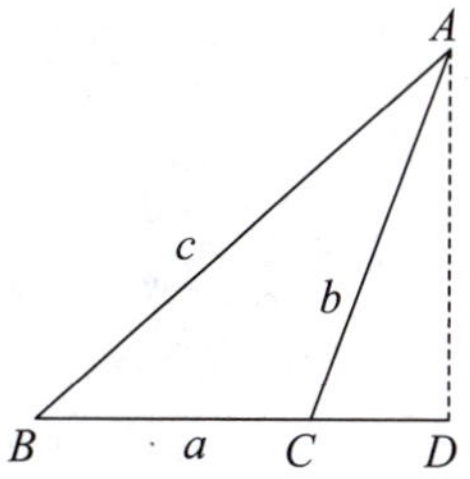

图 6-39

在△ADB 中，

$$\begin{aligned}c^2&=AD^2+BD^2\\&=(b^2-CD^2)+(a+CD)^2\\&=b^2-CD^2+a^2+2a\cdot CD+CD^2\\&=b^2+a^2+2a\cdot CD.\end{aligned}$$

在 Rt△ADC 中，

$$CD=AC\cos\angle ACD=b\cdot\cos(\pi-C)=-b\cos C.$$

所以

$$c^2=b^2+a^2+2a\cdot(-b\cos C)=a^2+b^2-2ab\cos C.$$

同理可证其他二式.

小组互动：

探讨余弦定理的记忆规律.

余弦定理中的(1)、(2)、(3)式还可分别变形为

$$\cos A=\frac{b^2+c^2-a^2}{2bc},\quad \cos B=\frac{c^2+a^2-b^2}{2ca},\quad \cos C=\frac{a^2+b^2-c^2}{2ab}.$$

说明：(1) 由上式可知，若计算出 $\cos A>0$，则$\angle A$是锐角；若计算出 $\cos A=0$，则$\angle A$是直角；若计算出 $\cos A<0$，则$\angle A$是钝角. 对于$\angle B$和$\angle C$也具备这种性质.

(2) 在余弦定理中，如果$\angle C=90°$，则 $c^2=a^2+b^2$. 这就是勾股定理. 由此可见余弦定理是勾股定理的推广，而勾股定理是余弦定理的特例.

2. 适用范围

余弦定理可用来求三角形的未知元素，主要有以下两种情形：

(1) 已知三角形的两边及其夹角，求其他元素；

(2) 已知三角形的三边，求其他元素.

新知识应用

例题 1 如图 6-40 所示，已知$\triangle ABC$中 $a=2\sqrt{3}$，$b=\sqrt{6}+\sqrt{2}$，$\angle C=45°$，求其他元素.

解：因为
$$c^2=a^2+b^2-2ab\cos C$$
$$=(2\sqrt{3})^2+(\sqrt{6}+\sqrt{2})^2-2\times 2\sqrt{3}\times(\sqrt{6}+\sqrt{2})\times\frac{\sqrt{2}}{2}$$
$$=8.$$

所以 $c=2\sqrt{2}$.

又因为
$$\cos A=\frac{b^2+c^2-a^2}{2bc}$$
$$=\frac{(\sqrt{6}+\sqrt{2})^2+(2\sqrt{2})^2-(2\sqrt{3})^2}{2\times(\sqrt{6}+\sqrt{2})\times 2\sqrt{2}}$$
$$=\frac{1}{2},$$

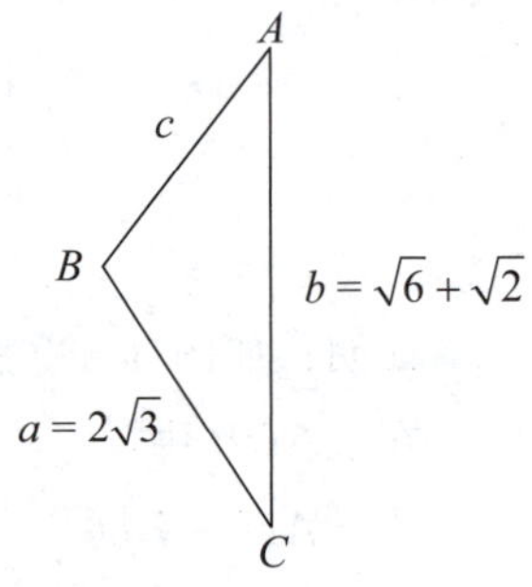

图 6-40

所以$\angle A=60°$；

由三角形的内角和等于 180°，可得
$$\angle B=180°-(\angle A+\angle C)=180°-(45°+60°)=75°.$$

动动脑：

归纳已知两边及夹角解三角形的常规方法.

跟踪练习 1 在$\triangle ABC$中，$\angle A=30°$，$b=3\sqrt{3}$，$c=3$，求其他元素.

例题 2 已知$\triangle ABC$中，$a=2\sqrt{2}$，$b=2(\sqrt{3}+1)$，$c=4$，求$\triangle ABC$的三个内角.

解： 由余弦定理，得

$$\cos A=\frac{b^2+c^2-a^2}{2bc}=\frac{\left[2(\sqrt{3}+1)\right]^2+4^2-(2\sqrt{2})^2}{2\times2(\sqrt{3}+1)\times4}=\frac{\sqrt{3}}{2},$$

$$\cos C=\frac{a^2+b^2-c^2}{2ab}=\frac{(2\sqrt{2})^2+\left[2(\sqrt{3}+1)\right]^2-4^2}{2\times2\sqrt{2}\times2(\sqrt{3}+1)}=\frac{\sqrt{2}}{2},$$

可得$\angle A=30°$，$\angle C=45°$，$\angle B=180°-\angle A-\angle B=105°$.

跟踪练习 2　在$\triangle ABC$中，已知$a=3\sqrt{2}-\sqrt{6}$，$b=6$，$c=2\sqrt{6}$，求$\triangle ABC$的三个内角.

动动脑：

归纳已知三边解三角形的常规方法.

例题 3　在$\triangle ABC$中，$c\cos A=a\cos B$，试确定三角形的形状.

解： 因为$c\cos A=a\cos C$，

所以$c\cdot\frac{b^2+c^2-a^2}{2bc}=a\cdot\frac{a^2+b^2-c^2}{2ab}$，即$a=c$.

所以$\triangle ABC$是等腰三角形.

跟踪练习 3　在$\triangle ABC$中，已知$a=2\sqrt{2}$，$b=3$，$c=4$，试判断$\triangle ABC$的形状.

动动脑：

归纳根据已知条件判断三角形的形状的常规方法.

例题 4　在$\triangle ABC$中，如图 6－41 所示，已知$\angle B$为钝角，$\sin B=\frac{12}{13}$，$AB=13$，$BC=4$，求AC.

解： 因为$\angle B$为钝角，$\sin B=\frac{12}{13}$，

所以$\cos B=-\sqrt{1-\sin^2 B}=-\sqrt{1-\left(\frac{12}{13}\right)^2}=-\frac{5}{13}$.

又因为$AB=c=13$，$BC=a=4$，$AC=b$，

所以$b^2=a^2+c^2-2ac\cos B$

$=4^2+13^2-2\times4\times13\times\left(-\frac{5}{13}\right)$

$=225$

即$AC=\sqrt{225}=15$.

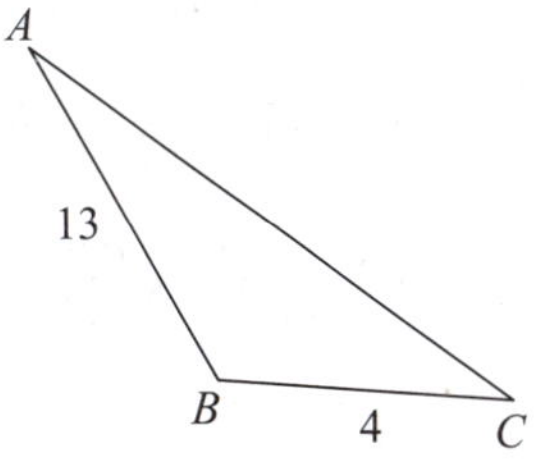

图 6－41

动动脑：

归纳综合应用三角公式解三角形的常规方法.

跟踪练习 4　在锐角△ABC 中，$\sin C=\frac{4}{5}$，$a=5\sqrt{2}$，$b=3\sqrt{2}$，求 $\cos B$ 的值.

6.6.2　正弦定理

观察与思考

旧知识链接：

阅读教材下册 55～56 页中有关余弦定理的知识.

观察：由教材下册中第 57 页例题 1 可知，三边 $a=2\sqrt{3}$，$b=\sqrt{6}+\sqrt{2}$，$c=2\sqrt{2}$，$\angle A=60°$，$\angle B=75°$，$\angle C=45°$，则有

$$\frac{a}{\sin A}=\frac{2\sqrt{3}}{\sin 60°}=\frac{2\sqrt{3}}{\frac{\sqrt{3}}{2}}=4,\quad \frac{b}{\sin B}=\frac{\sqrt{6}+\sqrt{2}}{\sin 75°}=\frac{\sqrt{6}+\sqrt{2}}{\frac{\sqrt{6}+\sqrt{2}}{4}}=4,$$

$$\frac{c}{\sin C}=\frac{2\sqrt{2}}{\sin 45°}=\frac{2\sqrt{2}}{\frac{\sqrt{2}}{2}}=4，即\frac{a}{\sin A}=\frac{b}{\sin B}=\frac{c}{\sin C}=4.$$

思考：对于任意△ABC，是否也有$\frac{a}{\sin A}=\frac{b}{\sin B}=\frac{c}{\sin C}$成立?

新知识学习

1. 正弦定理

小组互动：

探讨正弦定理的记忆规律.

在任一个三角形中，各边和它所对的角的正弦的比值相等. 即

$$\frac{a}{\sin A}=\frac{b}{\sin B}=\frac{c}{\sin C}.$$

证明：如图 6－42 所示，作△ABC 的外接圆 O，连接 BO 并延长交圆 O 于点 A'，再连接 $A'C$，则$\angle A=\angle A'$.

在 Rt△$A'CB$ 中，

$$\sin A'=\frac{BC}{A'B}=\frac{a}{2R}，即\frac{a}{\sin A}=2R.$$

同理可证$\frac{b}{\sin B}=2R$，$\frac{c}{\sin C}=2R$.

所以$\frac{a}{\sin A}=\frac{b}{\sin B}=\frac{c}{\sin C}$.

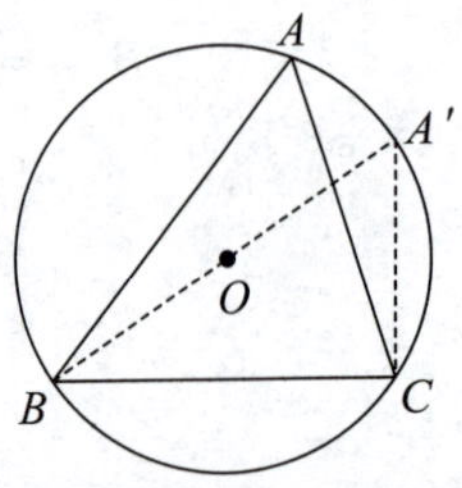

图 6－42

说明：如果$\triangle ABC$是直角三角形，$\angle C=90°$，这时$\sin C=1$，于是正弦定理化为$\frac{a}{\sin A}=\frac{b}{\sin B}=\frac{c}{\sin C}=c$或$\sin A=\frac{a}{c}$，$\sin B=\frac{b}{c}$. 这就是直角三角形中的边角关系.

2. 适用范围

正弦定理可以用来求解三角形中的未知元素，主要有下面两种情形：

(1) 已知两角及一边，求其他元素；

(2) 已知两边及其中一边所对的角，求其他元素.

3. 三角形的面积公式

$$S=\frac{1}{2}ab\sin C=\frac{1}{2}bc\sin A=\frac{1}{2}ac\sin B.$$

证明：如图 6－43 所示，设S表示$\triangle ABC$的面积，h为边AB上的高，则

$$S=\frac{1}{2}ch=\frac{1}{2}c\cdot b\sin A=\frac{1}{2}bc\sin A$$

或

$$S=\frac{1}{2}ch=\frac{1}{2}c\cdot b\sin(\pi-A)=\frac{1}{2}bc\sin A.$$

同理可证，$S=\frac{1}{2}ac\sin B$，$S=\frac{1}{2}ab\sin C$.

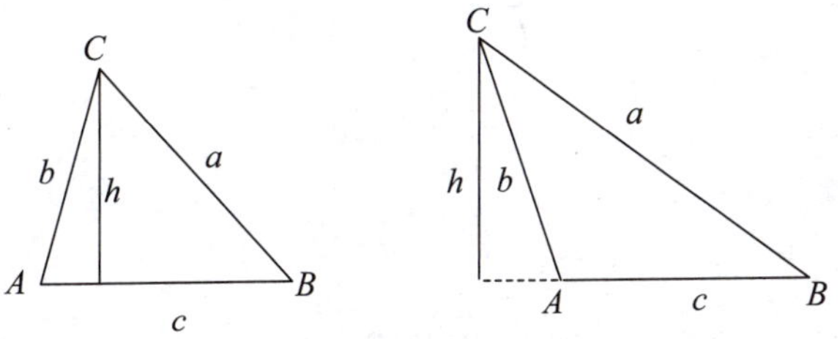

图 6－43

记忆规律：三角形的面积等于任意两边及其夹角正弦乘积的一半.

新知识应用

例题 5　在$\triangle ABC$中，已知$a=4$，$\angle B=30°$，$\angle C=45°$，求$\angle A$，b，c.

解：如图 6－44 所示，因为$\angle A+\angle B+\angle C=180°$，所以

$$\angle A=180°-30°-45°=105°.$$

由正弦定理，得

$$\frac{4}{\sin 105°}=\frac{b}{\sin 30°},$$

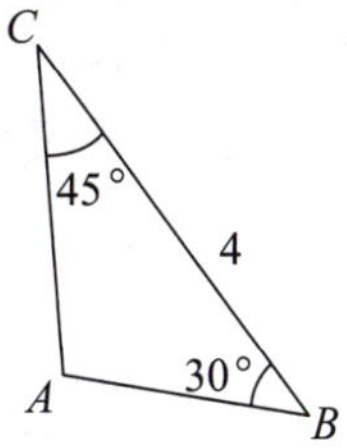

图 6－44

$$b=\frac{4\sin30^\circ}{\sin105^\circ}=\frac{4\sin30^\circ}{\sin75^\circ}=\frac{4\times\frac{1}{2}}{\frac{\sqrt{6}+\sqrt{2}}{4}}=2(\sqrt{6}-\sqrt{2}).$$

同理，得

$$c=\frac{4\sin45^\circ}{\sin105^\circ}=\frac{4\times\frac{\sqrt{2}}{2}}{\frac{\sqrt{6}+\sqrt{2}}{4}}=4(\sqrt{3}-1).$$

动动脑：

归纳已知两角一边解三角形的常规方法.

跟踪练习 5 在$\triangle ABC$中，已知$\angle A=30^\circ$，$\angle C=135^\circ$，$BC=3\sqrt{2}$，求$\angle B$，AB，AC.

例题 6 在$\triangle ABC$中，已知$a=7$，$b=5$，$c=4$，求$S_{\triangle ABC}$.

解： 由余弦定理，得

$$\cos A=\frac{b^2+c^2-a^2}{2bc}=\frac{5^2+4^2-7^2}{2\times5\times4}=-\frac{1}{5},$$

$$\sin A=\sqrt{1-\cos^2 A}=\sqrt{1-\left(-\frac{1}{5}\right)^2}=\frac{2\sqrt{6}}{5}.$$

所以 $S_{\triangle ABC}=\frac{1}{2}bc\sin A=\frac{1}{2}\times5\times4\times\frac{2\sqrt{6}}{5}=4\sqrt{6}$.

评注： 也可利用余弦定理求$\cos B$或$\cos C$，然后求$\sin B$或$\sin C$，最后由面积公式求出三角形的面积.

动动脑：

归纳已知三角形三边求其面积的常规方法.

跟踪练习 6 在$\triangle ABC$中，已知$a=2\sqrt{6}$，$b=4$，$c=8$，求$S_{\triangle ABC}$.

●例题 7　在$\triangle ABC$中，已知$\angle B=120°$，$AB=6\sqrt{2}$，$AC=6\sqrt{3}$，求$\angle C$和$S_{\triangle ABC}$.

解： 如图 6-45 所示，因为$\dfrac{b}{\sin B}=\dfrac{c}{\sin C}$，所以

$$\sin C=\frac{c\sin B}{b}=\frac{6\sqrt{2}\sin 120°}{6\sqrt{3}}=\frac{6\sqrt{2}\times\frac{\sqrt{3}}{2}}{6\sqrt{3}}=\frac{\sqrt{2}}{2}.$$

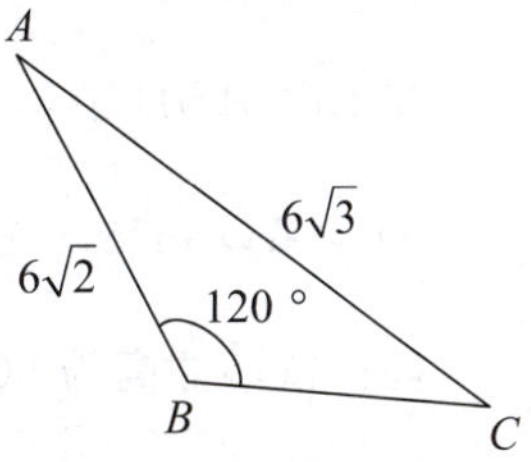

图 6-45

解得$\angle C=45°$或$\angle C=135°$(舍去).

所以$\angle A=180°-(120°+45°)=15°$.

由三角形面积公式，得

$$\begin{aligned}S_{\triangle ABC}&=\frac{1}{2}bc\sin A\\&=\frac{1}{2}\times6\sqrt{3}\times6\sqrt{2}\times\sin 15°\\&=\frac{1}{2}\times6\sqrt{3}\times6\sqrt{2}\times\frac{\sqrt{6}-\sqrt{2}}{4}\\&=27-9\sqrt{3}.\end{aligned}$$

●跟踪练习 7　在$\triangle ABC$中，已知$a=\sqrt{2}$，$b=\sqrt{3}$，$\angle A=45°$，求$\angle C$与$S_{\triangle ABC}$.

动动脑：

归纳已知二边长及夹角求三角形面积的常规方法.

●●例题 8　如图 6-46 所示，在地面上C点处测得一电视塔尖A的仰角为45°，再向塔底B方向前进 120 米至D处，又测得塔尖A的仰角为75°，试求电视塔尖A的高度.

解： 由题意可知，$\angle ACD=45°$，$\angle ADB=75°$，则

$$\begin{aligned}\angle CAD&=\angle ADB-\angle ACD\\&=75°-45°=30°.\end{aligned}$$

在$\triangle ACD$中，由正弦定理，得

$$\frac{AD}{\sin 45°}=\frac{120}{\sin 30°},$$

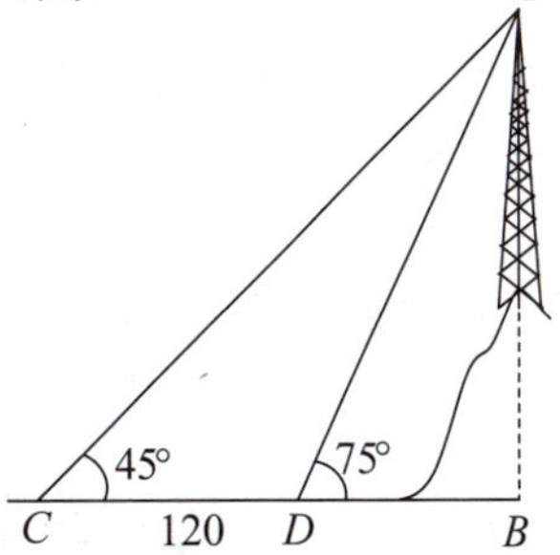

图 6-46

即 $AD=\dfrac{120\sin45^\circ}{\sin30^\circ}=\dfrac{120\times\dfrac{\sqrt{2}}{2}}{\dfrac{1}{2}}=120\sqrt{2}$.

在 Rt$\triangle ABD$ 中，

$$AB=AD\sin75^\circ=120\sqrt{2}\times\frac{\sqrt{6}+\sqrt{2}}{4}=60(\sqrt{3}+1).$$

答： 铁塔的高为 $60(\sqrt{3}+1)$米.

动动脑：

归纳综合运用正弦定理与余弦定理解决实际问题的常规方法.

跟踪练习 8 如图 6－47 所示，距离观察站 A 的$6\sqrt{3}$海里北偏东 30°的 B 处停靠了一艘走私船. 在 A 处北偏西 15°方向，距离 A 处 $2\sqrt{6}$海里的 C 处的缉私艇奉命以 $8\sqrt{15}$海里/小时的速度追截走私船. 问缉私艇沿着 CB 方向追上走私船需要多长时间？

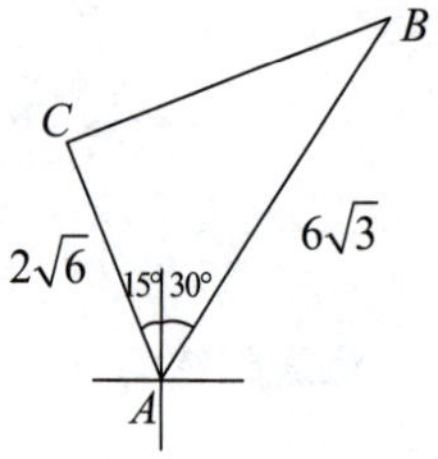

图 6－47

阅读材料六

生活中的角

要想把实际“测量”问题准确、快速的转化为解斜三角形问题，需要准确理解和把握应用题中有关名称和术语，例如：仰角、俯角、方位角、方向角、坡角、坡度等.

如图1所示，OC为水平线，OD为铅垂线，OA和OB为射线，我们把射线OA与水平线OC所形成的$\angle AOC$称为仰角；把线OB与水平线OC所形成的$\angle BOC$称为俯角.

进行高度测量时，射线与水平线所形成的角中当射线在水平线上方时叫做仰角；当射线在水平线下方时叫做俯角.

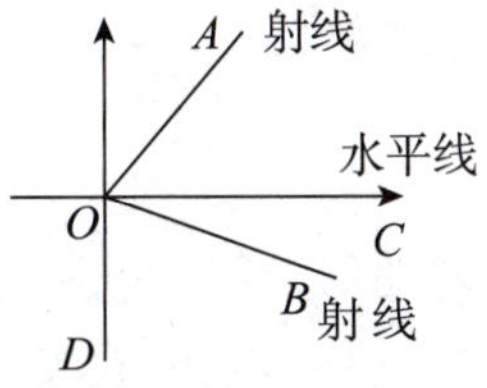

图1

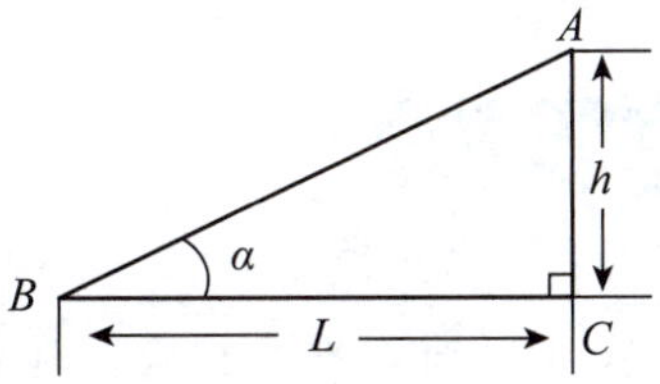

图2

如图2所示，BC表示水平面，AB表示坡面，我们把水平面BC与坡面AB所形成的$\angle ABC$称为坡角.

一般地，线段BC的长度称斜坡AB的水平宽度，线段AC的长度称为斜坡的铅垂高度，坡面的铅垂高度h与水平宽度L的比称坡面的坡度(坡比)，记作$i=h:L$，坡度经常写作$h:L$的形式. 坡面与水平面的夹角叫做坡角，记作$\angle\alpha$，所以$\tan\angle\alpha=i=h:L$. 显然，坡度越大，坡面就越陡.

如图3所示，从某点的正北方向沿着顺时针方向旋转到目标方向所形成的角叫做方位角. 方向角的范围为$[0°, 360°]$.

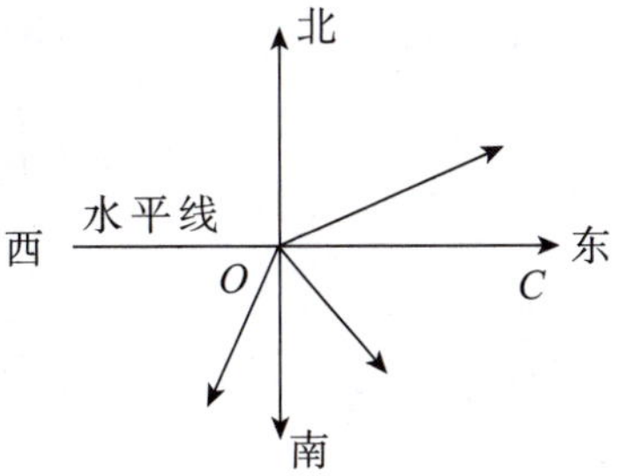

图3

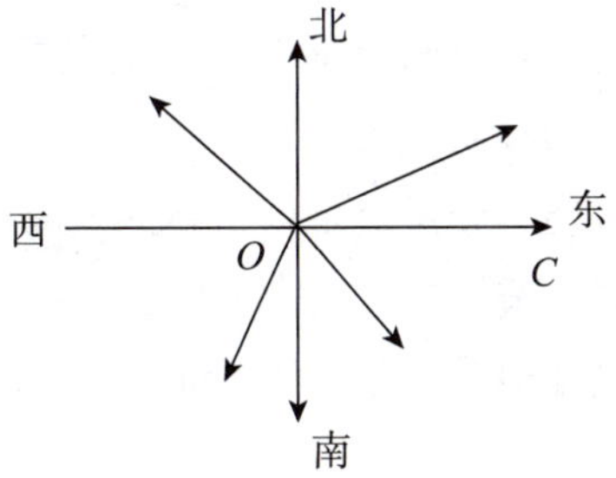

图4

如图4所示，从正北方向或正南方向到目标方向所形成的角叫做方向角. 通常表示为北(南)偏东(西)××度，方向角的范围为$[0°, 90°]$.

第 7 章　平面向量

7.1　向量的概念及线性运算

7.1.1　向量的概念

旧知识链接：

请阅读教材上册中 132～135 页知识链接 A 实数运算的内容.

观察与思考

思考： 一条公路上有 A、B 两地，A、B 两地的公路段可用线段 AB 表示，甲从 A 地到 B 地，乙从 B 地到 A 地，那如何来表示甲乙两人行走的线路呢？

分析： 用线段 AB 来表示甲乙两人行走的线路段，体现不出方向性，为表示方向性，引入有向线段.

新知识学习

1. 有向线段

(1) 概念

如图 7－1 所示，在线段的两个端点中，规定一个顺序，A 为始点，B 为终点，就说线段 AB 具有射线 AB 的方向. 具有方向的线段，叫做**有向线段**. 通常在有向线段的终点处画上箭头表示它的方向. 以 A 为始点，B 为终点的有向线段记作 $\overrightarrow{AB}$.

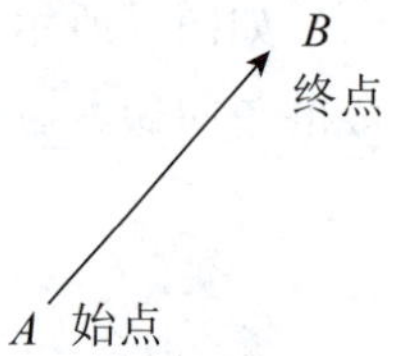

图 7－1

说明： 始点一定要写在终点的前面.

(2) 模

已知 $\overrightarrow{AB}$，线段 AB 的长度叫做**有向线段 $\overrightarrow{AB}$ 的长度(或模)**，$\overrightarrow{AB}$ 的长度记作 $|\overrightarrow{AB}|$.

(3) 要素

有向线段包含三个要素：始点、方向和长度. 知道了有向线段的始点，它的终点就被它的方向和长度所唯一确定.

2. 向量的概念

（1）数量

只有大小的量叫做数量.

比如：在物理学和其他一些科学中经常遇到一些量，距离、时间、面积、质量等均为数量.

（2）平面向量

① 概念

在物理学中力、速度、位移等量，它们不但有大小，而且还有方向. 把具有大小和方向的量叫做向量.

比如：如图 7－2 所示，一质点由位置 P 位移“东偏南 30°，4 个单位”，到达点 Q. 这个位移可用有向线段 $\overrightarrow{PQ}$ 表示. $\overrightarrow{PQ}$ 的长度表示位移的距离，$\overrightarrow{PQ}$ 的方向表示位移的方向. 由此可见，位移是一个既有大小又有方向的量.

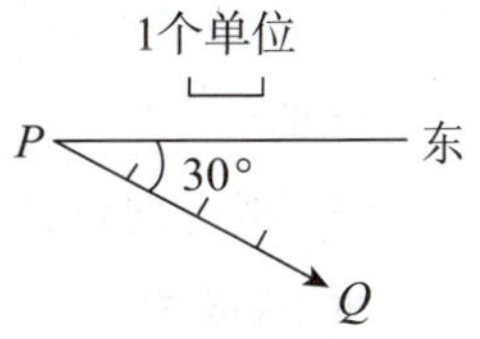

图 7－2

说明：向量的例子是很多的. 有些向量不仅有大小和方向，而且还有作用点. 又如，力是既有大小、方向又有作用点的向量. 有些向量只有大小和方向，而无特定的位置. 例如，位移、速度就是只有大小和方向的向量. 通常把后一类向量叫做自由向量. 在本章学习的是自由向量，以后说到向量，如不特别说明，指的都是自由向量，也就是说本章所学的向量只有大小、方向两个要素.

② 表示法

一个向量可用有向线段来表示. 有向线段的长度表示向量的大小，有向线段的方向表示向量的方向. 用有向线段 $\overrightarrow{AB}$ 表示向量时，就说向量 $\overrightarrow{AB}$.

在印刷时，常用黑体小写字母 $\boldsymbol{a}$，$\boldsymbol{b}$，$\boldsymbol{c}$，…表示向量，手写时则可写作带箭头的小写字母 $\vec{a}$，$\vec{b}$，$\vec{c}$，….

3. 特殊的向量

（1）零向量

长度等于 0 的向量，叫做零向量，记作 $\mathbf{0}$. 零向量的方向不确定.

（2）相等向量

如果两个向量的大小相等且方向相同，那么说这两个向量相等.

比如：如图 7－3 所示，向量 $\overrightarrow{AB}$ 与向量 $\overrightarrow{CD}$ 是相等的向量，即 $\overrightarrow{AB}=\overrightarrow{CD}$.

（3）相反向量

如果两个向量的大小相等，方向相反，那么说这两个向量相反.

小组互动：

探讨长度相等的向量是相等向量吗？方向相反的向量是相反向量吗？

与向量 $\boldsymbol{a}$ 相反的向量也叫做向量 $\boldsymbol{a}$ 的负向量，记作 $-\boldsymbol{a}$.

比如：如图 7-3 所示，向量 $\overrightarrow{AB}$ 与向量 $\overrightarrow{EF}$ 是相反的向量，$\overrightarrow{AB}=-\overrightarrow{EF}$.

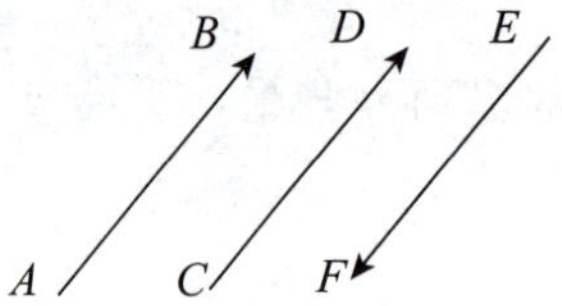

图 7-3

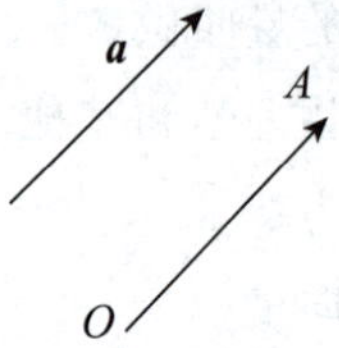

图 7-4

(4) 位置向量

如图 7-4 所示，任给一定点 O 和向量 $\boldsymbol{a}$，过点 O 作有向线段 $\overrightarrow{OA}=\boldsymbol{a}$，则点 A 相对于点 O 的位置被向量 $\boldsymbol{a}$ 所唯一确定，把向量 $\overrightarrow{OA}$ 叫做点 A 相对于点 O 的位置向量.

小组互动：

探讨方向相同或相反的非零向量是平行向量吗？

(5) 平行向量

两个(或两个以上)向量的有向线段所在的直线互相平行或重合，则称这两条向量为平行向量(也叫共线向量).

规定：零向量与任何向量平行.

新知识应用

例题 1　已知“上海点 A 位于北京点 O 东偏南 60°，1067km”. 画出点 A 相对于点 O 的位置向量.

解： 上海相对于北京的位置向量 $\overrightarrow{OA}$ 如图 7-5 所示.

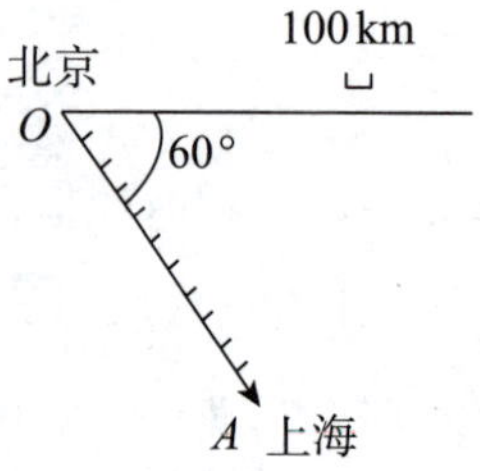

图 7-5

跟踪练习 1　已知一架飞机从机场起飞，向西南飞行了 100km，画出此时飞机相对于机场的位置向量.

例题 2　如图 7－6 所示，设 O 是菱形 $ABCD$ 的中心，分别找出相等的向量和相反的向量.

解：相等的向量有：

$$\overrightarrow{AD}=\overrightarrow{BC},$$
$$\overrightarrow{AO}=\overrightarrow{OC};$$

相反的向量有：

$$\overrightarrow{AB}=-\overrightarrow{CD},$$
$$\overrightarrow{OB}=-\overrightarrow{OD}.$$

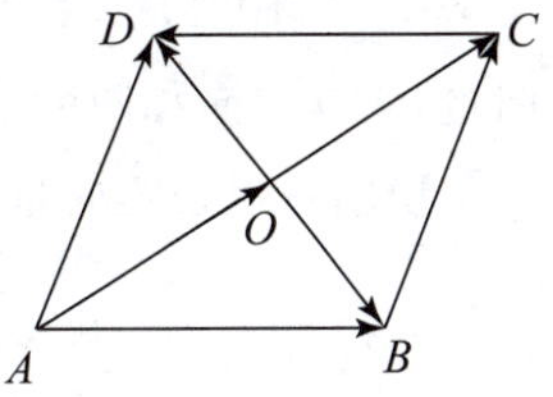

图 7－6

动动脑：

在图 7－6 中，哪些向量是共线向量?

跟踪练习 2　如图 7－7 所示，已知 D、E、F 是△ABC 各边的中点，分别写出图中与 $\overrightarrow{DE}$、$\overrightarrow{EF}$ 及 $\overrightarrow{FD}$ 相等的向量和相反的向量.

动动脑：

归纳根据图形判断相等向量与相反向量的常规方法与技巧.

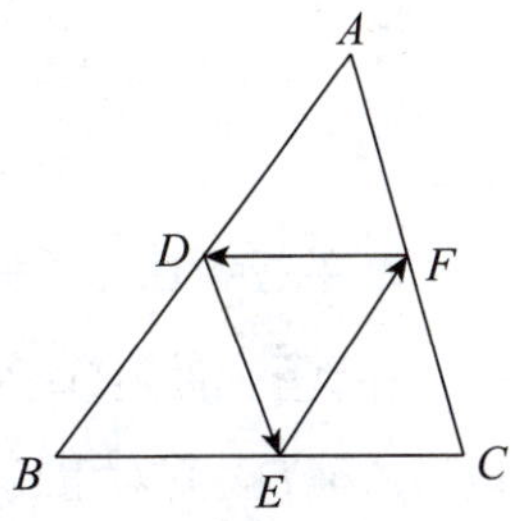

图 7－7

7.1.2　向量的加法

观察与思考

由于 A 地与 C 地没有直航，因此要从 A 地到 C 地，需要乘飞机由 A 地到 B 地，再由 B 地到 C 地(如图 7－8)，这两次位移的总效果是什么?

分析：这两次位移的总效果是从 A 处到达了 C 处.

旧知识链接：

阅读教材下册第 65 页中向量表示法的内容.

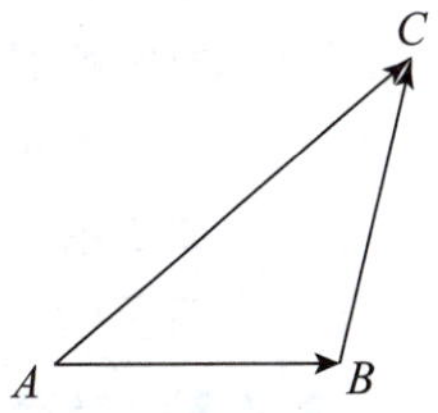

图 7－8

新知识学习

1. 向量加法的概念

位移 $\overrightarrow{AC}$ 叫做位移 $\overrightarrow{AB}$ 与位移 $\overrightarrow{BC}$ 的和，记作 $\overrightarrow{AC}=\overrightarrow{AB}+\overrightarrow{BC}$.

如图 7－9 所示，已知向量 $\boldsymbol{a}$、$\boldsymbol{b}$ 不共线，在平面上任取一点 A，作 $\overrightarrow{AB}=\boldsymbol{a}$，$\overrightarrow{BC}=\boldsymbol{b}$，则向量 $\overrightarrow{AC}$ 叫做向量 $\boldsymbol{a}$ 与 $\boldsymbol{b}$ 的和(或和向量)，记作 $\boldsymbol{a}+\boldsymbol{b}$，即

$$\boldsymbol{a}+\boldsymbol{b}=\overrightarrow{AB}+\overrightarrow{BC}=\overrightarrow{AC}.$$

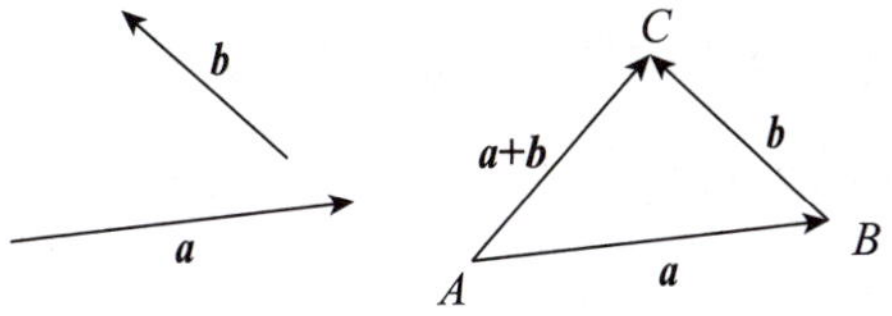

图 7－9

小组互动：

探讨并理解向量加法的三角形法则.

求两个向量的和的运算叫做**向量的加法**．上述求两个向量和的作图法则，叫做**向量求和的三角形法则**.

图 7－10(1)、(2)表示求两个平行向量和的特殊情况，图 7－10(1)表示向量 $\boldsymbol{a}$，$\boldsymbol{b}$ 方向相同的情形，(2)表示向量 $\boldsymbol{a}$，$\boldsymbol{b}$ 方向相反的情形.

说明：对于零向量 $\mathbf{0}$ 与任一向量 $\boldsymbol{a}$ 的和有

$$\boldsymbol{a}+\mathbf{0}=\mathbf{0}+\boldsymbol{a}=\boldsymbol{a}.$$

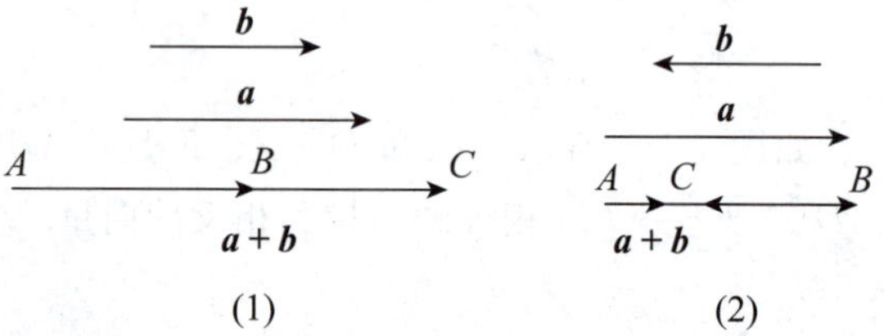

图 7－10

2. 平行四边形法则

小组互动：

探讨并理解向量加法的平行四边形法则.

作 $\overrightarrow{AB}=\boldsymbol{a}$，$\overrightarrow{AD}=\boldsymbol{b}$，如果 A、B、D 不共线，以 $\overrightarrow{AB}$、$\overrightarrow{AD}$ 为邻边作平行四边形 $ABCD$，则对角线上的向量 $\overrightarrow{AC}=\boldsymbol{a}+\boldsymbol{b}$(如图 7－11 所示). 这个法则叫做**向量求和的平行四边形法则**.

3. 向量加法的运算律

小组互动：

请同学们自己验证向量加法交换律和结合律.

(1) 加法交换律

$$\boldsymbol{a}+\boldsymbol{b}=\boldsymbol{b}+\boldsymbol{a};$$

(2) 加法结合律

$$(\boldsymbol{a}+\boldsymbol{b})+\boldsymbol{c}=\boldsymbol{a}+(\boldsymbol{b}+\boldsymbol{c}).$$

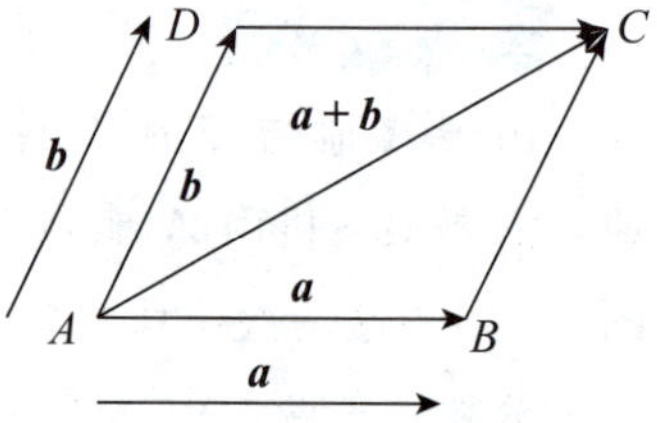

图 7－11

新知识应用

例题 3 某人先位移向量 $\boldsymbol{a}$ “向东走 1km”，接着再位移向量 $\boldsymbol{b}$ “向北走 $\sqrt{3}$km”，求 $\boldsymbol{a}+\boldsymbol{b}$.

解：如图 7－12 所示，适当选取比例尺，作 $\overrightarrow{OA}=\boldsymbol{a}=$“向东 1km”，$\overrightarrow{AB}=\boldsymbol{b}=$“向北 $\sqrt{3}$km”，则

$$\overrightarrow{OB}=\overrightarrow{OA}+\overrightarrow{AB}=\boldsymbol{a}+\boldsymbol{b},$$

$$|\overrightarrow{OB}|=\sqrt{1^2+(\sqrt{3})^2}=2(\text{km}).$$

因为 $\overrightarrow{OA}$ 与 $\overrightarrow{OB}$ 的夹角是 60°，所以 $\boldsymbol{a}+\boldsymbol{b}$ 表示“向东偏北 60°走 2km”.

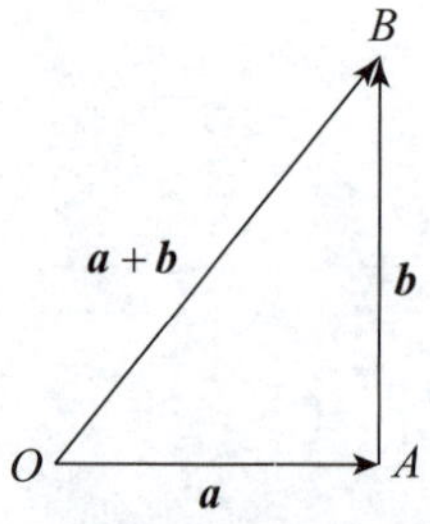

图 7－12

跟踪练习 3　已知向量 $\boldsymbol{a}$="向东走 4km"，$\boldsymbol{b}$="向南走 4km"，求 $\boldsymbol{a}+\boldsymbol{b}$.

动动脑：

归纳运用向量的加法法则解决实际问题的常规方法与技巧.

例题 4　计算：

(1) $\overrightarrow{OA}+\overrightarrow{AB}$；　　(2) $\overrightarrow{AB}+\overrightarrow{BC}+\overrightarrow{CD}$.

解：(1) $\overrightarrow{OA}+\overrightarrow{AB}=\overrightarrow{OB}$；

(2) $\overrightarrow{AB}+\overrightarrow{BC}+\overrightarrow{CD}=\overrightarrow{AC}+\overrightarrow{CD}=\overrightarrow{AD}$.

跟踪练习 4　计算：

(1) $\overrightarrow{OC}+\overrightarrow{CD}$；　　(2) $\overrightarrow{PQ}+\overrightarrow{QR}+\overrightarrow{RS}$.

动动脑：

归纳向量加法运算的常规方法与技巧.

7.1.3　向量的减法

观察与思考

在进行实数运算的时候，减去一个数就相当于加上这个数的相反数，那么在向量的运算中是否也有类似的规律呢？

旧知识链接：

阅读教材下册第 67～68 页中向量加法法则的内容.

新知识学习

1. 向量减法的概念

向量的减法是向量加法的逆运算.

如图 7-13 所示，已知向量 $\boldsymbol{a}$，$\boldsymbol{b}$，作 $\overrightarrow{OA}=\boldsymbol{a}$，$\overrightarrow{OB}=\boldsymbol{b}$，则由向量求和的三角形法则，得

$$\boldsymbol{b}+\overrightarrow{BA}=\boldsymbol{a}. \tag{1}$$

向量 $\overrightarrow{BA}$ 叫做**向量 a 与 b 的差**，并记作 $\boldsymbol{a}-\boldsymbol{b}$，即

$$\overrightarrow{BA}=\boldsymbol{a}-\boldsymbol{b}=\overrightarrow{OA}-\overrightarrow{OB}. \tag{2}$$

2. 向量减法的法则

如图 7-13 所示，如果把两个向量的始点放在一起，则这两个向量的差是减向量的终点到被减向量的终点的向量. 把这个运算法则称为**向量减法的三角形法则**.

小组互动：

探讨并理解向量加法与减法的三角形法则的关系.

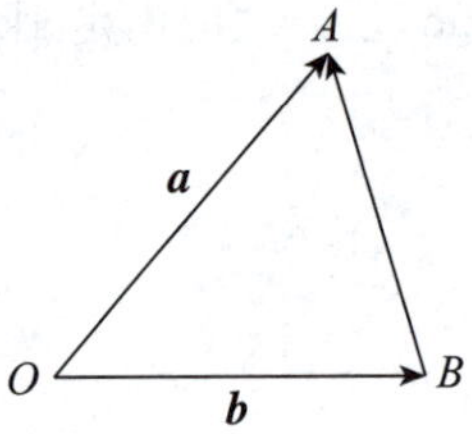

图 7 - 13

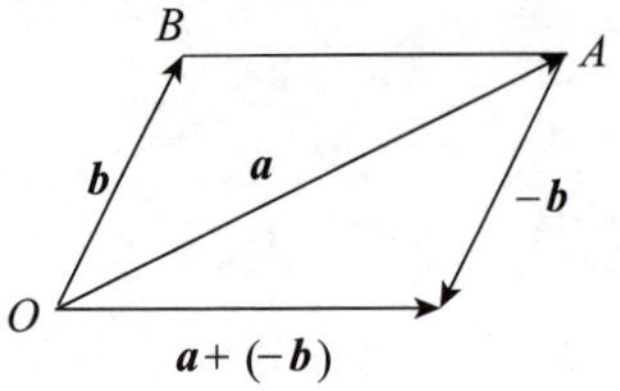

图 7 - 14

由(2)式还可推知，一个向量$\overrightarrow{BA}$等于它的终点相对于点 O 的位置向量$\overrightarrow{OA}$减去它的始点相对于点 O 的位置向量$\overrightarrow{OB}$.

说明：如图 7－14 所示，一个向量减去另一个向量等于加上这个向量的相反向量.

新知识应用

例题 5　已知平行四边形 $ABCD$，$\overrightarrow{AB}=\boldsymbol{a}$，$\overrightarrow{AD}=\boldsymbol{b}$，用 $\boldsymbol{a}$，$\boldsymbol{b}$ 分别表示向量$\overrightarrow{AC}$，$\overrightarrow{DB}$，如图 7－15 所示.

解：连接 AC，DB，根据向量和的平行四边形法则，

$$\overrightarrow{AC}=\overrightarrow{AB}+\overrightarrow{AD}=\boldsymbol{a}+\boldsymbol{b}.$$

再由向量减法的三角形法则，得

$$\overrightarrow{DB}=\overrightarrow{AB}-\overrightarrow{AD}=\boldsymbol{a}-\boldsymbol{b}.$$

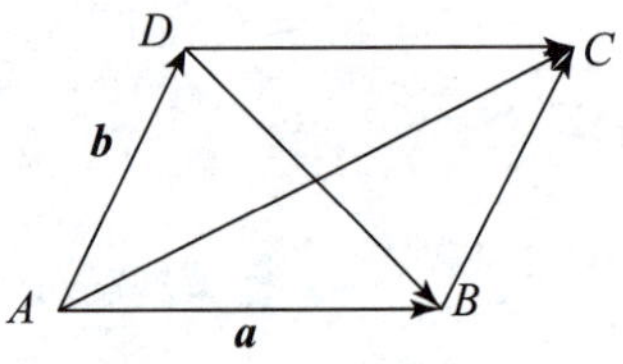

图 7 - 15

动动脑：

归纳向量减法运算的常规方法与技巧.

跟踪练习 5　如图 7－16 所示，在梯形 $ABCD$ 中，已知$\overrightarrow{AD}=\boldsymbol{a}$，$\overrightarrow{AB}=\boldsymbol{b}$，$\overrightarrow{BC}=\boldsymbol{c}$，试用 $\boldsymbol{a}$，$\boldsymbol{b}$，$\boldsymbol{c}$ 分别表示向量$\overrightarrow{AC}$，$\overrightarrow{BD}$.

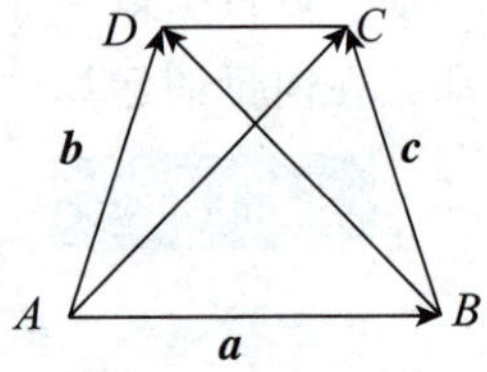

图 7 - 16

例题 6　如图 7－17 所示，已知向量 $\boldsymbol{a}$、$\boldsymbol{b}$、$\boldsymbol{c}$ 与 $\boldsymbol{d}$，求 $\boldsymbol{a}-\boldsymbol{b}$，$\boldsymbol{c}-\boldsymbol{d}$.

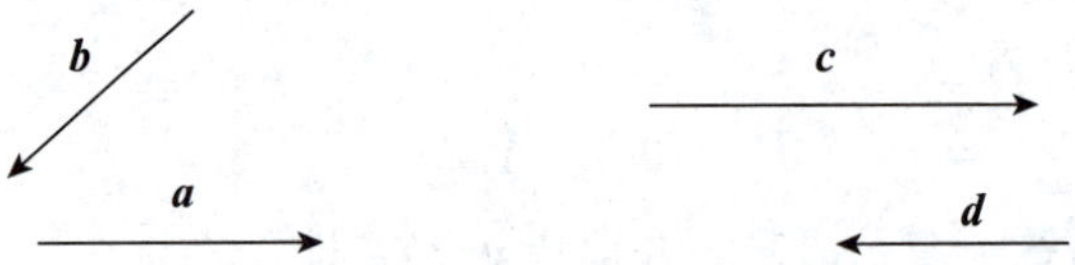

图 7 - 17

解：如图 7－18(1)所示，作$\overrightarrow{OA}=\boldsymbol{a}$，$\overrightarrow{OB}=\boldsymbol{b}$，作$\overrightarrow{BA}$，则

$$\boldsymbol{a}-\boldsymbol{b}=\overrightarrow{OA}-\overrightarrow{OB}=\overrightarrow{BA};$$

如图 7－18(2)所示，作$\overrightarrow{OC}=\boldsymbol{c}$，$\overrightarrow{OD}=\boldsymbol{d}$，则

$$\boldsymbol{c}-\boldsymbol{d}=\overrightarrow{OC}-\overrightarrow{OD}=\overrightarrow{DC}.$$

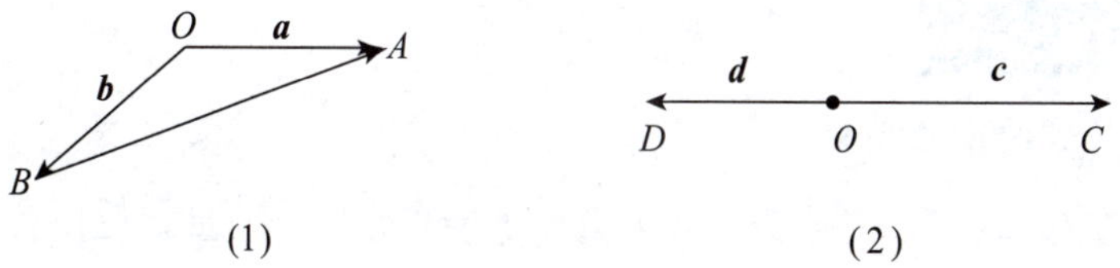

图 7-18

跟踪练习 6　如图 7-19 所示，已知向量 $\boldsymbol{a}$，$\boldsymbol{b}$，$\boldsymbol{c}$，$\boldsymbol{d}$，求 $\boldsymbol{a}-\boldsymbol{b}$，$\boldsymbol{c}-\boldsymbol{d}$.

图 7-19

动动脑：

归纳向量减法作图运算的常规方法与技巧.

7.1.4　向量的数乘运算

观察与思考

如图 7-20 所示，已知向量 $\boldsymbol{a}$，可作出如下向量的和.

旧知识链接：

阅读教材下册第 66 页中共线向量的内容.

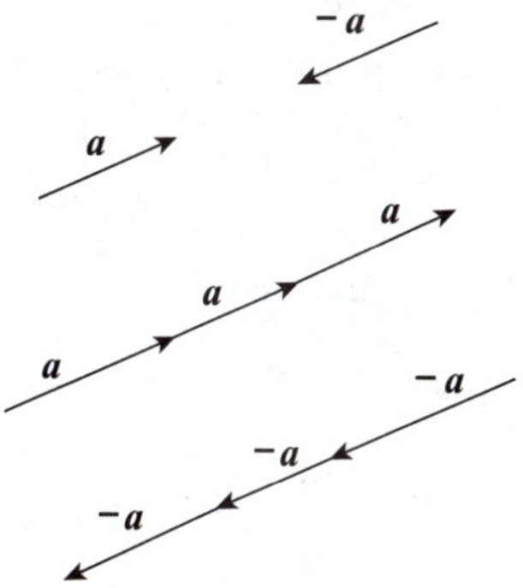

图 7-20

思考：$\boldsymbol{a}+\boldsymbol{a}+\boldsymbol{a}=$______；$(-\boldsymbol{a})+(-\boldsymbol{a})+(-\boldsymbol{a})=$______.

分析：三个 $\boldsymbol{a}$ 连加，记作 $3\boldsymbol{a}$；三个 $(-\boldsymbol{a})$ 连加，记作 $-3\boldsymbol{a}$.

由图 7-20 可以看到，3 个 $\boldsymbol{a}$ 连加仍是一个向量，它的长等于 $3|\boldsymbol{a}|$，方向与 $\boldsymbol{a}$ 相同；三个 $(-\boldsymbol{a})$ 连加仍是一个向量，它的长等于 $3|\boldsymbol{a}|$，方向与 $\boldsymbol{a}$ 相反.

新知识学习

1. 数乘向量的概念

小组互动：

探讨并理解数乘向量的概念及几何意义.

如图 7－21 所示，实数 λ 和向量 $\boldsymbol{a}$ 的乘积是一个向量，记作 $\lambda\boldsymbol{a}$. $\lambda\boldsymbol{a}$ 的模规定为 $|\lambda\boldsymbol{a}|=|\lambda||\boldsymbol{a}|$.

$\lambda\boldsymbol{a}$ ($\boldsymbol{a}\neq\boldsymbol{0}$，$\lambda\neq 0$)的方向规定如下：

$$\begin{cases}\text{当 } \lambda>0 \text{ 时，与 } \boldsymbol{a} \text{ 同方向；}\\ \text{当 } \lambda<0 \text{ 时，与 } \boldsymbol{a} \text{ 反方向.}\end{cases}$$

当 $\lambda=0$ 或 $\boldsymbol{a}=\boldsymbol{0}$ 时，$0\boldsymbol{a}=\boldsymbol{0}$ 或 $\lambda\boldsymbol{0}=\boldsymbol{0}$.

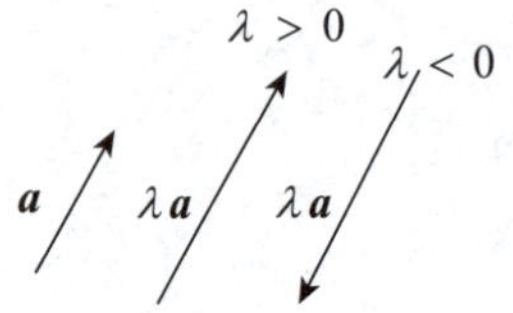

图 7－21

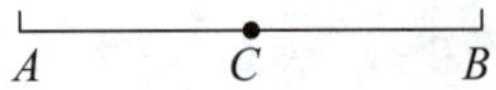

图 7－22

例如：已知点 C 为线段 AB 的中点(如图 7－22 所示)，则有

$$\overrightarrow{AB}=2\overrightarrow{AC},\ \overrightarrow{BA}=-2\overrightarrow{AC},\ \overrightarrow{CB}=\frac{1}{2}\overrightarrow{AB},\ \overrightarrow{BC}=-\frac{1}{2}\overrightarrow{AB}.$$

2. 数乘向量运算律

思考与分析： 作图验证下列运算

(1) $(1+2)\boldsymbol{a}=$______，$\boldsymbol{a}+2\boldsymbol{a}=$______；

(2) $2(3\boldsymbol{a})=$______，$(2\times 3)\boldsymbol{a}=$______；

(3) $\frac{3}{2}(\boldsymbol{a}+\boldsymbol{b})=$______，$\frac{3}{2}\boldsymbol{a}+\frac{3}{2}\boldsymbol{b}=$______.

分析结果： $(1+2)\boldsymbol{a}$ ______ $\boldsymbol{a}+2\boldsymbol{a}$；

$2(3\boldsymbol{a})$______$(2\times 3)\boldsymbol{a}$；

$\frac{3}{2}(\boldsymbol{a}+\boldsymbol{b})$______$\frac{3}{2}\boldsymbol{a}+\frac{3}{2}\boldsymbol{b}$.

(1) 运算律

小组互动：

探讨并理解数乘向量的运算律.

设 λ，μ 为实数，则

① $(\lambda+\mu)\boldsymbol{a}=\lambda\boldsymbol{a}+\mu\boldsymbol{a}$；　② $\lambda(\mu\boldsymbol{a})=(\lambda\mu)\boldsymbol{a}$；

③ $\lambda(\boldsymbol{a}+\boldsymbol{b})=\lambda\boldsymbol{a}+\lambda\boldsymbol{b}$.

(2) 向量的线性运算

向量的加法、减法与数乘向量的综合运算，通常叫做**向量的线性运算**.

例如：$\frac{1}{2}\boldsymbol{a}-\frac{1}{3}\boldsymbol{b}+2\boldsymbol{a}+\frac{1}{5}\boldsymbol{b}$ 是有关向量 $\boldsymbol{a}$ 与 $\boldsymbol{b}$ 的线性运算.

说明： 向量的线性运算类似于实数的多项式运算.

3. 向量平行的条件

（1）平行向量的基本定理

由向量平行和数乘向量的定义可知，如果 $\boldsymbol{a}=\lambda\boldsymbol{b}$，则 $\boldsymbol{a}/\!/\boldsymbol{b}$；反之，如果 $\boldsymbol{a}/\!/\boldsymbol{b}$，则一定存在一个实数 λ，使 $\boldsymbol{a}=\lambda\boldsymbol{b}$.

定理：如果向量 $\boldsymbol{b}\neq 0$，则 $\boldsymbol{a}/\!/\boldsymbol{b}$ 的充要条件是，存在唯一实数 λ，使 $\boldsymbol{a}=\lambda\boldsymbol{b}$.

例如：如图 7－23 所示，$\boldsymbol{a}/\!/\boldsymbol{b}$，$\boldsymbol{a}=2\boldsymbol{b}$；$\boldsymbol{c}/\!/\boldsymbol{b}$，$\boldsymbol{c}=-2\boldsymbol{b}$；$\boldsymbol{d}/\!/\boldsymbol{b}$，$\boldsymbol{d}=-\frac{1}{2}\boldsymbol{b}$.

小组互动：

探讨并理解平行向量的基本定理.

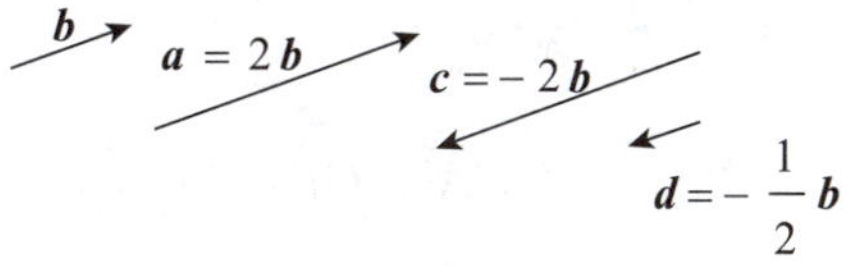

图 7－23

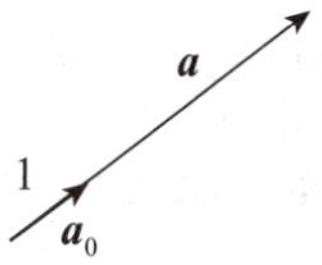

图 7－24

（2）单位向量

如图 7－24 所示，给定一个非零向量 $\boldsymbol{a}$，将与 $\boldsymbol{a}$ 平行且长度等于 1 的向量，叫做向量 $\boldsymbol{a}$ 的**单位向量**. $\boldsymbol{a}$ 的单位向量通常记作 $\boldsymbol{a}_0$. 由数乘向量的定义易知：

$$\boldsymbol{a}=|\boldsymbol{a}|\boldsymbol{a}_0.$$

小组互动：

探讨并理解单位向量的概念.

新知识应用

例题 7 计算：

（1）$(-3)\times\frac{2}{3}\boldsymbol{a}$；（2）$3(\boldsymbol{a}+\boldsymbol{b})-2(2\boldsymbol{a}-\boldsymbol{b})$.

解：（1）$(-3)\times\frac{2}{3}\boldsymbol{a}=\left(-3\times\frac{2}{3}\right)\boldsymbol{a}=-2\boldsymbol{a}$.

（2）$3(\boldsymbol{a}+\boldsymbol{b})-2(2\boldsymbol{a}-\boldsymbol{b})=3\boldsymbol{a}+3\boldsymbol{b}-4\boldsymbol{a}+2\boldsymbol{b}=-\boldsymbol{a}+5\boldsymbol{b}$.

跟踪练习 7 计算：

（1）$2\times\left(\boldsymbol{a}-\frac{3}{2}\boldsymbol{b}\right)$；（2）$3(2\boldsymbol{a}-\boldsymbol{b})+5(3\boldsymbol{b}-\boldsymbol{a})$.

动动脑：

归纳数乘向量运算的方法与技巧.

例题 8 如图 7－25 所示，在 $\triangle ABC$ 中，设 D 为边 BC 的中点. 求证：$\overrightarrow{AD}=\frac{1}{2}(\overrightarrow{AB}+\overrightarrow{AC})$.

解：因为 D 为边 BC 的中点，所以

$$\overrightarrow{BD}=\frac{1}{2}\overrightarrow{BC}，\overrightarrow{CD}=-\frac{1}{2}\overrightarrow{BC}.$$

在△ABD 和△ADC 中，有

$$\overrightarrow{AD}=\overrightarrow{AB}+\overrightarrow{BD}=\overrightarrow{AB}+\frac{1}{2}\overrightarrow{BC},$$

$$\overrightarrow{AD}=\overrightarrow{AC}+\overrightarrow{CD}=\overrightarrow{AC}-\frac{1}{2}\overrightarrow{BC}.$$

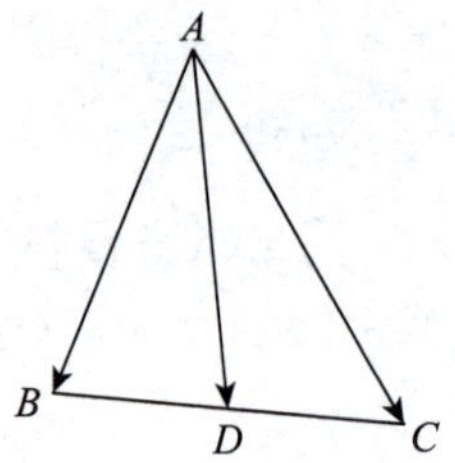

图 7-25

所以 $2\overrightarrow{AD}=\overrightarrow{AB}+\overrightarrow{AC}$，即 $\overrightarrow{AD}=\frac{1}{2}(\overrightarrow{AB}+\overrightarrow{AC})$.

动动脑：

归纳应用向量法证明相关几何题型的常规方法与技巧.

跟踪练习 8 如图 7-26 所示，已知 $\overrightarrow{OA}=2\overrightarrow{OA'}$，$\overrightarrow{OB}=2\overrightarrow{OB'}$，说明向量 $\overrightarrow{A'B'}$ 与 $\overrightarrow{AB}$ 关系.

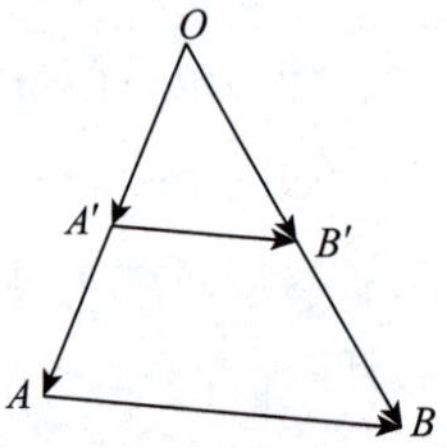

图 7-26

7.2　向量的坐标表示

7.2.1　轴上向量的坐标及其运算

观察与思考

如图 7-27 所示，$\boldsymbol{e}$ 是平行轴 l 的单位向量，则

$$\boldsymbol{a}=\_\_\_\_\_\_\boldsymbol{e},\ \boldsymbol{b}=\_\_\_\_\_\_\boldsymbol{e}.$$

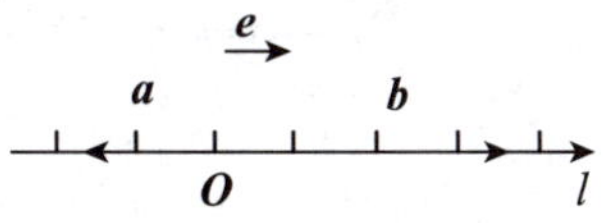

图 7-27

旧知识链接：

阅读教材下册第 73 页中平行向量基本定理的内容.

新知识学习

1. 轴上向量的坐标

（1）轴

如图 7-27 所示，规定了方向和长度单位的直线叫做轴.

（2）坐标

已知轴 l，取单位向量 $\boldsymbol{e}$，使 $\boldsymbol{e}$ 与 l 同方向. 根据向量平行的充要条件，对轴上任意向量 $\boldsymbol{a}$，一定存在唯一实数 x，使

$$\boldsymbol{a}=x\boldsymbol{e}.$$

这里的向量 $\boldsymbol{e}$ 叫做轴 l 的基向量，x 叫做向量 $\boldsymbol{a}$ 在 l 上的坐标(或数量). x 的绝对值等于 $\boldsymbol{a}$ 的模，当 $\boldsymbol{a}$ 与 $\boldsymbol{e}$ 同方向时，x 是正数；当 $\boldsymbol{a}$ 与 $\boldsymbol{e}$ 反方向时，x 是负数.

小组互动：

探讨并理解向量在轴上坐标的概念.

如图 7-27 所示，$\boldsymbol{a}=-2\boldsymbol{e}$，$\boldsymbol{b}=3\boldsymbol{e}$，则向量 $\boldsymbol{a}$ 在 l 上的坐标是 -2，$\boldsymbol{b}$ 在 l 上的坐标是 3.

如图 7-28 所示，已知点 A 的坐标为 x_1，点 B 的坐标为 x_2，于是

$$AB=AO+OB=-OA+OB=x_2-x_1.$$

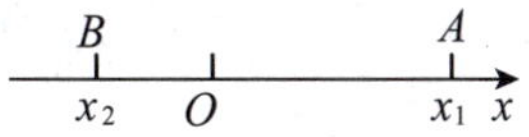

图 7-28

2. 向量坐标的和运算

设 $\boldsymbol{a}=x_1\boldsymbol{e}$，$\boldsymbol{b}=x_2\boldsymbol{e}$，则有

$$\boldsymbol{a}=\boldsymbol{b}\Leftrightarrow x_1=x_2,$$

$$\boldsymbol{a}+\boldsymbol{b}\Leftrightarrow(x_1+x_2)\boldsymbol{e}.$$

结论：轴上两个向量相等的充要条件是它们的坐标相等；轴上两个向量和的坐标等于两个向量坐标的和.

新知识应用

例题 1 如图 7－29 所示，已知数轴上的三点 P，Q，R 的坐标分别是 3，－1，－2，求 $\overrightarrow{PQ}$，$\overrightarrow{QR}$，$\overrightarrow{RP}$ 的坐标和长度.

解： $\overrightarrow{PQ}=(-1)-3=-4$，

$|\overrightarrow{PQ}|=|-4|=4$；

$\overrightarrow{QR}=-2-(-1)=-1$，

$|\overrightarrow{QR}|=|-1|=1$；

$\overrightarrow{RP}=3-(-2)=5$，

$|\overrightarrow{RP}|=|5|=5$.

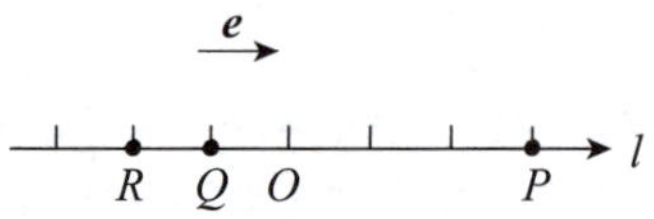

图 7－29

动动脑：

归纳求向量坐标与长度的常规方法.

跟踪练习 1 已知数轴上的三点 A，B，C 的坐标分别是－2，1，3，求 $\overrightarrow{AB}$，$\overrightarrow{BC}$，$\overrightarrow{CA}$ 的坐标和长度.

例题 2 已知 $\boldsymbol{a}=4\boldsymbol{e}$，$\boldsymbol{b}=-2\boldsymbol{e}$. 试问向量 $\boldsymbol{a}$ 与 $\boldsymbol{b}$ 是否平行？并求 $|\boldsymbol{a}|:|\boldsymbol{b}|$.

解： 由 $\boldsymbol{b}=-2\boldsymbol{e}$ 得 $\boldsymbol{e}=-\frac{1}{2}\boldsymbol{b}$，代入 $\boldsymbol{a}=4\boldsymbol{e}$ 得

$$\boldsymbol{a}=-2\boldsymbol{b}.$$

所以 $\boldsymbol{a}$ 与 $\boldsymbol{b}$ 平行且 $|\boldsymbol{a}|:|\boldsymbol{b}|=2$

动动脑：

归纳由向量坐标判断向量平行关系的常规方法与技巧.

跟踪练习 2 已知 $\boldsymbol{a}=-3\boldsymbol{e}$，$\boldsymbol{b}=-\frac{4}{3}\boldsymbol{e}$. 试问向量 $\boldsymbol{a}$ 与 $\boldsymbol{b}$ 是否平行？并求 $|\boldsymbol{a}|:|\boldsymbol{b}|$.

7.2.2 向量的分解

旧知识链接：

阅读教材下册第 68 页中向量加法的平行四边形法则的内容.

观察与思考

如图 7－30 所示，$\boldsymbol{e}_1$，$\boldsymbol{e}_2$ 是两个不平行向量，则

$\overrightarrow{AB}=$______ $\boldsymbol{e}_1+$______ $\boldsymbol{e}_2$，

$\overrightarrow{CD}=$______ $\boldsymbol{e}_1+$______ $\boldsymbol{e}_2$，

$\overrightarrow{EF}=$______ $\boldsymbol{e}_1+$______ $\boldsymbol{e}_2$，

$\overrightarrow{GH}=$______ $\boldsymbol{e}_1+$______ $\boldsymbol{e}_2$.

分析： 平面上任意一个向量均可由两个不平行向量 $\boldsymbol{e}_1$、$\boldsymbol{e}_2$ 来表示.

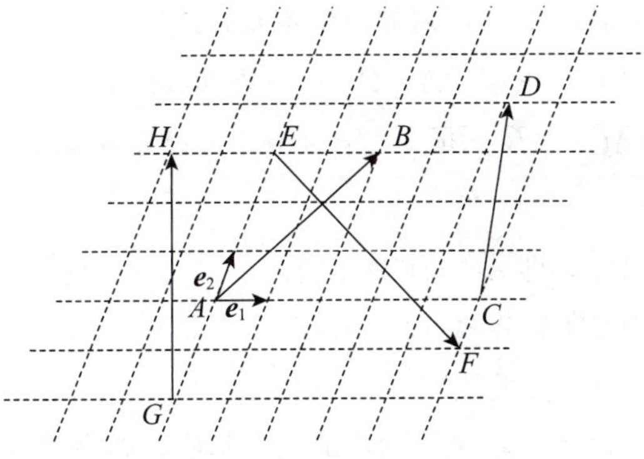

图 7－30

新知识学习

平面向量的分解定理：如果 $\boldsymbol{e}_1$ 和 $\boldsymbol{e}_2$ 是同一平面上的两个不平行的向量，那么对该平面上的任一向量 $\boldsymbol{a}$，存在唯一的一对实数 a_1、a_2，使

$$\boldsymbol{a}=a_1\boldsymbol{e}_1+a_2\boldsymbol{e}_2.$$

$a_1\boldsymbol{e}_1+a_2\boldsymbol{e}_2$ 叫做 $\boldsymbol{e}_1$ 和 $\boldsymbol{e}_2$ 的线性组合．由上述定理可知，如果 $\boldsymbol{e}_1$ 和 $\boldsymbol{e}_2$ 不平行，那么 $\boldsymbol{e}_1$ 和 $\boldsymbol{e}_2$ 的所有线性组合 $\{a_1\boldsymbol{e}_1+a_2\boldsymbol{e}_2\}$ 构成平面上的全体向量，这时 $\{\boldsymbol{e}_1, \boldsymbol{e}_2\}$ 叫做平面上的全体向量的一个基底，$\boldsymbol{e}_1$、$\boldsymbol{e}_2$ 叫做基向量.

小组互动：

探讨并理解向量的分解定理.

说明： 任一个向量可以沿两个不平行的方向分解为唯一一对向量的和.

新知识应用

例题 3　如图 7－31 所示，已知平行四边形 $ABCD$ 的两条对角线相交于点 O，设 $\overrightarrow{AB}=\boldsymbol{a}$，$\overrightarrow{AD}=\boldsymbol{b}$. 试用基底 $\boldsymbol{a}$、$\boldsymbol{b}$ 表示 $\overrightarrow{AC}$、$\overrightarrow{OA}$ 和 $\overrightarrow{OC}$.

解： 因为 $\overrightarrow{AC}=\overrightarrow{AB}+\overrightarrow{AD}=\boldsymbol{a}+\boldsymbol{b}$，所以

$$\overrightarrow{OA}=-\frac{1}{2}\overrightarrow{AC}=-\frac{1}{2}(\boldsymbol{a}+\boldsymbol{b})=-\frac{1}{2}\boldsymbol{a}-\frac{1}{2}\boldsymbol{b};$$

$$\overrightarrow{OC}=\frac{1}{2}\overrightarrow{AC}=\frac{1}{2}\boldsymbol{a}+\frac{1}{2}\boldsymbol{b}.$$

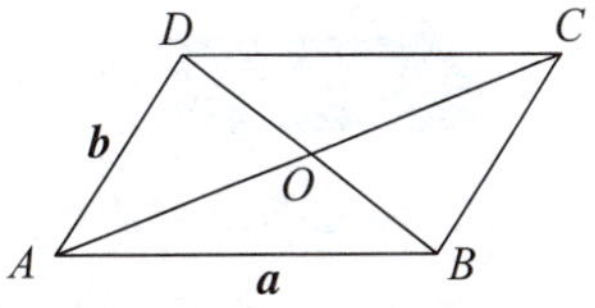

图 7－31

跟踪练习 3　在例题 3 的条件下，试用基底 $\boldsymbol{a}$，$\boldsymbol{b}$ 表示 $\overrightarrow{BD}$，$\overrightarrow{OB}$ 和 $\overrightarrow{OD}$.

动动脑：

归纳根据向量的分解定理用基向量表示任意向量的常规方法与技巧.

例题 4 设 $\boldsymbol{e}_1$，$\boldsymbol{e}_2$ 是平面内的一个基底，如果 $\overrightarrow{AB}=2\boldsymbol{e}_1-3\boldsymbol{e}_2$，$\overrightarrow{BC}=4\boldsymbol{e}_1+5\boldsymbol{e}_2$，$\overrightarrow{CD}=3\boldsymbol{e}_1+\boldsymbol{e}_2$，求证：$A$，$C$，$D$ 三点共线.

证明：因为 $\overrightarrow{AC}=\overrightarrow{AB}+\overrightarrow{BC}=(2\boldsymbol{e}_1-3\boldsymbol{e}_2)+(4\boldsymbol{e}_1+5\boldsymbol{e}_2)=6\boldsymbol{e}_1+2\boldsymbol{e}_2$，$\overrightarrow{CD}=3\boldsymbol{e}_1+\boldsymbol{e}_2$，

所以 $\overrightarrow{AC}=2\,\overrightarrow{CD}$，即 $\overrightarrow{AC}$ 与 $\overrightarrow{CD}$ 平行.

又因为 $\overrightarrow{AC}$ 与 $\overrightarrow{CD}$ 有公共点 C，

所以 A、C、D 三点共线.

动动脑：

归纳运用向量的分解定理证明三点共线的方法与技巧.

跟踪练习 4 设 $\boldsymbol{e}_1$，$\boldsymbol{e}_2$ 是平面内的一个基底，如果 $\overrightarrow{AB}=2\boldsymbol{e}_1-3\boldsymbol{e}_2$，$\overrightarrow{BC}=\boldsymbol{e}_1-2\boldsymbol{e}_2$，$\overrightarrow{CD}=3\boldsymbol{e}_1-4\boldsymbol{e}_2$，求证：$A$，$B$，$D$ 三点共线.

7.2.3 向量的直角坐标

旧知识链接：

阅读教材下册第 77 页中平面向量的分解定理的内容.

观察与思考

如图 7-32 所示，在直角坐标系 xOy 内，分别取与 x 轴和 y 轴的方向相同的两个单位向量 $\boldsymbol{e}_1$，$\boldsymbol{e}_2$，$\overrightarrow{OP}$ 是从原点 O 出发的向量，假设点 P 的坐标为(5，3)，则 $\overrightarrow{OM}=5\boldsymbol{e}_1$，$\overrightarrow{ON}=3\boldsymbol{e}_2$，由向量加法的平行四边形法则可得

$$\overrightarrow{OP}=\overrightarrow{OM}+\overrightarrow{ON}=5\boldsymbol{e}_1+3\boldsymbol{e}_2.$$

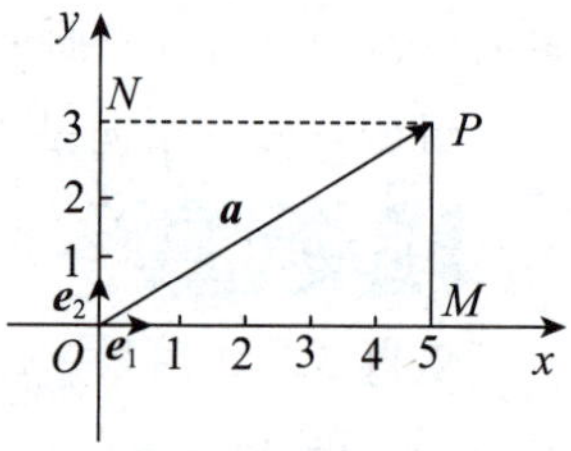

图 7-32

新知识学习

1. 向量的直角坐标

在直角坐标系 xOy 内，$\boldsymbol{e}_1$，$\boldsymbol{e}_2$ 分别为与 x 轴和 y 轴的方向相同的两个单位向量.

(1) 若点 P 的坐标为 $(a,\ b)$，则 $\overrightarrow{OP}=a\boldsymbol{e}_1+b\boldsymbol{e}_2$，如图 7-33 所示；

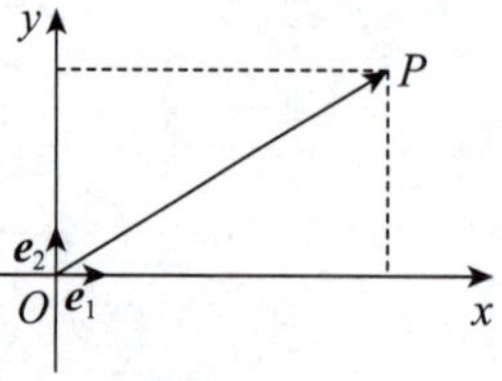

图 7-33

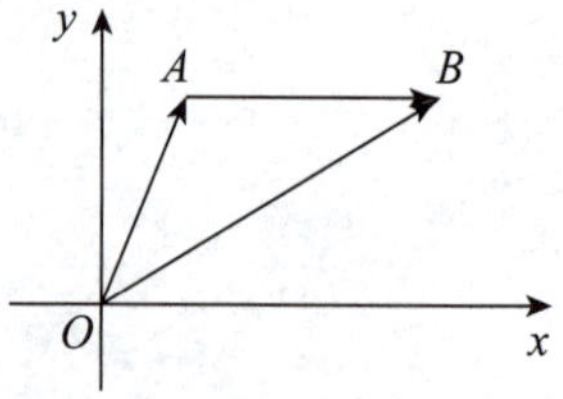

图 7-34

(2) 若点 A 的坐标为 $(a_1,\ a_2)$，点 B 的坐标为 $(b_1,\ b_2)$（如图 7-34），则

$$\overrightarrow{AB}=\overrightarrow{OB}-\overrightarrow{OA}$$
$$=(b_1\boldsymbol{e}_1+b_2\boldsymbol{e}_2)-(a_1\boldsymbol{e}_1+a_2\boldsymbol{e}_2)$$
$$=(b_1-a_1)\boldsymbol{e}_1+(b_2-a_2)\boldsymbol{e}_2.$$

从而得到，对任一平面向量 $\boldsymbol{a}$，都存在唯一的有序实数对(a_1, a_2)，使得

$$\boldsymbol{a}=a_1\boldsymbol{e}_1+a_2\boldsymbol{e}_2. \tag{1}$$

$\boldsymbol{e}_1$，$\boldsymbol{e}_2$ 叫做直角坐标平面上的基底．(a_1, a_2)叫做向量 $\boldsymbol{a}$ 在直角坐标系 xOy 中的坐标，记作

$$\boldsymbol{a}=(a_1, a_2). \tag{2}$$

其中 a_1 叫做 a 在 x 轴上的坐标分量，a_2 叫做 a 在 y 轴上的坐标分量．

小组互动：

探讨并理解向量直角坐标的概念．

2. 向量的直角坐标运算

设 $\boldsymbol{a}=(a_1, a_2)$，$\boldsymbol{b}=(b_1, b_2)$，则

$$\boldsymbol{a}+\boldsymbol{b}=(a_1, a_2)+(b_1, b_2)=(a_1+b_1, a_2+b_2);$$
$$\boldsymbol{a}-\boldsymbol{b}=(a_1, a_2)-(b_1, b_2)=(a_1-b_1, a_2-b_2);$$
$$\lambda\boldsymbol{a}=\lambda(a_1, a_2)=(\lambda a_1, \lambda a_2).$$

证明： $\boldsymbol{a}+\boldsymbol{b}=(a_1\boldsymbol{e}_1+a_2\boldsymbol{e}_2)+(b_1\boldsymbol{e}_1+b_2\boldsymbol{e}_2)$
$$=(a_1+b_1)\boldsymbol{e}_1+(a_2+b_2)\boldsymbol{e}_2$$
$$=(a_1+b_1, a_2+b_2).$$

类似可以证明：$\boldsymbol{a}-\boldsymbol{b}=(a_1-b_1, a_2-b_2)$，$\lambda\boldsymbol{a}=(\lambda a_1, \lambda a_2)$．

说明： 两个向量的和与差的坐标等于两个向量相应坐标的和与差；数乘向量所得向量的坐标等于数乘向量的相应坐标．

小组互动：

探讨并理解向量坐标的加法、减法与数乘向量的运算法则．

新知识应用

例题 5 如图 7－35 所示，用基向量 $\boldsymbol{e}_1$，$\boldsymbol{e}_2$ 分别表示向量 $\boldsymbol{a}$，$\boldsymbol{b}$，$\boldsymbol{c}$，$\boldsymbol{d}$，并求出它们的坐标．

解： $\boldsymbol{a}=1\cdot\boldsymbol{e}_1+4\boldsymbol{e}_2=(1, 4)$；

$\boldsymbol{b}=-2\boldsymbol{e}_1+4\boldsymbol{e}_2=(-2, 4)$；

$\boldsymbol{c}=-2\boldsymbol{e}_1-3\boldsymbol{e}_2=(-2, -3)$；

$\boldsymbol{d}=4\boldsymbol{e}_1-2\boldsymbol{e}_2=(4, -2)$．

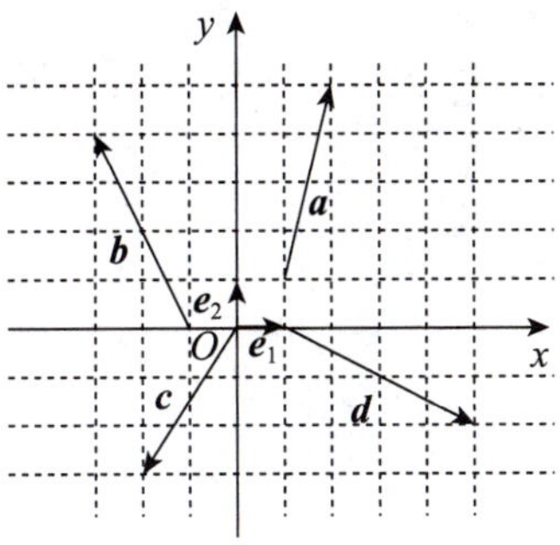

图 7－35

动动脑：

归纳根据向量在直角坐标系中的位置写出向量坐标的常规方法与技巧.

跟踪练习 5 如图 7－36 所示，用基向量 $\boldsymbol{e}_1$，$\boldsymbol{e}_2$ 分别表示向量 $\boldsymbol{a}$，$\boldsymbol{b}$，$\boldsymbol{c}$，$\boldsymbol{d}$，并求出它们的坐标.

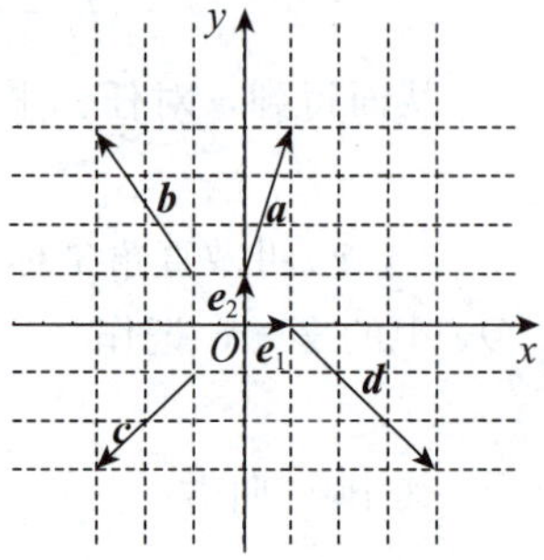

图 7－36

例题 6 已知向量 $\boldsymbol{a}=(-2,3)$，$\boldsymbol{b}=(5,-3)$，求 $2\boldsymbol{a}+\boldsymbol{b}$，$\boldsymbol{a}-3\boldsymbol{b}$.

解：

$$\begin{aligned}2\boldsymbol{a}+\boldsymbol{b}&=2(-2,3)+(5,-3)\\&=(-4,6)+(5,-3)\\&=(-4+5,6+(-3))\\&=(1,3);\\\boldsymbol{a}-3\boldsymbol{b}&=(-2,3)-3(5,-3)\\&=(-2,3)-(15,-9)\\&=(-2-15,3-(-9))\\&=(-17,12).\end{aligned}$$

动动脑：

归纳向量坐标运算的方法与技巧.

跟踪练习 6 已知向量 $\boldsymbol{a}=(3,-6)$，$\boldsymbol{b}=(7,-1)$，求 $2\boldsymbol{a}-3\boldsymbol{b}$ 和 $3\boldsymbol{a}+5\boldsymbol{b}$.

例题 7 如图 7－37 所示，已知平行四边形 $ABCD$ 的三个顶点 $A(-4,3)$，$B(-2,-3)$，$C(3,-5)$，求 $\overrightarrow{AC}$，$\overrightarrow{BC}$ 的坐标.

解：

$$\begin{aligned}\overrightarrow{AC}&=(3,-5)-(-4,3)\\&=(7,-8),\\\overrightarrow{BC}&=(3,-5)-(-2,-3)\\&=(5,-2).\end{aligned}$$

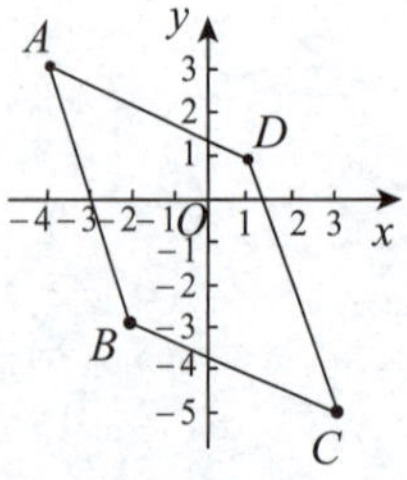

图 7－37

跟踪练习 7 已知平行四边形 $ABCD$ 的三个顶点 $A(7, -5)$，$B(4, -1)$，$C(2, 1)$，求 $\overrightarrow{AC}$，$\overrightarrow{BC}$ 的坐标.

动动脑：

归纳利用向量坐标运算解决几何问题的方法与技巧.

7.2.4 向量平行的充要条件

观察与思考

旧知识链接：

阅读教材下册第 79 页中向量坐标运算的内容.

前面我们学习了，对于非零向量 $\boldsymbol{a}$，$\boldsymbol{b}$，$\boldsymbol{a}/\!/\boldsymbol{b}(\boldsymbol{b}\neq\boldsymbol{0})$ 的充要条件为 $\boldsymbol{a}=\lambda\boldsymbol{b}$，那么引入向量的直角坐标后，两非零向量平行的充要条件如何用坐标表示呢？

新知识学习

在直角坐标系中，如果 $\boldsymbol{a}=(a_1, a_2)$，$\boldsymbol{b}=(b_1, b_2)$，则 $\boldsymbol{a}/\!/\boldsymbol{b}(\boldsymbol{b}\neq\boldsymbol{0})$ 的充要条件 $\boldsymbol{a}=\lambda\boldsymbol{b}$ 可化为

$$(a_1, a_2)=\lambda(b_1, b_2)=(\lambda b_1, \lambda b_2),$$

即

$$a_1=\lambda b_1, \qquad (1)$$

$$a_2=\lambda b_2. \qquad (2)$$

(1)、(2)两式的两边分别乘以 b_2，b_1，得

$$a_1b_2=\lambda b_1b_2, \qquad (3)$$

$$a_2b_1=\lambda b_2b_1. \qquad (4)$$

(3)－(4)得

$$a_1b_2-a_2b_1=0. \qquad (5)$$

(5) 式就是两个向量平行的充要条件.

小组互动：

探讨并理解向量平行的充要条件的坐标表示.

如果向量 $\boldsymbol{b}$ 不平行于坐标轴，即 $b_1\neq0$，$b_2\neq0$，(5)式可化为

$$\frac{a_1}{b_1}=\frac{a_2}{b_2}. \qquad (6)$$

从而，两个向量平行的充要条件是对应坐标成比例.

新知识应用

例题 8 已知 $A(-1, -2)$、$B(-3, 3)$和向量 $\boldsymbol{a}=(x, 10)$，并且向量$\overrightarrow{AB}/\!/\boldsymbol{a}$. 求 $\boldsymbol{a}$ 的横坐标 x.

解： 由已知条件，得$\overrightarrow{AB}=(-3, 3)-(-1, -2)=(-2, 5)$.

因为$\overrightarrow{AB}/\!/\boldsymbol{a}$，

所以$\frac{x}{-2}=\frac{10}{5}$，

解此方程，得 $x=-4$.

动动脑：

归纳根据向量平行的充要条件求向量坐标的常规方法与技巧.

跟踪练习 8 已知 $A(-3, -6)$、$B(1, 3)$和向量 $\boldsymbol{a}=(3, y)$，并且向量$\overrightarrow{AB}/\!/\boldsymbol{a}$. 求 $\boldsymbol{a}$ 的纵坐标 y.

例题 9 已知四点 $A(-2, -3)$、$B(2, 1)$、$C(1, 4)$、$D(-7, -4)$，试判断$\overrightarrow{AB}$和$\overrightarrow{CD}$是否平行.

解： 由已知条件，得

$$\overrightarrow{AB}=(2, 1)-(-2, -3)=(4, 4),$$

$$\overrightarrow{CD}=(-7, -4)-(1, 4)=(-8, -8),$$

因为 $4\times(-8)-4\times(-8)=0$，

所以$\overrightarrow{AB}/\!/\overrightarrow{CD}$.

动动脑：

归纳根据向量坐标判断向量平行的常规方法.

跟踪练习 9 已知 $A(1, 3)$、$B(2, 5)$、$C(4, 2)$、$D(6, 6)$，试判断$\overrightarrow{AB}$ 和$\overrightarrow{CD}$ 是否平行.

●**例题 10** 已知 $A(4, 6)$、$B(0, -2)$、$C(-4, -10)$，求证 A、B、C 三点共线.

解： 由已知条件得

$$\overrightarrow{AB}=(0, -2)-(4, 6)=(-4, -8);$$

$$\overrightarrow{AC}=(-4, -10)-(4, 6)=(-8, -16).$$

因为$\frac{-4}{-8}=\frac{-8}{-16}$，

所以$\overrightarrow{AB}/\!/\overrightarrow{AC}$.

又因为线段 AB 和 AC 有公共点 A，

所以 A、B、C 三点共线.

动动脑：

归纳根据向量平行的充要条件证明共线问题的常规方法与技巧.

●**跟踪练习 10** 已知 $A(0, 1)$、$B(-2, -5)$、$C(2, 7)$，求证 A、B、C 三点共线.

7.2.5 向量的长度和中点公式

观察与思考

已知向量 $\boldsymbol{a}$ 的坐标为(a_1, a_2)，那么我们如何求向量 $\boldsymbol{a}$ 的模呢?

旧知识链接：

阅读教材下册第 79 页中向量的平面直角坐标的内容.

新知识学习

1. 距离公式

如图 7－38 所示，已知

$$\boldsymbol{a}=a_1\boldsymbol{e}_1+a_2\boldsymbol{e}_2=(a_1, a_2),$$

由勾股定理可得

$$|\boldsymbol{a}|=\sqrt{a_1^2+a_2^2}.$$

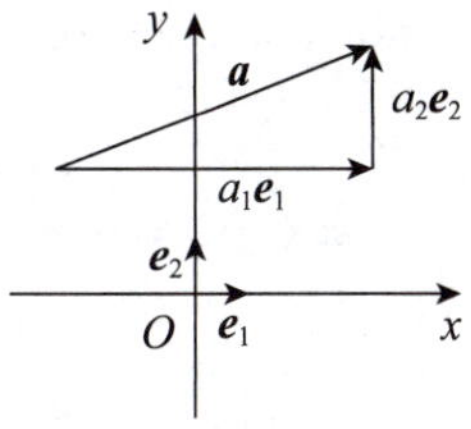

图 7－38

这就是根据向量的坐标求向量长度的计算公式.

说明： 已知 $A(x_1,y_1)$、$B(x_2,y_2)$，则$\overrightarrow{AB}=(x_2-x_1,y_2-y_1)$，$\overrightarrow{AB}$ 的模就是

$$|\overrightarrow{AB}|=\sqrt{(x_2-x_1)^2+(y_2-y_1)^2}.$$

这就是 A、B 两点之间的距离，通常用 d_{AB} 表示.

2. 中点公式

如图 7－39 所示，已知 $A(x_1,y_1)$、$B(x_2,y_2)$，设点 $M(x,y)$是线段 AB 的中点，则

$$\overrightarrow{OM}=\frac{1}{2}(\overrightarrow{OA}+\overrightarrow{OB}).$$

上式换用向量的坐标，得

$$(x, y)=\frac{1}{2}[(x_1, y_1)+(x_2, y_2)],$$

即 $x=\dfrac{x_1+x_2}{2}$，$y=\dfrac{y_1+y_2}{2}$.

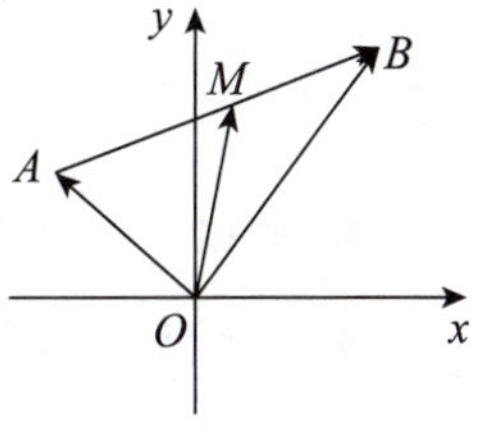

图 7－39

这就是线段中点坐标的计算公式，简称中点公式.

3. 向量平移

(1) 平移变换

在平面直角坐标系内，图形 F 上的所有点都向上(下)或向左(右)平移到 F'，则称 F 到 F'的变换为平移变换，简称平移.

说明： 平移只改变图形的位置，不会改变图形的形状和大小.

(2) 平移公式

小组互动：

探讨并理解向量的平移公式.

如图 7-40 所示，在图形 F 上任取一点 $P(x, y)$，按向量 $\boldsymbol{a}=(a_1, a_2)$ 平移到图形 F' 的点 $P'(x', y')$，则

$$\begin{cases} x'=x+a_1, \\ y'=y+a_2. \end{cases} \quad (1)$$

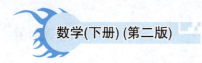

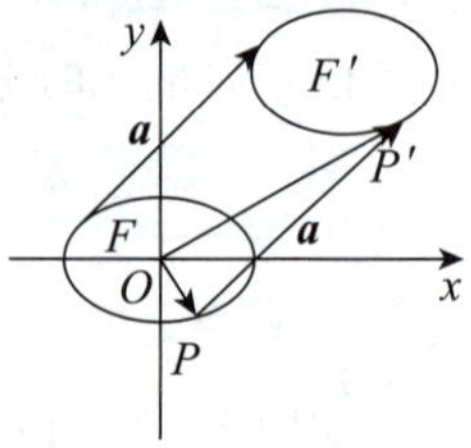

图 7-40

推导： 在图形 F 上任取一点 $P(x, y)$，按向量 $\boldsymbol{a}=(a_1, a_2)$ 平移到图形 F' 的点 $P'(x', y')$，则

$$\overrightarrow{OP'}=\overrightarrow{OP}+\boldsymbol{a},$$

即 $(x', y')=(x, y)+(a_1, a_2)$

$=(x+a_1, y+a_2)$，

所以 $\begin{cases} x'=x+a_1, \\ y'=y+a_2. \end{cases}$

说明： 公式(1)还可变形为以下两组公式

$$\begin{cases} x=x'-a_1, \\ y=y'-a_2; \end{cases} \quad \begin{cases} a_1=x'-x, \\ a_2=y'-y. \end{cases}$$

新知识应用

例题 11 已知两点 $A(1, -5)$、$(-2, -1)$，求 d_{AB}.

解： 因为 $\overrightarrow{AB}=(-2, -1)-(1, -5)=(-3, 4)$，所以

$$d_{AB}=\sqrt{(-3)^2+4^2}=5.$$

动动脑：

归纳由两点的坐标求两点的距离的常规方法.

跟踪练习 11 已知两点 $P(-11, -3)$、$Q(1, 2)$，求 d_{PQ}.

例题 12 把点 $A(-3, 5)$ 按向量 $\boldsymbol{a}=(1, -2)$ 平移到点 A'，求点 A' 的坐标.

解： 设点 A' 的坐标为 (x', y')，由平移公式得

$$x'=-3+1=-2,$$
$$y'=5+(-2)=3.$$

即点 A' 的坐标为 $(-2, 3)$.

动动脑：

归纳根据向量的平移公式求点的坐标的常规方法与技巧.

跟踪练习 12 把点 A 按向量 $\boldsymbol{a}=(2, -6)$ 平移到点 $A'(3, -1)$，求点 A 的坐标.

例题 13 已知顶点 $A(5, 3)$，$B(-1, 7)$，$C(1, -3)$. 求证：$\triangle ABC$ 是等腰三角形.

证明：因为 $\overrightarrow{AB}=(-1, 7)-(5, 3)=(-6, 4)$，

$\overrightarrow{AC}=(1, -3)-(5, 3)=(-4, -6)$，

$\overrightarrow{BC}=(1, -3)-(-1, 7)=(2, -10)$，

且 $|\overrightarrow{AB}|=\sqrt{(-6)^2+4^2}=\sqrt{52}$，

$|\overrightarrow{AC}|=\sqrt{(-4)^2+(-6)^2}=\sqrt{52}$，

所以 $|\overrightarrow{AB}|=|\overrightarrow{AC}|$，即 $\triangle ABC$ 是等腰三角形.

跟踪练习 13 已知点 $A(-6, 1)$、$B(-3, 5)$、$C(1, 2)$. 求证 $\triangle ABC$ 是等腰三角形.

动动脑：

归纳根据两点的距离公式判断三角形形状的常规方法与技巧.

7.3 向量的内积

7.3.1 向量的内积

旧知识链接：

阅读教材下册第 12 页中余弦函数在各象限的符号的内容.

观察与思考

初中物理学习的位移 $\boldsymbol{s}$ 和力 $\boldsymbol{F}$ 都是前面所学的向量，而它们所做的功 $W=\boldsymbol{F}\cdot\boldsymbol{s}$，是向量的什么呢?

新知识学习

1. 向量在轴上的射影

如图 7－41 所示，在直角坐标系 xOy 中，已知向量 $\boldsymbol{a}=(a_1, a_2)$，作 $\overrightarrow{OA}=\boldsymbol{a}=(a_1, a_2)$，设射线 OA 的转角为 θ，由三角函数的定义可得

$$\cos\theta=\frac{a_1}{|\boldsymbol{a}|},\quad \sin\theta=\frac{a_2}{|\boldsymbol{a}|}.$$

即 $a_1=|\boldsymbol{a}|\cos\theta$，$a_2=|\boldsymbol{a}|\sin\theta$.

说明： 向量 $\boldsymbol{a}$ 的横坐标等于向量长度与向量方向的转角余弦的乘积；向量 $\boldsymbol{a}$ 的纵坐标等于向量长度与向量方向的转角正弦的乘积.

小组互动：

探讨并理解向量在轴上射影的概念.

如图 7－42 所示，设向量 $\boldsymbol{a}$ 在轴 l 上的正射影的数量为 a_l，向量 $\boldsymbol{a}$ 的方向与轴 l 的正向所成的角为 α，则由余弦函数的定义有

$$a_l=|\boldsymbol{a}|\cos\alpha.$$

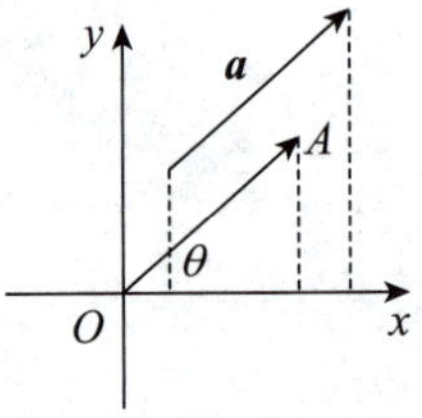

图 7－41

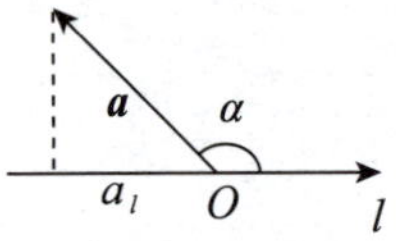

图 7－42

2. 向量的内积

（1）概念

如图 7－43 所示，已知两个非零向量 $\boldsymbol{a}$ 和 $\boldsymbol{b}$，作 $\overrightarrow{OA}=\boldsymbol{a}$，$\overrightarrow{OB}=\boldsymbol{b}$，则 $\angle AOB$ 就叫做**向量 $\boldsymbol{a}$ 与 $\boldsymbol{b}$ 的夹角**．记作 $\langle\boldsymbol{a}, \boldsymbol{b}\rangle$.

说明： ① 规定，$0°\leqslant\langle\boldsymbol{a}, \boldsymbol{b}\rangle\leqslant 180°$.

② 当$\langle \boldsymbol{a}, \boldsymbol{b}\rangle=90^\circ$时，就说向量$\boldsymbol{a}$与$\boldsymbol{b}$垂直，记作$\boldsymbol{a}\perp\boldsymbol{b}$.

把$\boldsymbol{a}$的模与$\boldsymbol{b}$在$\boldsymbol{a}$方向上正射影的数量$|\boldsymbol{b}|\cos\langle \boldsymbol{a}, \boldsymbol{b}\rangle$的乘积叫做**向量$\boldsymbol{a}$与$\boldsymbol{b}$的内积**，记作$\boldsymbol{a}\cdot\boldsymbol{b}$. 即

$$\boldsymbol{a}\cdot\boldsymbol{b}=|\boldsymbol{a}|\cdot|\boldsymbol{b}|\cos\langle \boldsymbol{a}, \boldsymbol{b}\rangle.$$

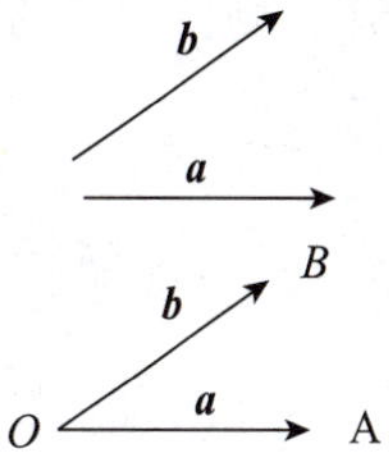

图 7-43

小组互动：

探讨并理解向量的内积的概念.

说明： 由上述定义可知，两个向量$\boldsymbol{a}$与$\boldsymbol{b}$的内积是一个实数，当$0^\circ\leqslant\langle \boldsymbol{a}, \boldsymbol{b}\rangle<90^\circ$时，$\boldsymbol{a}\cdot\boldsymbol{b}$等于正数；当$90^\circ<\langle \boldsymbol{a}, \boldsymbol{b}\rangle\leqslant180^\circ$时，$\boldsymbol{a}\cdot\boldsymbol{b}$等于负数；当$\langle \boldsymbol{a}, \boldsymbol{b}\rangle=90^\circ$时，$\boldsymbol{a}\cdot\boldsymbol{b}$等于零.

(2) 性质

根据向量内积的定义，可知两个向量的内积有如下重要性质：

① 如果$\boldsymbol{e}$是单位向量，则$\boldsymbol{a}\cdot\boldsymbol{e}=\boldsymbol{e}\cdot\boldsymbol{a}=|\boldsymbol{a}|\cos\langle \boldsymbol{a}, \boldsymbol{e}\rangle$；

② $\boldsymbol{a}\perp\boldsymbol{b}\Leftrightarrow\boldsymbol{a}\cdot\boldsymbol{b}=0$；

③ $\boldsymbol{a}\cdot\boldsymbol{a}=|\boldsymbol{a}|^2$或$|\boldsymbol{a}|=\sqrt{\boldsymbol{a}\cdot\boldsymbol{a}}$；

④ $\cos\langle \boldsymbol{a}, \boldsymbol{b}\rangle=\dfrac{\boldsymbol{a}\cdot\boldsymbol{b}}{|\boldsymbol{a}|\cdot|\boldsymbol{b}|}$；

⑤ $|\boldsymbol{a}\cdot\boldsymbol{b}|\leqslant|\boldsymbol{a}|\cdot|\boldsymbol{b}|$.

小组互动：

探讨并理解向量内积的性质.

性质①、③、④、⑤同学们可以自己根据定义论证，下面证明性质②.

证明： ② 若$\boldsymbol{a}\perp\boldsymbol{b}$，则

$\boldsymbol{a}\cdot\boldsymbol{b}=|\boldsymbol{a}|\cdot|\boldsymbol{b}|\cos\langle \boldsymbol{a}, \boldsymbol{b}\rangle=|\boldsymbol{a}|\cdot|\boldsymbol{b}|\cos90^\circ=|\boldsymbol{a}|\cdot|\boldsymbol{b}|\cdot0=0$；

若$\boldsymbol{a}\cdot\boldsymbol{b}=0$，则

$\boldsymbol{a}\cdot\boldsymbol{b}=|\boldsymbol{a}|\cdot|\boldsymbol{b}|\cos\langle \boldsymbol{a}, \boldsymbol{b}\rangle=0$，即$\cos\langle \boldsymbol{a}, \boldsymbol{b}\rangle=0$.

因为$0^\circ\leqslant\langle \boldsymbol{a}, \boldsymbol{b}\rangle\leqslant180^\circ$，所以$\langle \boldsymbol{a}, \boldsymbol{b}\rangle=90^\circ$

即$\boldsymbol{a}\perp\boldsymbol{b}$.

(3) 向量内积的运算律

向量内积运算满足如下运算律

① $\boldsymbol{a}\cdot\boldsymbol{b}=\boldsymbol{b}\cdot\boldsymbol{a}$；

② $\lambda(\boldsymbol{a}\cdot\boldsymbol{b})=(\lambda\boldsymbol{a})\cdot\boldsymbol{b}=\boldsymbol{a}\cdot(\lambda\boldsymbol{b})$；

③ $(\boldsymbol{a}+\boldsymbol{b})\cdot\boldsymbol{c}=\boldsymbol{a}\cdot\boldsymbol{c}+\boldsymbol{b}\cdot\boldsymbol{c}$.

小组互动：

探讨并理解向量内积的运算律.

运算律①、②同学们可以自己根据定义论证，下面证明运算律③.

证明： ③如图 7-44 所示，已知向量$\boldsymbol{a}$、$\boldsymbol{b}$、$\boldsymbol{c}$，作轴l与向量$\boldsymbol{c}$平行，向量$\boldsymbol{c}$的单位向量为$\boldsymbol{c}_0$. 作$\overrightarrow{OA}=\boldsymbol{a}$，$\overrightarrow{AB}=\boldsymbol{b}$，连接$OB$，则$\overrightarrow{OB}=\boldsymbol{a}+\boldsymbol{b}$. 设点$O$、$A$、$B$在$l$轴上的射影为$O'$、$A'$、

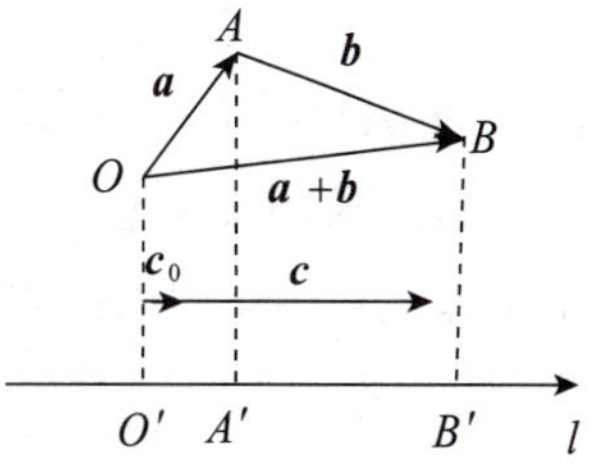

图 7-44

B'，则由内积的定义有

$$O'A'=\overrightarrow{OA}\cdot \boldsymbol{c}_0=\boldsymbol{a}\cdot \boldsymbol{c}_0,$$

$$A'B'=\overrightarrow{AB}\cdot \boldsymbol{c}_0=\boldsymbol{b}\cdot \boldsymbol{c}_0,$$

$$O'B'=\overrightarrow{OB}\cdot \boldsymbol{c}_0=(\boldsymbol{a}+\boldsymbol{b})\cdot \boldsymbol{c}_0.$$

又因为 $O'B'=O'A'+A'B'$，所以

$$(\boldsymbol{a}+\boldsymbol{b})\cdot \boldsymbol{c}_0=\boldsymbol{a}\cdot \boldsymbol{c}_0+\boldsymbol{b}\cdot \boldsymbol{c}_0,$$

上面的等式两边同时乘以 $|\boldsymbol{c}|$，得

$$(\boldsymbol{a}+\boldsymbol{b})\cdot \boldsymbol{c}=\boldsymbol{a}\cdot \boldsymbol{c}+\boldsymbol{b}\cdot \boldsymbol{c}.$$

新知识应用

例题 1 已知轴 l(如图 7－45 所示)，$|\overrightarrow{OB}|=3$，向量 $\overrightarrow{OB}$ 的方向与轴 l 的方向所成的角为 120°，求 $\overrightarrow{OB}$ 在轴 l 上正射影的数量 OB_l.

解：
$$OB_l=3\times\cos120^\circ=3\times(-\cos60^\circ)=3\times\left(-\frac{1}{2}\right)=-\frac{3}{2}.$$

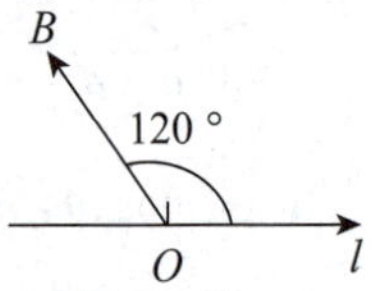

图 7－45

动动脑：

归纳根据概念求向量在轴上射影的方法.

跟踪练习 1 已知轴 l(如图 7－46 所示)，$|\overrightarrow{OA}|=3$，向量 $\overrightarrow{OA}$ 的方向与轴 l 的方向所成的角为 60°，求 $\overrightarrow{OA}$ 在轴 l 上正射影的数量 OA_l.

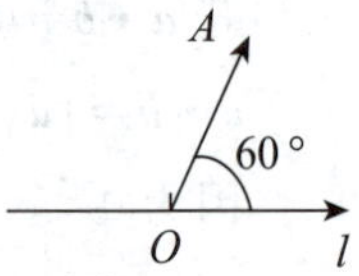

图 7－46

例题 2 在直角坐标系 xOy 中，已知 $|\overrightarrow{AB}|=4$，$\overrightarrow{AB}$ 与 x 轴正半轴的夹角为 150°，求 $\overrightarrow{AB}$ 的坐标 (a_1, a_2).

解：
$$a_1=4\cos150^\circ=4\times\left(-\frac{\sqrt{3}}{2}\right)=-2\sqrt{3},$$

$$a_2=4\sin150^\circ=4\times\frac{1}{2}=2.$$

所以 $\overrightarrow{AB}=(-2\sqrt{3}, 2)$.

动动脑：

归纳根据射影的概念求向量坐标的常规方法.

跟踪练习 2 在直角坐标系 xOy 中，已知 $|\overrightarrow{PQ}|=6$，$\overrightarrow{PQ}$ 与 x 轴正半轴的夹角为 135°，求 $\overrightarrow{PQ}$ 的坐标 (a_1, a_2).

例题 3　已知 $|\boldsymbol{a}|=5$，$|\boldsymbol{b}|=6$，$\langle\boldsymbol{a},\boldsymbol{b}\rangle=135°$，求 $\boldsymbol{a}\cdot\boldsymbol{b}$.

解：$\boldsymbol{a}\cdot\boldsymbol{b}=|\boldsymbol{a}|\cdot|\boldsymbol{b}|\cos\langle\boldsymbol{a},\boldsymbol{b}\rangle$

$=5\times6\times\cos135°$

$=5\times6\times(-\frac{\sqrt{2}}{2})$

$=-15\sqrt{2}$.

跟踪练习 3　已知 $|\boldsymbol{a}|=3$，$|\boldsymbol{b}|=6$，$\langle\boldsymbol{a},\boldsymbol{b}\rangle=120°$，求 $\boldsymbol{a}\cdot\boldsymbol{b}$.

动动脑：

归纳根据概念求向量内积的常规方法

7.3.2　内积的坐标表示

观察与思考

已知向量 $\boldsymbol{a}$，$\boldsymbol{b}$ 的坐标，那么如何求 $\boldsymbol{a}\cdot\boldsymbol{b}$ 的值呢？

旧知识链接：

阅读教材下册第 87～88 页中向量内积的性质.

新知识学习

1. 向量内积的坐标运算

在直角坐标平面 xOy 内，已知 $\boldsymbol{e}_1$，$\boldsymbol{e}_2$ 分别为 x 轴和 y 轴的基向量，向量 $\boldsymbol{a}=(a_1,a_2)$，$\boldsymbol{b}=(b_1,b_2)$，则

$$\boldsymbol{a}\cdot\boldsymbol{b}=a_1b_1+a_2b_2.$$

证明：$\boldsymbol{a}\cdot\boldsymbol{b}=(a_1\boldsymbol{e}_1+a_2\boldsymbol{e}_2)\cdot(b_1\boldsymbol{e}_1+b_2\boldsymbol{e}_2)$

$=a_1b_1\boldsymbol{e}_1\cdot\boldsymbol{e}_1+a_1b_2\boldsymbol{e}_1\cdot\boldsymbol{e}_2+a_2b_1\boldsymbol{e}_2\cdot\boldsymbol{e}_1+a_2b_2\boldsymbol{e}_2\cdot\boldsymbol{e}_2$.

因为 $\boldsymbol{e}_1\cdot\boldsymbol{e}_1=\boldsymbol{e}_2\cdot\boldsymbol{e}_2=1$，$\boldsymbol{e}_1\cdot\boldsymbol{e}_2=\boldsymbol{e}_2\cdot\boldsymbol{e}_1=0$.

所以 $\boldsymbol{a}\cdot\boldsymbol{b}=a_1b_1+a_2b_2$.

2. 向量垂直的充要条件

两个向量垂直的充要条件是它们对应坐标乘积和等于零．即

$$\boldsymbol{a}\perp\boldsymbol{b}\Leftrightarrow a_1b_1+a_2b_2=0.$$

证明：设向量 $\boldsymbol{a}=(a_1,a_2)$，$\boldsymbol{b}=(b_1,b_2)$.

因为 $\boldsymbol{a}\perp\boldsymbol{b}$，

所以 $\boldsymbol{a}\cdot\boldsymbol{b}=0$，即 $\boldsymbol{a}\cdot\boldsymbol{b}=a_1b_1+a_2b_2=0$.

新知识应用

例题 4 已知向量 $\boldsymbol{a}=(2, -4)$，$\boldsymbol{b}=(4, -3)$，求 $\boldsymbol{a}\cdot\boldsymbol{b}$ 和 $\cos\langle\boldsymbol{a}, \boldsymbol{b}\rangle$.

解： $\boldsymbol{a}\cdot\boldsymbol{b}=(2, -4)\cdot(4, -3)=2\times4+(-4)\times(-3)=8+12=20$，

因为 $|\boldsymbol{a}|=\sqrt{2^2+(-4)^2}=2\sqrt{5}$，$|\boldsymbol{b}|=\sqrt{4^2+(-3)^2}=5$，

所以 $\cos\langle\boldsymbol{a}, \boldsymbol{b}\rangle=\dfrac{\boldsymbol{a}\cdot\boldsymbol{b}}{|\boldsymbol{a}|\cdot|\boldsymbol{b}|}=\dfrac{20}{2\sqrt{5}\times5}=\dfrac{2\sqrt{5}}{5}$.

动动脑：

归纳由向量坐标求向量夹角的常规方法.

跟踪练习 4 已知向量 $\boldsymbol{a}=(3, -4)$，$\boldsymbol{b}=(-12, 5)$，求 $\cos\langle\boldsymbol{a}, \boldsymbol{b}\rangle$.

例题 5 已知向量 $\boldsymbol{a}=(x, -6)$，$\boldsymbol{b}=(-3, 5)$，且 $\boldsymbol{a}\perp\boldsymbol{b}$，求 x 的值.

解： 因为 $\boldsymbol{a}=(x, -6)$，$\boldsymbol{b}=(-3, 5)$，且 $\boldsymbol{a}\perp\boldsymbol{b}$，

所以 $x\cdot(-3)+(-6)\cdot5=0$，即 $x=-10$.

动动脑：

归纳根据向量垂直的充要条件求向量坐标的常规方法.

跟踪练习 5 已知向量 $\boldsymbol{a}=(-6, 5)$，$\boldsymbol{b}=(15, y)$，且 $\boldsymbol{a}\perp\boldsymbol{b}$，求 y 的值.

阅读材料七

向量的概述

向量早在 19 世纪就已成为数学家和物理学家研究的对象，我国在 1996 年高中数学教学大纲中引入了向量．向量具有丰富的物理背景，向量既是几何的研究对象，又是代数的研究对象，是沟通代数、几何的桥梁，是重要的数学模型.

大约公元前 350 年前，古希腊著名学者亚里士多德就知道了力可以表示成向量，两个力的组合作用可用著名的平行四边形法则来得到．“向量”一词来自力学、解析几何中的有向线段．最先使用有向线段表示向量的是英国大科学家牛顿．从数学发展史来看，历史上很长一段时间，空间的向量结构并未被数学家们所认识，直到 19 世纪末 20 世纪初，人们才把空间的性质与向量运算联系起来，使向量成为具有一套优良运算通性的数学体系.

向量能够进入数学并得到发展，首先应从复数的几何表示谈起．18 世纪末期，挪威测量学家威塞尔首次利用坐标平面上的点来表示复数 $a+b\mathrm{i}$，并利用具有几何意义的复数运算来定义向量的运算．把坐标平面上的点用向量表示出来，并把向量的几何表示用于研究几何问题与三角问题．人们逐步接受了复数，也学会了利用复数来表示和研究平面中的向量．在计算机图片中，处理图像会有一种向量格式．在物理中，向量就是矢量，是物理学中最重要的物理量．物理中的矢量是向量的原型，向量及其运算是物理中矢量及其运算的抽象．向量与物理学中的力学、运动学等有着天然的联系．很多物理量如力、速度、位移以及电场强度、磁感应强度等都是向量．将向量这一工具应用到物理中，可以使物理题解答更简捷、更清晰．并且向量知识不仅是解决许多物理问题的有利工具，而且用数学的思想方法去审视相关物理现象，研究相关物理问题，可使我们对物理问题认识更深刻．向量在机器人设计与操控、卫星定位、飞船设计等现代技术中也有着广泛的应用．因此，在向量的学习中，应关注向量在物理、数学、现代科学技术中的广泛应用．向量是解决几何问题的一种有效工具，但它不仅仅是为了解决几何问题、简化几何证明. 向量的学习，有助于我们认识数学与实际生活以及物理等学科的紧密联系，有助于我们理解数学运算的意义及价值，发展运算能力；有助于我们掌握处理几何问题的代数方法，体会数形结合思想；有助于增进我们对数学本质的理解，体会向量在刻画和解决实际问题中的作用，从中感受数学的应用价值．向量在生活中的应用，大多是和坐标平面的整合，这时关键是确定点的坐标，再确定向量的坐标，从而达到向量关系与坐标关系的互译，架起了生活与向量之间的桥梁．把向量的基本思想应用到实际生活中，可使我们能够更加直观地通过向量视角观察生活，也让向量更好地为我们服务，解决更多的实际生活问题.

第8章　直　　线

8.1　直线方程

8.1.1　直线的点向式方程

观察与思考

实操： 如图 8-1 所示，已知点 P_0 及非零向量 $\boldsymbol{v}$，过点 P_0 作一条直线与已知非零向量 $\boldsymbol{v}$ 平行.

思考： 这样的直线有几条？一条直线能否由一个点和一个方向来确定？

图 8-1

旧知识链接：

阅读教材下册第 77 页中平行向量的基本定理.

新知识学习

1. 方向向量

如果一个非零向量 $\boldsymbol{v}$ 所在的直线与直线 l 平行，则称 $\boldsymbol{v}$ 是 l 的一个方向向量.

说明： 一条直线的方向向量不唯一，它们是相互平行(或共线)的.

小组互动：

探讨一条直线的方向向量是否只有 1 个？

2. 点向式方程

已知直线 l 上的一点 $P_0(x_0,y_0)$，且向量 $\boldsymbol{v}=(v_1, v_2)$是直线 l 的方向向量，如何求出直线 l 的方程？

设 $P(x, y)$是直线 l 上一动点(如图 8-2)，从而$\overrightarrow{P_0P}$与 $\boldsymbol{v}$ 平行，即

$$\overrightarrow{P_0P}=\lambda\boldsymbol{v},\ \lambda\in\mathbf{R}. \quad (1)$$

(1)式换用坐标表示，得

$$(x-x_0)v_2-(y-y_0)v_1=0. \quad (2)$$

在方程(2)中，如果 $v_1\neq0$，$v_2\neq0$，可得到

$$\frac{x-x_0}{v_1}=\frac{y-y_0}{v_2}. \quad (3)$$

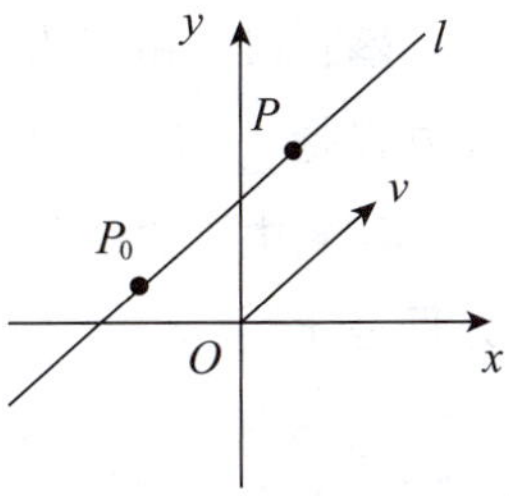

图 8-2

方程(2)和(3)都叫做通过 $P_0(x_0, y_0)$，方向向

量为 $\boldsymbol{v}=(v_1, v_2)$ 的直线的**点向式方程**.

说明：如果 $v_1=0$(此时 $v_2\neq0$)，则由(2)式得到方程 $x=x_0$，表示通过点 $P_0(x_0, y_0)$，且平行于 y 轴的直线 l(如图 8-3(1)所示)；如果 $v_2=0$(此时 $v_1\neq0$)，则由(2)得到方程 $y=y_0$ 表示通过点 $P_0(x_0, y_0)$，且平行于 x 轴的直线 l(如图 8-3(2)所示).

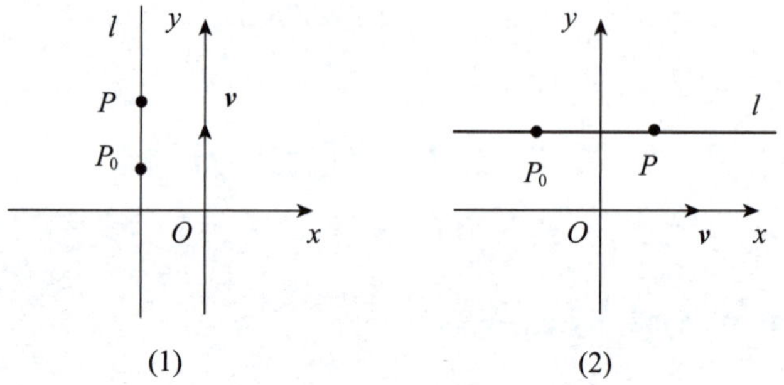

图 8-3

新知识应用

例题 1 求通过点 $P(-1, 2)$，且一个方向向量为 $\boldsymbol{v}=(-1, 1)$ 的直线方程.

解：由直线的点向式方程，得

$$\frac{x-(-1)}{-1}=\frac{y-2}{1},$$

故所求直线的方程为 $x+y-1=0$.

动动脑：

探讨并理解直线的点向式方程.

跟踪练习 1 求通过点 $A(-2, -3)$，且一个方向向量为 $\boldsymbol{v}=(1, 2)$ 的直线方程.

例题 2 求过点 P，且一个方向向量为 $\boldsymbol{v}$ 的直线方程：

(1) $P(-5, 7)$，$\boldsymbol{v}=(1, 0)$； (2) $P(-3, -6)$，$\boldsymbol{v}=(0, -2)$.

解：(1) 由于直线的方向向量平行于 x 轴，所以通过点 $(-5, 7)$ 的直线方程是 $y=7$；

(2) 由于直线的方向向量平行于 y 轴，所以通过点 $(-3, -6)$ 的直线方程是 $x=-3$.

跟踪练习 2　求过点 P，且一个方向向量为 $\boldsymbol{v}$ 的直线方程：

(1) $P(6, 1)$，$\boldsymbol{v}=(-4, 0)$；　　　　(2) $P(-7, 3)$，$\boldsymbol{v}=(0, 3)$.

动动脑：

归纳利用点向式方程建立直线方程的常规方法.

例题 3　求过点 $A(1, -3)$ 和点 $B(4, -5)$ 的直线方程.

解： 直线 AB 的方向向量可取为 $\overrightarrow{AB}=(3, -2)$，又直线过点 $A(1, -3)$，由直线的点向式方程，得

$$\frac{x-1}{3}=\frac{y-(-3)}{-2},$$

故所求直线方程为 $2x+3y+7=0$.

跟踪练习 3　求过点 $P(0, -4)$ 和点 $Q(-1, -2)$ 的直线方程.

动动脑：

归纳已知两点利用点向式方程建立直线方程的常规方法.

8.1.2　直线的点法式方程

观察与思考

实操： 如图 8-4 所示，已知点 P_0 及非零向量 $\boldsymbol{n}$，过点 P_0 作一条直线与非零向量 $\boldsymbol{n}$ 垂直.

图 8-4

思考： 这样的直线有几条？一条直线能否由一个点及直线的铅垂方向来确定？

旧知识链接：

阅读教材下册第 89 页中向量垂直的充要条件.

新知识学习

1. 法向量

如果一个非零向量 $\boldsymbol{n}$ 所在的直线与直线 l 垂直，则称 $\boldsymbol{n}$ 是直线 l 的一个法向量.

说明： 一条直线的法向量不唯一，它们都是相互平行(共线)的.

2. 点法式方程

如图 8-5 所示，已知直线 l 过点 $P_0(x_0, y_0)$，l 的一个法向量为 $\boldsymbol{n}=(A, B)$，设 $P(x, y)$ 是直线 l 上一动点，则

$$\boldsymbol{n}\cdot\overrightarrow{P_0P}=0.$$

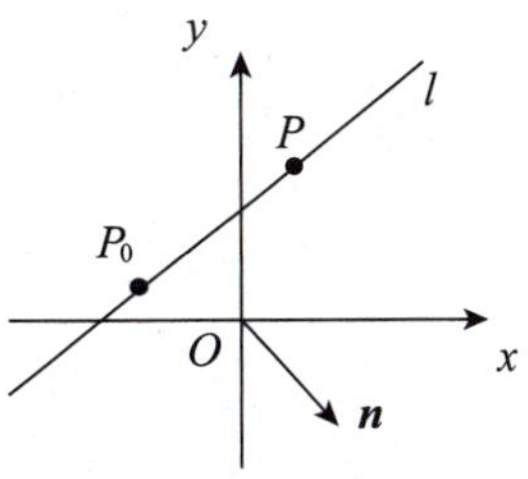

图 8-5

换用坐标表示，可得

$$A(x-x_0)+B(y-y_0)=0 \tag{4}$$

小组互动：

探讨同一条直线的方向向量和法向量的内积等于多少？

方程(4)是由直线 l 上一点 $P_0(x_0, y_0)$ 和 l 的一个法向量 $\boldsymbol{n}=(A, B)$ 确定的，因此这个方程叫做直线的**点法式方程**.

说明：设 $\boldsymbol{v}=(B, -A)$，因为 $\boldsymbol{v}\cdot\boldsymbol{n}=A\times B+B\times(-A)=0$，所以 $\boldsymbol{v}\perp\boldsymbol{n}$. 也就是说，如果 $\boldsymbol{n}$ 是直线 l 的一个法向量，则向量 $\boldsymbol{v}=(B, -A)$ 是直线 l 的一个方向向量.

新知识应用

例题 4 写出下列直线经过的一个点和直线的一个法向量及方向向量：

(1) $(x+1)-2(y-4)=0$；　　(2) $-(x-3)+4(y+2)=0$.

解：(1) 直线 $(x+1)-2(y-4)=0$ 经过点 $(-1, 4)$，一个法向量是 $(1, -2)$，一个方向向量是 $(-2, -1)$；

(2) 直线 $-(x-3)+4(y+2)=0$ 经过点 $(3, -2)$，一个法向量是 $(-1, 4)$，一个方向向量是 $(4, 1)$.

动动脑：

归纳根据直线方程求法向量与方向向量的常规方法与技巧.

跟踪练习 4 写出下列直线经过的一个点和直线的一个法向量及方向向量：

(1) $(x+1)+3(y-1)=0$；　　(2) $-2(x+1)+y=0$.

例题 5 求过点 $P(-3, 1)$ 且与向量 $\boldsymbol{n}=(-1, 3)$ 垂直的直线方程.

解：由直线方程的点法式，得

$$-(x+3)+3(y-1)=0.$$

故所求直线方程为 $x-3y+6=0$.

动动脑：

归纳利用直线的点法式建立直线方程的常规方法.

跟踪练习 5 求过点 $M(-2, 3)$ 且与向量 $\boldsymbol{n}=(3, -4)$ 垂直的直线方程.

8.1.3 直线的斜率

观察与思考

观察： 如图 8－6 所示，同过点 P 的三条直线相对于 x 轴的倾斜程度是不一样的.

思考： 如何用相关数据来测量不同直线相对于 x 轴的倾斜程度呢？

我们需要引进倾斜角与斜率的概念.

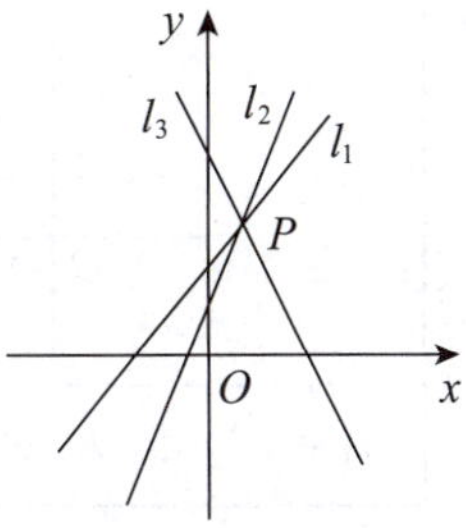

图 8－6

旧知识链接：

阅读教材下册第 10 页中特殊角的三角函数值及第 52 页已知三角函数值求角的内容.

新知识学习

1. 直线的倾斜角

如图 8－7 所示，一条直线 l 向上的方向与 x 轴正方向所成的最小正角 α，叫做直线 l 的**倾斜角**. 当直线 l 与 x 轴平行或重合时，规定它的倾斜角 α 等于 0.

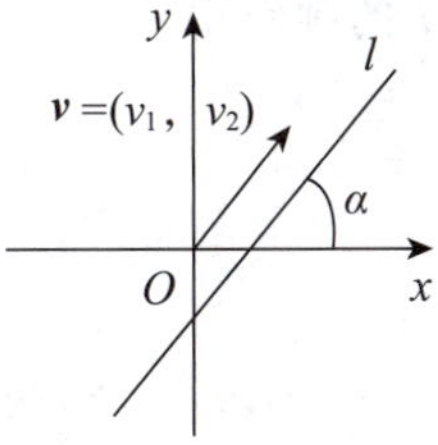

图 8－7

说明： 由倾斜角的定义可知倾斜角的取值范围是 $0\leqslant\alpha<\pi$.

2. 直线的斜率

（1）斜率的概念

当 $\alpha\neq\frac{\pi}{2}$时，直线 l 的倾斜角的正切值，叫做直线 l 的**斜率**，通常用 k 表示. 即

$$k=\tan\alpha\ \left(\alpha\neq\frac{\pi}{2}\right).$$

说明： 当 $\alpha=\frac{\pi}{2}$时，直线没有斜率.

（2）直线的倾斜角与斜率的关系

已知直线 l 上两点 $A(x_1,\ y_1)$，$B(x_2,\ y_2)$，则直线 l 的斜率为 $k=\frac{y_2-y_1}{x_2-x_1}$ $(x_2\neq x_1)$.

直线的位置状态与斜率的关系如表 8－1 所示.

小组互动：

探讨直线的位置状态与斜率的关系.

表 8－1

α	$\alpha=0$	$0<\alpha<\frac{\pi}{2}$	$\alpha=\frac{\pi}{2}$	$\frac{\pi}{2}<\alpha<\pi$
图形	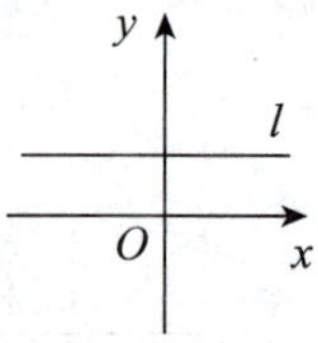	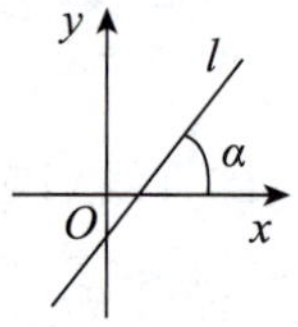	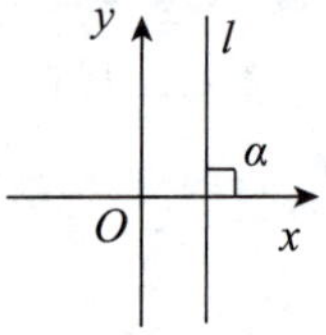	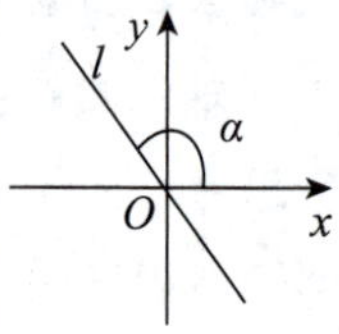
斜率	$k=0$	$k>0$	k 不存在	$k<0$

新知识应用

例题 6　已知直线 l 的倾斜角是 150°，求直线 l 的斜率.

解： 直线 l 的斜率 $k=\tan150°=\tan(180°-30°)=-\tan30°=-\frac{\sqrt{3}}{3}$.

跟踪练习 6　已知直线 l 的倾斜角是 60°，求直线 l 的斜率.

例题 7　求经过 $A(-3,2)$，$B(1,-2)$两点的直线的斜率 k 和倾斜角 α.

解： $k=\frac{-2-2}{1-(-3)}=-1$，即 $\tan\alpha=-1$.

因为 $0\leqslant\alpha<\pi$，所以 $\alpha=\frac{3}{4}\pi$.

动动脑：

归纳求直线斜率的常规方法.

跟踪练习 7　求经过 $A(4,\sqrt{3})$，$B(1,2\sqrt{3})$两点的直线的斜率 k 和倾斜角 α.

8.1.4　直线的点斜式方程

旧知识链接：

阅读教材下册第 93～94 页中点向式方程.

观察与思考

回顾： 我们知道已知一个点及与直线平行或垂直的一个非零向量，可以建立直线方程.

思考： 如果已知一个点及直线的斜率能否建立直线方程呢？

新知识学习

1. 直线的点斜式方程

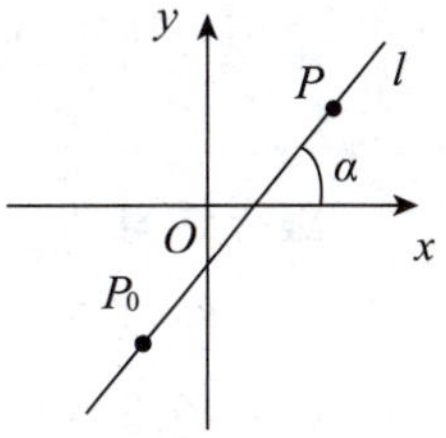

图 8-8

如图 8-8 所示，已知直线 l 过点 $P_0(x_0, y_0)$，斜率为 k，设点 $P(x, y)$ 为直线 l 上不同于 $P_0(x_0, y_0)$ 的一动点，则有 $k=\dfrac{y-y_0}{x-x_0}\ (x\neq x_0)$，即 $y-y_0=k(x-x_0)$.

这个方程是由直线上一点 $P_0(x_0, y_0)$ 和斜率 k 所确定的直线方程，把这个方程叫做点斜式方程.

小组互动：

探讨并理解直线的点斜式方程.

说明：当 $k=0$ 时，直线方程变为 $y=y_0$，这时直线平行于 x 轴或在 x 轴上；当 k 不存在时，直线方程变为 $x=x_0$，这时直线平行于 y 轴或在 y 轴上.

2. 直线的斜截式方程

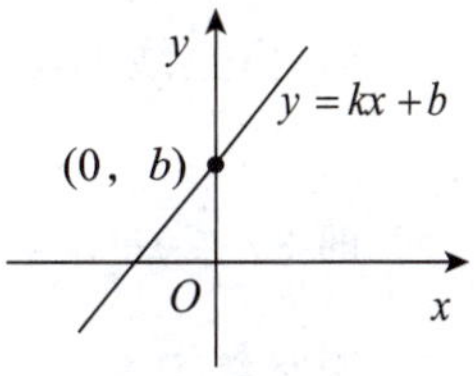

图 8-9

如图 8-9 所示，如果一条直线通过点 $(0, b)$，且斜率为 k，那么直线的点斜式方程为

$$y-b=k(x-0).$$

整理，得

$$y=kx+b.$$

这种形式的方程，是我们熟知的一次函数的解析式，其中 k 为直线的斜率，直线与 y 轴交点的纵坐标 b 叫做该直线在 y 轴上的截距. 这个方程叫做直线的斜截式方程.

小组互动：

探讨并理解特殊位置的直线方程.

新知识应用

例题 8 求下列直线的方程：

(1) 经过点 $(-3, 5)$，倾斜角为 $120°$；

(2) 经过点 $(1, -3)$ 和点 $(4, -2)$.

解：(1) 因为直线经过点 $(-3, 5)$，且斜率 $k=\tan 120°=-\sqrt{3}$.

由直线的点斜式方程，得

$$y-5=-\sqrt{3}(x+3).$$

整理，得所求直线的方程为

$$\sqrt{3}x+y-5+3\sqrt{3}=0.$$

(2) 在 8.1.1 节用点向式方程求解，这里，先求出直线的斜率，再写出直线方程.

因为直线的斜率 $k=\dfrac{-2-(-3)}{4-1}=\dfrac{1}{3}$，且经过点 $(1, -3)$，所以由直线的点斜式方程，得

$$y-(-3)=\frac{1}{3}(x-1).$$

整理得所求直线的方程

$$x-3y-10=0.$$

动动脑：

归纳建立直线的点斜式方程的常规方法.

跟踪练习 8 求下列直线的方程：

(1) 经过点$(-1, -4)$，倾斜角为$45°$；

(2) 经过点$(4, -1)$和点$(5, -2)$.

例题 9 求过点$(0, -3)$，斜率为-3的直线方程.

解： 直线过点$(0, -3)$，表明直线在y轴上的截距为-3，又直线斜率为-3，由直线的斜截式方程，得所求直线方程为

$$y=-3x-3,$$

即$3x+y+3=0$.

动动脑：

归纳建立直线的斜截式方程的常规方法.

跟踪练习 9 求纵截距为2，且斜率为$\frac{2}{3}$的直线方程.

8.1.5 直线的一般式方程

旧知识链接：

阅读教材下册中第93～94页直线的点向式方程及第99页直线的斜截式方程的内容.

观察与思考

任何一条直线都可以由其上的一点和它的一个方向向量写出它的点向式方程，我们知道直线的点向式方程是一个二元一次方程，因此可以说，每一条直线方程都是一个关于x、y的二元一次方程，问：是否每一个二元一次方程的图像都是直线呢？

分析： 关于x、y的二元一次方程的一般形式为

$$Ax+By+C=0(A^2+B^2\neq 0). \quad (1)$$

设(x_0, y_0)是方程的一个解，即

$$Ax_0+By_0+C=0. \quad (2)$$

(1)－(2)，得

$$A(x-x_0)+B(y-y_0)=0. \quad (3)$$

如图 8－10 所示，建立直角坐标系xOy，作$P_0(x_0,y_0)$，$\boldsymbol{n}=(A, B)$，

方程(3)就是通过 P_0 并且与向量 $\boldsymbol{n}$ 垂直的直线对应的方程，又因为方程(1)和(3)是同解方程，所以任何关于 x，y 的二元一次方程都表示一条直线．

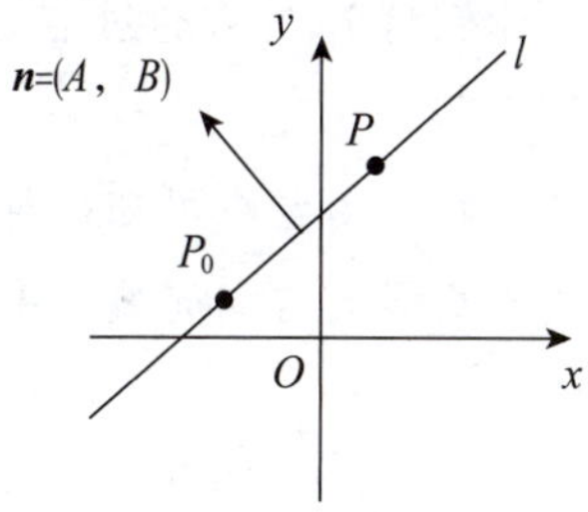

图 8-10

新知识学习

关于 x、y 的二元一次方程

$$Ax+By+C=0(A^2+B^2\neq 0). \qquad (4)$$

的图像是一条直线．把这个方程叫做直线的**一般式方程**.

新知识应用

例题 10 求直线 $x-3y+4=0$ 的斜率和在 y 轴上的截距.

解： 由方程 $x-3y+4=0$ 解出 y，得其直线的斜截式

$$y=\frac{1}{3}x+\frac{4}{3}.$$

因此所求直线的斜率是$\frac{1}{3}$，在 y 轴上的截距是$\frac{4}{3}$.

跟踪练习 10 求直线 $2x+4y-3=0$ 的斜率和在 y 轴上的截距.

动动脑：

归纳由直线方程求其斜率及截距的常规方法.

例题 11 求直线 l：$2x+3y-6=0$ 在 x 轴、y 轴上的截距，并画出直线.

解： 在已知直线方程中，

令 $y=0$，得 $x=3$，则 l 在 x 轴上的截距为 3；

令 $x=0$，得 $y=2$，则 l 在 y 轴上的截距为 2.

直线 l 与 x 轴、y 轴的交点分别为点 $A(3，0)$、$B(0，2)$.

过点 A、B 作直线，就是直线 l，如图 8-11 所示.

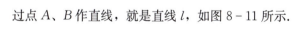

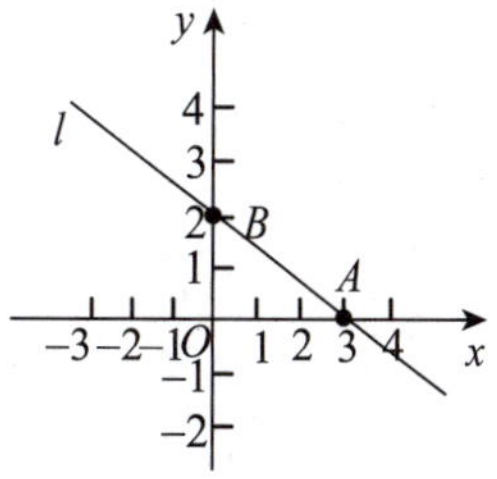

图 8-11

跟踪练习 11 求直线 l：$x-2y-3=0$ 在 x 轴、y 轴上的截距，并画出直线.

动动脑：

归纳由直线方程作其图像的常规方法.

例题 12 求通过点(3，-7)，且与直线 l：$2x-3y+11=0$ 垂直的直线方程.

解：由题意可知，直线 l：$2x-3y+11=0$ 的法向量是(2，-3)，它是所求直线的方向向量．由点向式方程，得

$$\frac{x-3}{2}=\frac{y-(-7)}{-3}.$$

整理，得直线方程为 $3x+2y+5=0$.

动动脑：

归纳综合利用直线知识建立直线方程的常规方法与技巧.

跟踪练习 12 求通过点(3，2)，且与直线 l：$x-2y-1=0$ 垂直的直线方程.

8.2 两直线的位置关系

8.2.1 两条直线平行或重合的条件

观察与思考

实操：画出两条直线的三种位置关系.

思考：如何根据两直线方程判断两直线的平行或重合的位置关系呢？

旧知识链接：

阅读教材下册中第 81 页向量平行的充要条件.

新知识学习

1. 两条直线平行(重合)的充要条件

如图 8－12 所示，设两条直线方程

$$l_1: A_1x+B_1y+C_1=0, \quad (1)$$

$$l_2: A_2x+B_2y+C_2=0. \quad (2)$$

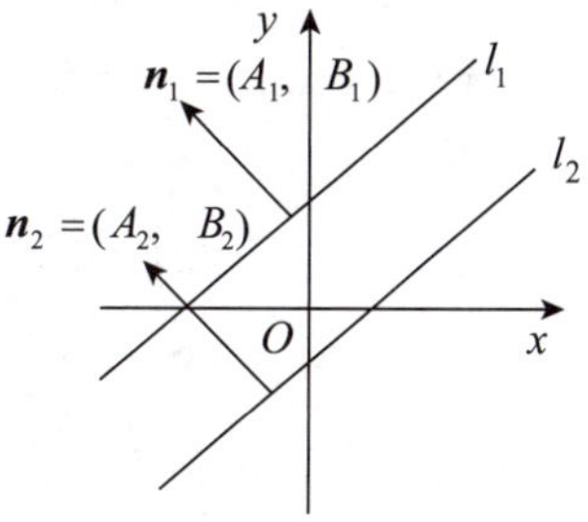

图 8－12

小组互动：

探讨并理解两条直线平行的充要条件.

它们的法向量分别为 $\boldsymbol{n}_1=(A_1, B_1)$，$\boldsymbol{n}_2=(A_2, B_2)$，则

$l_1 /\!/ l_2$(或重合)$\Leftrightarrow \boldsymbol{n}_1 /\!/ \boldsymbol{n}_2 \Leftrightarrow A_1B_2-A_2B_1=0$.

若 $A_2\neq 0$ 且 $B_2\neq 0$，则

$$l_1 /\!/ l_2(\text{或重合}) \Leftrightarrow \frac{A_1}{A_2}=\frac{B_1}{B_2}.$$

结论：两直线平行或重合的充要条件是两个直线方程的一次项系数对应成比例．也就是说两条直线平行或重合只与两个方程中的一次项系数有关.

2. 两条直线平行与重合的充要条件

分析：如要区分两条直线平行还是重合，则需要进一步考虑 C_1 与 C_2 的关系．显然，如果 l_1 和 l_2 的方程系数满足 $A_1=\lambda A_2$，$B_1=\lambda B_2$，$C_1=\lambda C_2$ $(\lambda\neq 0)$，则由方程(2)$\times\lambda$ 就得到方程(1)．这就是说，方程(1)和(2)表示同一条直线，即 l_1 与 l_2 重合．可以证明，如果 l_1 与 l_2 重合，则它们的系数也一定满足 $A_1=\lambda A_2$，$B_1=\lambda B_2$，$C_1=\lambda C_2$，即

$$l_1 \text{ 与 } l_2 \text{ 重合} \Leftrightarrow \begin{cases} A_1=\lambda A_2, \\ B_1=\lambda B_2, (\lambda\neq 0) \\ C_1=\lambda C_2. \end{cases}$$

结论：如果 l_1 与 l_2 的方程(1)、(2)中的 x 和 y 的系数及常数项都不为

零，则

$$l_1 \text{ 与 } l_2 \text{ 重合} \Leftrightarrow \frac{A_1}{A_2}=\frac{B_1}{B_2}=\frac{C_1}{C_2};$$

$$l_1 /\!/ l_2(\text{但不重合}) \Leftrightarrow \frac{A_1}{A_2}=\frac{B_1}{B_2}\neq\frac{C_1}{C_2}.$$

将两条直线方程 $l_1:A_1x+B_1y+C_1=0$ 和 $l_2:A_2x+B_2y+C_2=0$ 化为斜截式 $l_1:y=k_1x+b_1$ 和 $l_2:y=k_2x+b_2$，还可得两条直线平行或重合的条件为

l_1 与 l_2 重合或平行 $\Leftrightarrow k_1=k_2$；

l_1 与 l_2 重合 $\Leftrightarrow k_1=k_2$ 且 $b_1=b_2$；

l_1 与 l_2 平行但不重合 $\Leftrightarrow k_1=k_2$ 但 $b_1\neq b_2$.

小组互动：

探讨并理解两条直线平行与重合条件的关系.

说明： 因为 $AB-BA=0$，所以直线 l_1：$Ax+By+C_1=0$ 与直线 l_2：$Ax+By+C_2=0$ 平行或重合．那么可以把与直线 $Ax+By+C=0$ 平行的直线，表示成 $Ax+By+C'=0(C'\neq C)$.

新知识应用

例题 1 判断下列各对直线是否平行：

(1) $l_1:2x+y-5=0$，$l_2:4x+2y-7=0$；

(2) $l_1:x-y+2=0$，$l_2:3x-3y+6=0$；

(3) $l_1:3x-2y+1=0$，$l_2:6x+4y=-1$；

(4) $l_1:2y-3=0$，$l_2:3y=4$.

解： (1) 因为 $\frac{2}{4}=\frac{1}{2}\neq\frac{-5}{-7}$，所以 l_1 与 l_2 平行；

(2) 因为 $\frac{1}{3}=\frac{-1}{-3}=\frac{2}{6}$，所以 l_1 与 l_2 重合；

(3) 将 l_2 的方程化为一般式 $6x+4y+1=0$，因为 $\frac{3}{6}\neq\frac{-2}{4}$，所以 l_1 与 l_2 不平行；

(4) 因为 l_1 与 l_2 的方程中 x 的系数都为 0，又 $\frac{2}{3}\neq\frac{-3}{-4}$，所以 l_1 与 l_2 平行.

动动脑：

归纳判断两条直线位置关系的常规方法与技巧.

跟踪练习 1 判断下列各对直线是否平行：

(1) $l_1:x-2y=0$，$l_2:2x-4y+3=0$；

(2) $l_1:y=3x+1$，$l_2:6x-2y+2=0$；

(3) $l_1:x+y+3=0$，$l_2:x-y-1=0$；

(4) $l_1:2x+3=0$，$l_2:x=4$.

例题 2 求过点(2，−5)，且与直线 $x-4y+2=0$ 平行的直线方程.

解： 依题意可设所求直线方程为 $x-4y+C=0$，由于所求直线过点(2，−5)，代入方程，得

$$2-4\times(-5)+C=0.$$

解得 $C=-22$.

因此所求直线方程为 $x-4y-22=0$.

跟踪练习 2 求过点(0，−3)，且与直线 $3x-2y-11=0$ 平行的直线方程.

动动脑：

归纳由两条直线的平行关系建立直线方程的常规方法与技巧.

●**例题 3** 若直线 $l_1: nx+2y+6=0$ 与 $l_2: x+(n-1)y+(n^2-7)=0$ 平行但不重合，则 $n=$( ).

A. −1 或 2 B. −1 C. 2 D. $\frac{2}{3}$

解： 选 C. 因为直线 $l_1: nx+2y+6=0$ 与 $l_2: x+(n-1)y+(n^2-7)=0$ 平行但不重合的充要条件是 $\frac{n}{1}=\frac{2}{n-1}\neq\frac{6}{n^2-7}$，解得 $n=2$.

●**跟踪练习 3** 直线 $x+ay=2a+2$ 与 $ax+y=a+1$ 平行(但不重合)的充要条件是 $a=$( ).

A. −1 或 1 B. −1 C. 1 D. 0

动动脑：

归纳由两条直线的平行位置关系确定未知参数的常规方法.

8.2.2 两条直线垂直的条件

观察与思考

回顾： 两条直线平行位置关系可以由两直线方程的系数成比例来判断.

思考： 如何根据两直线方程的系数来判断两直线的垂直的位置关系呢？

旧知识链接：

阅读教材下册中第 89 页向量垂直的充要条件.

新知识学习

如图 8-13 所示，设两条直线方程：$l_1: A_1x+B_1y+C_1=0$ 和 $l_2: A_2x+B_2y+C_2=0$，它们的法向量分别为 $\boldsymbol{n}_1=(A_1, B_1)$，$n_2=(A_2, B_2)$，则

$$l_1\perp l_2\Leftrightarrow \boldsymbol{n}_1\perp\boldsymbol{n}_2\Leftrightarrow A_1A_2+B_1B_2=0.$$

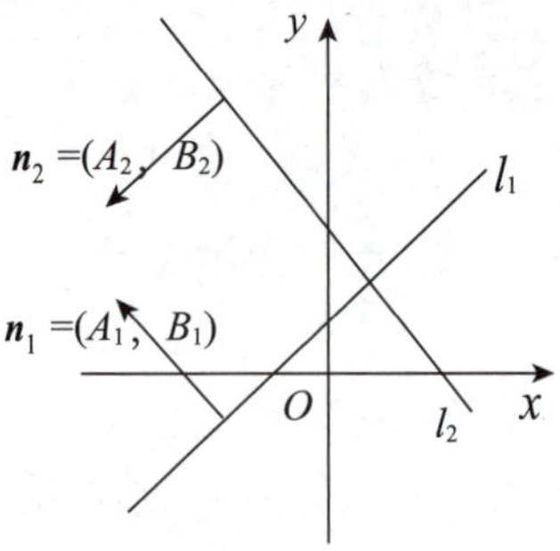

图 8-13

从而得到，两条直线垂直的充要条件是，两条直线方程中对应的一次项系数乘积之和等于零.

将两条直线方程 $l_1: A_1x+B_1y+C_1=0$ 和 $l_2: A_2x+B_2y+C_2=0$ 化为斜截式 $l_1: y=k_1x+b_1$ 和 $l_2: y=k_2x+b_2$，还可得两条直线垂直的条件为：

$$l_1 \perp l_2 \Leftrightarrow k_1 \cdot k_2=-1$$

$$\Leftrightarrow k_2=-\frac{1}{k_1}.$$

小组互动：

探讨并理解两条直线垂直的充要条件.

说明： 因为 $A \cdot B+B \cdot (-A)=0$，所以直线 l_1: $Ax+By+C_1=0$，与直线 l_2: $Bx-Ay+C_2=0$ 垂直，那么可以把与直线 $Ax+By+C=0$ 垂直的直线表示成 $Bx-Ay+C'=0$.

新知识应用

例题 4 判断下列各对直线是否垂直：

(1) $l_1: 3x-5y+2=0$，$l_2: 5x+3y-4=0$；

(2) $l_1: 4x=9$，$l_2: 5y+8=0$；

(3) $l_1: y=-2x+5$，$l_2: x-2y+3=0$.

解： (1) 因为两条直线方程中，x、y 的对应系数乘积之和为 $3\times5+(-5)\times3=0$，所以这两条直线垂直.

(2) **方法一**

因为两条直线中，x、y 的对应系数乘积之和为 $4\times0+5\times0=0$，所以这两条直线垂直.

方法二

因为直线 $4x=9$ 平行于 y 轴，直线 $5y+8=0$ 平行于 x 轴，从而就可判断这两条直线垂直.

(3) 将直线 $x-2y+3=0$ 化为斜截式方程 $y=\frac{1}{2}x+\frac{3}{2}$，因为两条直线的斜率之积为 $-2\times\frac{1}{2}=-1$，所以这两条直线垂直.

跟踪练习 4　判断下列各对直线是否垂直：

(1) $2x+y+2=0$ 与 $4x-8y-7=0$；

(2) $x=-3$ 与 $4y-1=0$；

(3) $y=\sqrt{3}x$ 与 $x+\sqrt{3}y-1=0$.

动动脑：

归纳判断两条直线垂直关系的常规方法与技巧.

例题 5　求过点(1，1)，且与直线 $7x-2y+9=0$ 垂直的直线方程.

解： 设所求直线方程为 $2x+7y+C=0$，因为直线过点(1，1)，代入方程，得

$$2\times1+7\times1+C=0.$$

解得 $C=-9$.

因此所求直线方程为 $2x+7y-9=0$.

跟踪练习 5　求过点(2，−3)，且与直线 $4x+y-7=0$ 垂直的直线方程.

动动脑：

归纳由两条直线的垂直关系建立直线方程的常规方法.

例题 6　实数 $m=1$ 是直线 $(1-2m)x+my=0$ 和直线 $3mx+3y-1=0$ 互相垂直的(　　).

A. 充分非必要条件　　　　B. 必要非充分条件

C. 充分必要条件　　　　　D. 非充分非必要条件

解： 直线 $(1-2m)x+my=0$ 和直线 $3mx+3y-1=0$ 互相垂直的充要条件是

$$(1-2m)\cdot 3m+m\cdot 3=0.$$

解得 $m=0$ 或 $m=1$.

所以 $m=1$ 是直线 $(1-2m)x+my=0$ 和直线 $3mx+3y-1=0$ 垂直的充分非必要条件．故选 A.

跟踪练习 6　实数 $a=3$ 是直线 $(3+2a)x+ay-2=0$ 和直线 $x-ay+5=0$ 互相垂直的(　　).

A. 充分非必要条件　　　　B. 必要非充分条件

C. 充分必要条件　　　　　D. 非充分非必要条件

动动脑：

归纳由两条直线的垂直关系确定未知参数的常规方法.

8.2.3 两条直线的夹角

旧知识链接：

阅读教材下册中第 86～87 页向量内积的概念.

观察与思考

观察：画出两条相交直线 l_1 和 l_2，容易看出直线 l_1 和 l_2 有两组对顶角.

思考：这两条相交直线 l_1 和 l_2 的夹角是指哪组角呢？

新知识学习

1. 两直线的夹角

(1) 两条直线的夹角的概念

如图 8－14 所示，两条直线相交，构成两组对顶角，把其中不大于$\frac{\pi}{2}$的角叫做**两条直线的夹角**.

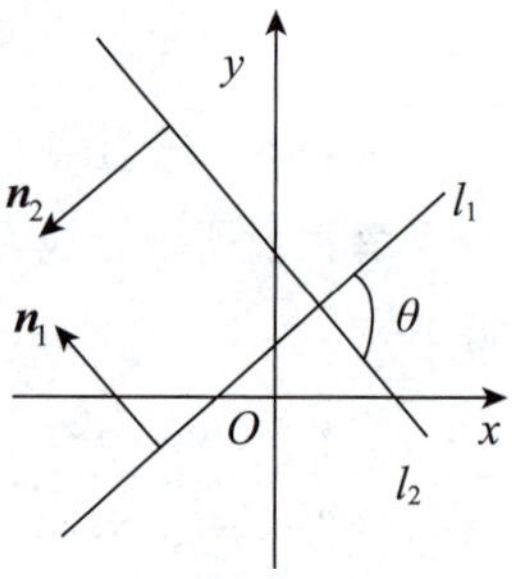

图 8－14

当两条直线平行或重合时，规定它们的夹角为 0.

(2) 夹角的范围

设两条直线的夹角为 θ，则 θ 的取值范围是 $0\leqslant\theta\leqslant\frac{\pi}{2}$.

2. 两条直线的夹角公式

设两条直线的方程分别为 l_1：$A_1x+B_1y+C_1=0$ 和 l_2：$A_2x+B_2y+C_2=0$，则直线 l_1 的法向量 $\boldsymbol{n}_1=(A_1,B_1)$，直线 l_2 的法向量 $\boldsymbol{n}_2=(A_2,B_2)$.

由平面几何的知识可知，l_1 与 l_2 的夹角 θ 等于 $\boldsymbol{n}_1$ 与 $\boldsymbol{n}_2$ 的夹角或 $\boldsymbol{n}_1$ 与 $\boldsymbol{n}_2$ 夹角的补角(如图 8－14 所示)，所以

$$\cos\theta=|\cos\langle\boldsymbol{n}_1,\boldsymbol{n}_2\rangle|=\frac{|\boldsymbol{n}_1\cdot\boldsymbol{n}_2|}{|\boldsymbol{n}_1|\cdot|\boldsymbol{n}_2|},$$

换用坐标表示，得两条直线的夹角公式为

$$\cos\theta=\frac{|A_1A_2+B_1B_2|}{\sqrt{A_1^2+B_1^2}\times\sqrt{A_2^2+B_2^2}}\left(0\leqslant\theta\leqslant\frac{\pi}{2}\right). \qquad (1)$$

当 $A_1A_2+B_1B_2=0$ 时，$\theta=\frac{\pi}{2}$.

小组互动：

探讨并理解两条相交直线的夹角公式.

说明：设两条直线的方程分别为 l_1：$y=k_1x+b_1$ 和 l_2：$y=k_2x+b_2$，同理可推出两条直线的夹角公式为 $\tan\theta=\left|\frac{k_2-k_1}{1+k_1k_2}\right|\left(0\leqslant\theta<\frac{\pi}{2}\right)$. 当两条直线的斜率存在且夹角不为 90°时，使用此公式计算较为简便.

新知识应用

例题 7　求直线 l_1：$3x-2y+1=0$ 与 l_2：$x-2y+1=0$ 的夹角的余弦值和正切值.

解：由公式(1)得

$$\cos\theta=\frac{|3\times1+(-2)\times(-2)|}{\sqrt{3^2+(-2)^2}\times\sqrt{1^2+(-2)^2}}=\frac{7\sqrt{65}}{65}.$$

直线 l_1：$3x-2y+1=0$ 可化为 $y=\frac{3}{2}x+\frac{1}{2}$，$l_2$：$x-2y+1=0$ 可化为 $y=\frac{1}{2}x+\frac{1}{2}$，从而直线 l_1 的斜率为 $k_1=\frac{3}{2}$，直线 l_2 的斜率为 $k_2=\frac{1}{2}$，则

$$\tan\theta=\left|\frac{k_2-k_1}{1+k_2k_1}\right|=\left|\frac{\frac{1}{2}-\frac{3}{2}}{1+\frac{3}{2}\times\frac{1}{2}}\right|=\frac{4}{7}.$$

跟踪练习 7　求两条直线 l_1：$4x-3y-5=0$ 与 l_2：$2x-4y+7=0$ 夹角的余弦值与正切值.

动动脑：

归纳求两条直线的夹角的常规方法.

例题 8　已知直线 l 过点 $P(-3,1)$ 并且与直线 $y=2x-1$ 的夹角为 $45°$，求直线 l 的方程.

解：由直线方程 $y=2x-1$ 得其斜率为 2，设直线 l 的斜率为 k.

因为两直线的夹角为 $45°$，且 $\tan45°=1$，所以

$$\left|\frac{k-2}{1+k\cdot2}\right|=1.$$

化简，得

$$k=-3 \text{ 或 } k=\frac{1}{3}.$$

当 $k=-3$ 时，直线 l 的方程为 $y-1=-3(x+3)$，即 $3x+y+8=0$；

当 $k=\frac{1}{3}$ 时，直线 l 的方程为 $y-1=\frac{1}{3}(x+3)$，即 $x-3y+6=0$.

综上所述，所求直线有两条，其方程为 l_1：$3x+y+8=0$ 或 l_2：$x-3y+6=0$.

动动脑：

归纳由两条直线夹角建立直线方程的常规方法.

跟踪练习 8 直线 l 经过点 $M(3,\ 2)$，且与直线 $x-2y+4=0$ 的夹角为 $\frac{\pi}{4}$，求直线 l 的方程.

8.2.4 两条直线的交点

旧知识链接：

阅读教材上册中第 173～174 页二元一次方程组的解法.

观察与思考

回顾：设两条直线方程 $l_1: A_1x+B_1y+C_1=0$ 与 $l_2: A_2x+B_2y+C_2=0$，则有 $l_1 // l_2$（或重合）$\Leftrightarrow \frac{A_1}{A_2}=\frac{B_1}{B_2}$.

思考：能否由 $\frac{A_1}{A_2}\neq\frac{B_1}{B_2}$ 得出两条直线相交？两条相交直线的交点如何求呢？

新知识学习

小组互动：

探讨并理解两条直线相交与两条直线方程之间的关系.

如图 8－15 所示，设两条直线的方程为 l_1：$A_1x+B_1y+C_1=0$ 与 l_2：$A_2x+B_2y+C_2=0$，如果 $A_1B_2-A_2B_1\neq 0$，则 l_1 与 l_2 相交.

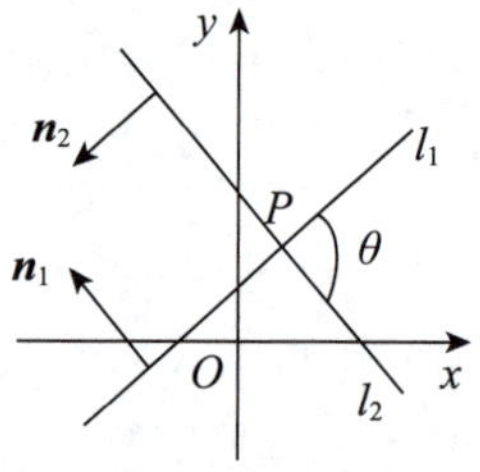

图 8－15

设其交点为 $P(x,y)$，则

$P\in(l_1\cap l_2)\Leftrightarrow P\in l_1$ 且 $P\in l_2$

$\Leftrightarrow P$ 的坐标 $(x,\ y)$ 满足 l_1 的方程且满足 l_2 的方程

$\Leftrightarrow P$ 的坐标 $(x,\ y)$ 是方程组 $\begin{cases}A_1x+B_1y+C_1=0,\\ A_2x+B_2y+C_2=0\end{cases}$ 的解.

从而得到，如果 $A_1B_2-A_2B_1\neq 0$，那么两条直线的交点是通过求两条直线方程构成的方程组解集得到的.

新知识应用

例题 9 已知两条直线的方程 l_1：$3x-2y-1=0$，l_2：$2x+y+4=0$，判断这两条直线是否相交. 如果相交，求出它们交点的坐标.

解：因为 $3\times 1-(-2)\times 2=7\neq 0$，所以直线 l_1 与 l_2 相交.

解方程组 $\begin{cases}3x-2y-1=0,\\ 2x+y+4=0\end{cases}$

得 $\begin{cases}x=-1,\\ y=-2.\end{cases}$

所以直线 l_1 与 l_2 交点的坐标为$(-1, -2)$.

跟踪练习 9　已知两条直线的方程 l_1：$5x-3y+7=0$，l_2：$x+y-1=0$，判断这两条直线是否相交，如果相交，求出它们交点的坐标.

动动脑：

归纳判断两条直线相交的技巧及求交点的常规方法.

例题 10　求过直线 $x+y=0$ 与 $x-2y+6=0$ 的交点，且平行于直线 l：$6x-2y+5=0$ 的直线方程.

解：因为平行于直线 l：$6x-2y+5=0$，可设所求直线方程为 $6x-2y+C=0$.

由方程组$\begin{cases} x+y=0, \\ x-2y+6=0 \end{cases}$解得两直线的交点为$(-2, 2)$，因为所求直线经过交点，将其代入直线方程，得

$$6\times(-2)-2\times2+C=0,$$

解得 $C=16$.

故所求直线方程为 $6x-2y+16=0$，即 $3x-y+8=0$.

跟踪练习 10　求过直线 $x-y=0$ 与 $3x+2y+5=0$ 的交点，且垂直于直线 $6x-2y+5=0$ 的直线方程.

动动脑：

归纳根据两条直线的平行或垂直关系建立直线方程的特殊方法与技巧.

8.2.5　点到直线的距离

观察与思考

回顾：两条相交直线的交点坐标可以由它们的方程建立方程组求得.

思考：点到直线的距离能否由点的坐标与直线方程求得呢？

旧知识链接：

阅读教材下册中第 86 页向量在轴上射影的内容.

新知识学习

1. 点到直线的距离公式

已知点 $P_0(x_0, y_0)$和直线 l：$Ax+By+C=0$，设 $P(x, y)$是直线 l 上任一点，$P_0(x_0, y_0)$到直线 l 的距离 d，就是向量$\overrightarrow{PP_0}$在直线法向量方向上的正射影的长度(如图 8-16 所示).

直线 l 的一个法向量可取 $\boldsymbol{n}=(A, B)$，则其单位向量

$$n_0=\frac{n}{|n|}=\frac{(A,\ B)}{\sqrt{A^2+B^2}}.$$

由内积的定义，向量$\overrightarrow{PP_0}$在 $\boldsymbol{n}$ 方向上的正射影的数量等于$\overrightarrow{PP_0}\cdot\boldsymbol{n}_0$，所以

$$\begin{aligned}d&=\left|\overrightarrow{PP_0}\cdot\frac{\boldsymbol{n}}{|\boldsymbol{n}|}\right|\\&=\left|(x_0-x,\ y_0-y)\cdot\frac{(A,\ B)}{\sqrt{A^2+B^2}}\right|\\&=\frac{|A(x_0-x)+B(y_0-y)|}{\sqrt{A^2+B^2}}\\&=\frac{|Ax_0+By_0-(Ax+By)|}{\sqrt{A^2+B^2}}.\end{aligned}$$

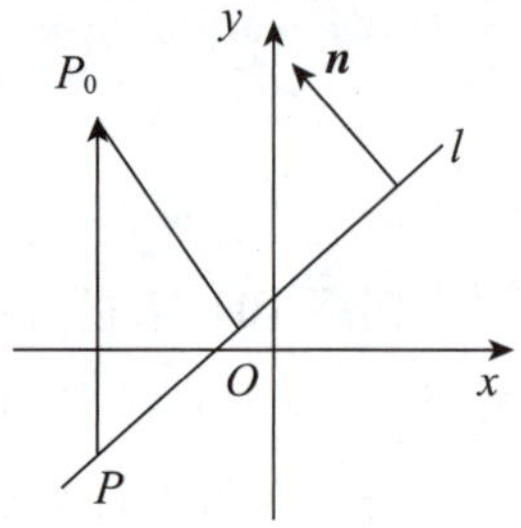

图 8-16

因为 $P(x,\ y)$是直线 l 上任一点，所以 $Ax+By+C=0$，即 $C=-(Ax+By)$，将其代入上式得

$$d=\frac{|Ax_0+By_0+C|}{\sqrt{A^2+B^2}}.$$

小组互动：

探讨并理解点到直线的距离公式.

这就是点 $P_0(x_0,\ y_0)$到直线 l：$Ax+By+C=0$ 的距离公式.

2. 两条平行线间的距离

平行线 $Ax+By+C_1=0$ 与 $Ax+By+C_2=0$ 的距离是

$$d=\frac{|C_2-C_1|}{\sqrt{A^2+B^2}}.$$

推导： 如图 8-17 所示，设点 $P_0(x_0,\ y_0)$为直线 $Ax+By+C_1=0$ 上任一点，则有 $Ax_0+By_0+C_1=0$，

即 $Ax_0+By_0=-C_1$.

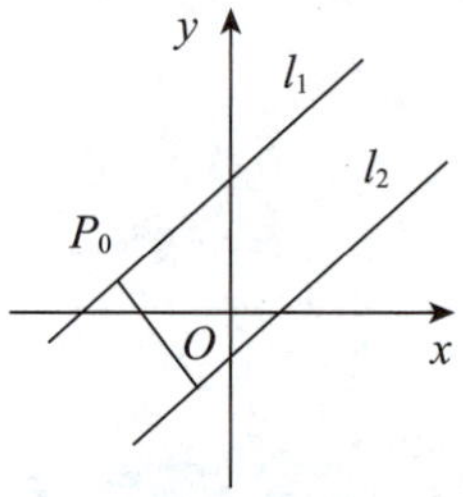

图 8-17

小组互动：

探讨并理解两平行线的距离公式.

根据点到直线的距离公式，可得平行线 $Ax+By+C_1=0$ 与 $Ax+By+C_2=0$ 的距离是

$$d=\frac{|Ax_0+By_0+C_2|}{\sqrt{A^2+B^2}}=\frac{|C_2-C_1|}{\sqrt{A^2+B^2}}.$$

新知识应用

例题 11 求点 $A(-5,\ 3)$到下列直线的距离：

(1) $2x+y=3$；　　(2) $2x-3=0$.

解：(1) 将直线方程化为一般式：$2x+y-3=0$.

由点到直线的距离公式，得

$$d_1=\frac{|2\times(-5)+1\times3-3|}{\sqrt{2^2+1^2}}=\frac{10}{\sqrt{5}}=2\sqrt{5};$$

(2) 如图 8-18 所示，由于 $2x-3=0$ 是平行于 y 轴的一条直线，可以

直接观察计算 d_2. 即

$$d_2=\left|\frac{3}{2}-(-5)\right|=\frac{13}{2}.$$

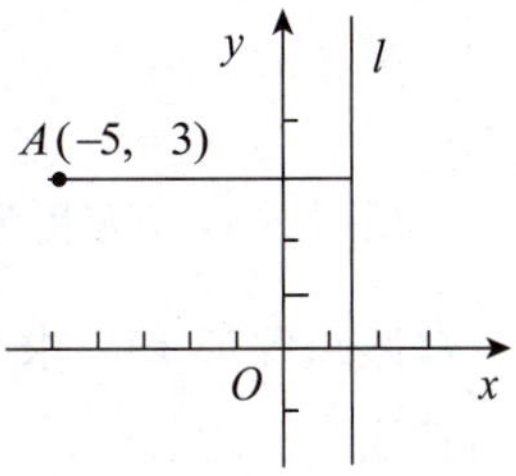

图 8－18

说明： 点到直线的距离公式适用于任何情况，但当 $A=0$ 或 $B=0$ 时，即直线平行于 x 轴或 y 轴时，求点到直线的距离可以不用公式.

跟踪练习 11　求点 $A(-2,1)$到下列直线的距离：

(1) $4x-3y-9=0$;　　　　(2) $3y+1=0$.

动动脑：

归纳求点到直线的距离的常规方法.

例题 12　求两条平行线 l_1：$12x-5y+15=0$ 和 l_2：$12x-5y-24=0$ 的距离.

分析： 有两种方法. 方法一，两条平行线的距离，就是其中一条直线上任取一点，该点到另一条直线的距离. 方法二，运用平行线间的距离公式来计算. 本题用方法二解答更简便.

解： 由两条平行直线间的距离公式，得

$$d=\frac{|-24-15|}{\sqrt{12^2+(-5)^2}}=3.$$

即平行线 l_1 与 l_2 的距离是 3.

跟踪练习 12　求两条平行线 l_1：$3x-4y+2=0$ 和 l_2：$3x-4y-2=0$ 的距离.

动动脑：

归纳求两条平行线的距离的常规方法.

例题 13　求与两条平行直线 l_1：$2x-y+2=0$ 和 l_2：$4x-2y-5=0$ 等距离的直线方程.

解： 将直线 l_1：$2x-y+2=0$ 化为 $4x-2y+4=0$ 形式，则可设所求的直线方程为 $4x-2y+C=0$.

根据两平行线间的距离公式，得

$$\frac{|C-(-5)|}{\sqrt{4^2+(-2)^2}}=\frac{|4-C|}{\sqrt{4^2+(-2)^2}}.$$

解得 $C=-\frac{1}{2}$.

所求的直线方程为 $4x-2y-\frac{1}{2}=0$，即 $8x-4y-1=0$.

动动脑：

归纳根据两条直线的平行关系建立直线方程的特殊方法.

跟踪练习 13 求与两平行线 $2x+3y-5=0$ 和 $4x+6y+14=0$ 等距离的直线方程.

阅读材料八

直线的应用举例

直线是最简单的几何图形，是解析几何最基础的部分．直线方程的各种形式以及两直线平行、垂直、重合的判定都是解析几何重要的基础内容，应达到熟练掌握、灵活运用的程度，线性规划是直线方程一个方面的应用，现举例说明．

例题 预算用 2000 元购买单价为 50 元的桌子和 20 元的椅子，希望使桌椅的总数尽可能的多，但椅子不少于桌子数，且不多于桌子数的 1.5 倍，问桌、椅各买多少才行？

分析： 先设出桌、椅的变数后，目标函数即为这两个变数之和，再由此在可行域内求出最优解．

解： 设桌子买 x 张，椅子买 y 把，把所给的条件表示成不等式组，即约束条件为

$$\begin{cases}50x+20y\leqslant 2000,\\ x\leqslant y\leqslant 1.5x,\\ x\geqslant 0, y\geqslant 0.\end{cases}$$

由$\begin{cases}50x+20y=2000,\\ y=x\end{cases}$得交点 $A\left(\frac{200}{7}, \frac{200}{7}\right)$，再由$\begin{cases}50x+20y=2000,\\ y=1.5x\end{cases}$得交点 $B\left(25, \frac{75}{2}\right)$.

所以满足约束条件的可行域是以 $A\left(\frac{200}{7}, \frac{200}{7}\right)$，$B\left(25, \frac{75}{2}\right)$，$O(0, 0)$为顶点的三角形区域(如右图所示)，

由图形直观可知，目标函数 $z=x+y$ 在可行域内的最优解为 $\left(25, \frac{75}{2}\right)$，但注意到 $x\in\mathbf{N}, y\in\mathbf{N}^*$，故取 $y=37$.

故买桌子 25 张、椅子 37 把是最好选择．

直线的一个应用是运用线性规划的方法解决某些实际问题．线性规划的解题思想是找出约束条件与目标函数，准确地描画可行域，再利用图形直观求得满足题设的最优解，从而可以解决实际优化问题．

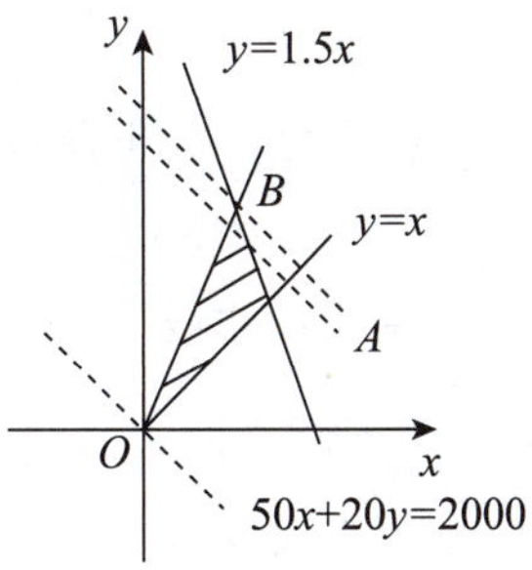

第9章 二次曲线

9.1 曲线与方程

9.1.1 曲线与方程的概念

旧知识链接：

阅读教材上册中第162页解一元一次方程的内容.

观察与思考

设直线 l 的方程为：$Ax+By+C=0$.

(1) 如果点 $P_0(x_0, y_0)$ 在直线 l 上，那么 (x_0, y_0) 就是方程的解；

(2) 如果 (x_0, y_0) 是方程的一个解，则点 $P_0(x_0, y_0)$ 在直线 l 上.

对于第(2)条，如果点 $P_0(x_0, y_0)$ 不在 l 上，那么 (x_0, y_0) 就不满足方程 $Ax+By+C=0$，即不是方程 $Ax+By+C=0$ 的解.

以上两点说明了直线上的点与它的方程的解有一一对应的关系.

新知识学习

1. 曲线与方程

在平面直角坐标系中，如果曲线 C(满足某种条件的点的集合或轨迹)上的点与方程 $f(x, y)=0$ 的实数解之间建立如下关系：

小组互动：

举例说明曲线与方程的关系.

(1) 曲线 C 上点的坐标都是方程 $f(x, y)=0$ 的解；

(2) 以方程 $f(x, y)=0$ 的解 (x, y) 为坐标的点都在曲线 C 上.

那么，曲线 C 叫做**方程 $f(x, y)=0$ 的曲线**，方程 $f(x, y)=0$ 叫做**曲线 C 的方程**.

换言之，如果曲线 C 的方程是 $f(x, y)=0$，那么

$$P(x, y)\in C \Leftrightarrow f(x, y)=0.$$

说明： 曲线 C 是点集 $C=\{P(x, y)\mid f(x, y)=0\}$.

2. 解析法

建立曲线方程，然后用方程研究曲线的方法，叫做**解析法**(也称**坐标法**)，它是解析几何的核心．本章用这种方法研究平面中一些重要曲线.

新知识应用

例题 1　判断点 $M_1(1, -\sqrt{3})$ 和 $M_2(2, 3)$ 是否在曲线 $x^2+y^2=4$ 上.

分析： 点在曲线上的充要条件是该点的坐标是曲线方程的解，因此判断一个点是否在曲线上，只需判断该点的坐标是否是曲线方程的解.

解： 因为 $1^2+(-\sqrt{3})^2=4$，即 $(1, -\sqrt{3})$ 是方程 $x^2+y^2=4$ 的解，所以点 $M_1(1, -\sqrt{3})$ 在方程 $x^2+y^2=4$ 的曲线上.

因为 $2^2+3^2=13\neq4$，即 $(2, 3)$ 不是方程 $x^2+y^2=4$ 的解，所以点 $M_2(2, 3)$ 不在方程 $x^2+y^2=4$ 的曲线上.

跟踪练习 1　判断点 $A(1, -1)$ 和 $B\left(\frac{1}{2}, 1\right)$ 是否在曲线 $2x^2-xy+y^2=1$ 上.

动动脑：

归纳判断点的坐标是否在曲线上的常规方法.

例题 2　已知方程 $2x-3y+k=0$ 的曲线经过点 $P(-1, -4)$，求 k 的值.

解： 因为点 $P(-1, -4)$ 在曲线 $2x-3y+k=0$ 上，所以 $x=-1$，$y=-4$ 满足方程 $2x-3y+k=0$，即

$$2\times(-1)-3\times(-4)+k=0,$$

解得 $k=-10$.

跟踪练习 2　如果点 $P(m+1, 2m-1)$ 在曲线 $2x^2-y^2-2x+9=0$ 上，求 m 的值.

动动脑：

归纳已知曲线上一点确定未知参数的常规方法.

9.1.2　曲线的方程

观察与思考

回顾： 推导直线方程的常规方法.

思考： 建立曲线的方程能否也能采用这种方法？

旧知识链接：

阅读教材下册中第 111～112 页点到直线的距离公式.

新知识学习

1. 点的轨迹

由于平面上的一条曲线可以看成动点按某种规律运动而成的轨迹，因

此常把曲线叫做满足某种条件的**动点的轨迹**.

比如：平面上一动点与一定点的等距离的运动而形成的轨迹是圆，而地球绕着太阳转的轨迹是椭圆.

2. 求曲线的方程

求曲线的方程有以下几个步骤：

(1) 如果题目没有给出坐标系，那么需要建立恰当的平面直角坐标系；

(2) 写出动点 $M(x, y)$在曲线上的充要条件；

(3) 用 x、y 的关系式表示这个条件，列出方程；

(4) 化简方程.

小组互动：

探讨并理解求曲线方程的步骤.

说明： 如果方程化简过程是同解变形过程，所得到的方程就是所求曲线的方程，否则，要分析增根或减根的情况，并在所得的曲线方程中删去增根或补上减根.

新知识应用

例题 3 如图 9-1 所示，已知点 $P(1, -3)$，$Q(2, 5)$，求到 P，Q 两点距离相等的点的轨迹方程.

解： 点 $M(x,y)$到 P、Q 两点的距离相等

$$\Leftrightarrow |MP|=|MQ| \tag{1}$$

$$\Leftrightarrow \sqrt{(x-1)^2+(y+3)^2}=\sqrt{(x-2)^2+(y-5)^2} \tag{2}$$

(2)式两边平方化简，得直线 l 的方程为

$$2x+16y-19=0. \tag{3}$$

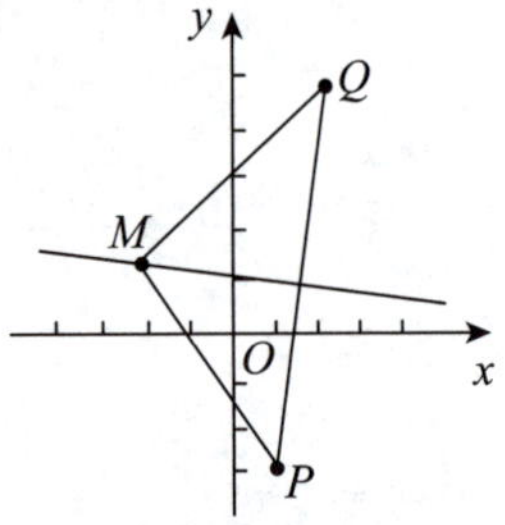

图 9-1

跟踪练习 3 求一动点到点(1, 0)的距离等于它到点(2, 0)的距离一半的轨迹方程.

例题 4 求到两条互相垂直的直线的距离之积为 6 的动点的轨迹方程.

分析：题目没有给出坐标系，求曲线方程之前首先要建立适当的坐标系.

解：如图 9－2 所示，取两条互相垂直的直线为坐标轴，交点为原点建立平面直角坐标系. 在坐标系中，任一点 $M(x, y)$，到 x 轴的距离为 $|y|$，到 y 轴的距离为 $|x|$，所以点 $M(x, y)$ 所在的轨迹方程为

$$|x|\cdot|y|=6 \Leftrightarrow xy=6 \text{ 或 } xy=-6.$$

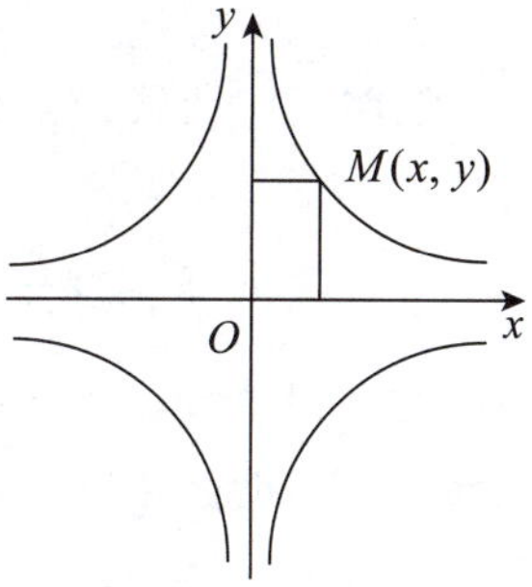

图 9－2

跟踪练习 4 求与 x 轴和 y 轴的距离相等的点的轨迹方程.

动动脑：

归纳建立曲线方程的常规方法与化简技巧.

9.1.3 曲线的交点

观察与思考

回顾：求两条直线交点的方法是通过建立方程组求得.

思考：两条曲线的交点能否也能采用这种方法？

旧知识链接：

阅读教材上册中第 174～176 页解二元二次方程组的内容.

新知识学习

1. 求曲线的交点

如果两条曲线 C_1，C_2 的方程分别是 $f(x, y)=0$ 和 $g(x, y)=0$，用集合表示为

$$C_1=\{P(x, y)\mid f(x, y)=0\},$$
$$C_2=\{P(x, y)\mid g(x, y)=0\}.$$

C_1 与 C_2 的交点可表示为

$$C_1\cap C_2=\{P(x, y)\mid f(x, y)=0, \text{且 } g(x, y)=0\}$$
$$=\left\{P(x, y)\ \middle|\ \begin{cases} f(x, y)=0, \\ g(x, y)=0 \end{cases}\right\}$$

因此，C_1 与 C_2 有交点 $\Leftrightarrow C_1\cap C_2\neq\varnothing\Leftrightarrow$ 方程组 $\begin{cases} f(x, y)=0, \\ g(x, y)=0 \end{cases}$ 有实数解，方程组的实数解就是交点的坐标；

小组互动：

理解曲线交点的含义与求曲线交点坐标的原理.

C_1 与 C_2 没有交点 $\Leftrightarrow C_1 \cap C_2 = \varnothing \Leftrightarrow$ 方程组 $\begin{cases} f(x, y)=0, \\ g(x, y)=0 \end{cases}$ 没有实数解.

说明： 求曲线交点的问题，就是求它们的方程所组成的方程组的实数解问题.

2. 曲线与坐标轴的交点

小组互动：

理解曲线的横截距与纵截距的概念及求法.

在方程 $f(x, y)=0$ 中，令 $y=0$，可以求出曲线与 x 轴的交点，交点的横坐标叫做**曲线的横截距 a**；

在方程 $f(x, y)=0$ 中，令 $x=0$，可以求出曲线与 y 轴的交点，交点的纵坐标叫做**曲线的纵截距 b**.

新知识应用

例题 5 求曲线 $y=x+4$ 和 $y=x^2-2x$ 交点的坐标.

解： 由方程组 $\begin{cases} y=x+4, \\ y=x^2-2x \end{cases}$ 得两曲线的交点坐标为 $(-1, 3)$ 和 $(4, 8)$.

动动脑：

归纳求两条曲线交点的方法及运算技巧.

跟踪练习 5 求直线 $x+y-5=0$ 和 $x^2+y^2=17$ 交点的坐标.

例题 6 设曲线 C_1：$y=kx-2$，C_2：$x^2+y^2=2$，问当 k 为何值时，两条曲线(1)有两个交点；(2)有一个交点；(3)无交点.

分析： 两条曲线是否有交点，有几个交点，需看它们的方程构成的方程组有几组实数解，故需将 $y=kx-2$ 代入方程 $x^2+y^2=2$，得到关于 x 的一元二次方程，最后根据判别式是否“大于零，小于零，还是等于零”来确定两条曲线的交点个数.

解： 解方程组

$$\begin{cases} y=kx-2, & ① \\ x^2+y^2=2. & ② \end{cases}$$

将方程①代入②，整理得

$$(1+k^2)x^2-4kx+2=0.$$

即 $\Delta=(-4k)^2-4\times(1+k^2)\times 2=8k^2-8$.

当 $\Delta>0$ 时，得 $k>1$ 或 $k<-1$，此时，两曲线有两个交点；

当 $\Delta=0$ 时，得 $k=-1$ 或 $k=1$，此时，两曲线只有一个交点；

当 $\Delta<0$ 时，得 $-1<k<1$，此时，两曲线无交点.

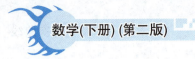

跟踪练习 6　设曲线 C：$x^2+4y^2=4$ 和直线 l：$y=2x+m$，问当 m 为何值时，直线与曲线(1)有两个交点；(2)有一个交点；(3)无交点．

动动脑：

归纳由已知直线与曲线的位置关系确定未知参数取值范围的常规方法．

9.2 圆

9.2.1 圆的标准方程

旧知识链接：

阅读教材下册中第 116 页建立曲线方程的步骤.

观察与思考

观察：如图 9-3 所示，将圆规张开一定的角度，把其中一个脚放在一个固定的点 O，另一只脚放在点 O 所在的平面旋转一圈.

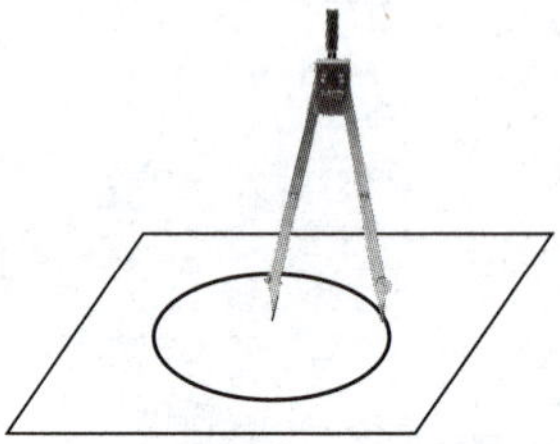

图 9-3

思考：如何建立圆的方程？

新知识学习

1. 圆的概念

如图 9-4 所示，平面内一动点 M 到一定点 C 的距离等于定长 r 的点的轨迹是**圆**. 定点是**圆心**，定长 r 是圆的**半径**.

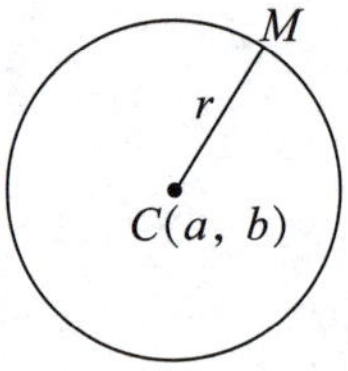

图 9-4

2. 圆的标准方程

小组互动：

理解圆的标准方程中参数 a，b，r 的含义.

以 $C(a，b)$为圆心，r 为半径的圆的标准方程为

$$(x-a)^2+(y-b)^2=r^2.$$

推导：如图 9-5 所示，设 $M(x，y)$是所求圆上任一点，所求的圆就是点集

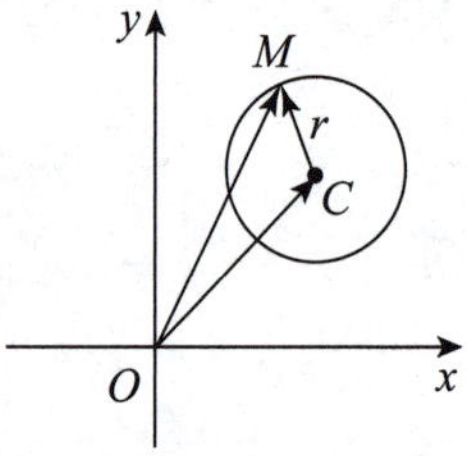

图 9-5

$$C=\{M(x，y) \mid |CM|=r\}.$$

点 M 在圆 C 上的充要条件是

$$|CM|=r. \qquad (1)$$

由两点间的距离公式，得

$$\sqrt{(x-a)^2+(y-b)^2}=r.$$

两边平方，得

$$(x-a)^2+(y-b)^2=r^2. \qquad (2)$$

说明：如图 9-6 所求，如果圆心在坐标原点，这时 $a=0$，$b=0$，圆的标准方程就是

$$x^2+y^2=r^2.$$

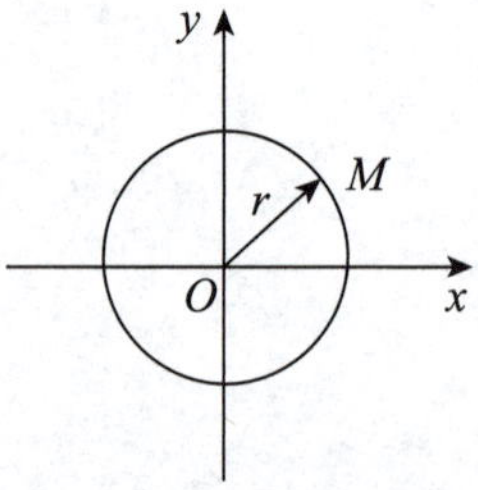

图 9-6

比如：以点 $C(-5，6)$为圆心，半径为 3 的圆的方程是$(x+5)^2+(y-6)^2=9$；而以原点为圆心，半径为 4 的圆的方程是 $x^2+y^2=16$.

新知识应用

例题 1　已知圆的标准方程，写出圆的圆心坐标及半径：

(1) $(x-2)^2+(y-4)^2=25$；　(2) $(x-1)^2+(y+3)^2=4$；

(3) $x^2+(y+2)^2=7$；　(4) $x^2+y^2=1$.

解：(1) 圆心坐标是(2，4)，半径为 5；

(2) 圆心坐标是(1，−3)，半径为 2；

(3) 圆心坐标是(0，−2)，半径为$\sqrt{7}$；

(4) 圆心坐标是(0，0)，半径为 1.

跟踪练习 1　已知圆的标准方程，写出圆的圆心坐标及半径：

(1) $x^2+y^2=2$；　(2) $(x-1)^2+y^2=9$；

(3) $(x+4)^2+(y-5)^2=16$；　(4) $(x-3)^2+(y+4)^2=1$.

动动脑：

归纳由圆的标准方程求圆心坐标与半径的方法.

例题 2　根据下列条件，求圆的方程：

(1) 过点 $A(-5, 1)$，且以点 $C(-3, 0)$为圆心；

(2) 以点 $A(-2, 5)$和 $B(4, -1)$之间的距离为直径；

●(3) 过点(0，−2)和点(1，−3)，半径为 5.

分析：圆心和半径是圆的两要素，只要确定圆心坐标和半径就可以写出圆的方程.

解：(1) 依题意可知，所求圆的半径为

$$r=|CA|=\sqrt{(-5+3)^2+(1-0)^2}=\sqrt{5}.$$

因为圆的圆心坐标是(−3，0)，故所求圆的方程为$(x+3)^2+y^2=5$.

(2) 因为所求圆的直径为 $d=|AB|=\sqrt{(4+2)^2+(-1-5)^2}=6\sqrt{2}$，

所以圆的半径为 $r=\dfrac{d}{2}=3\sqrt{2}$.

又因为圆心坐标是$\left(\dfrac{-2+4}{2}, \dfrac{5+(-1)}{2}\right)=(1, 2)$，

所以所求圆的方程为$(x-1)^2+(y-2)^2=18$.

●(3) 设圆心坐标为(a, b)，则圆的方程为

$$(x-a)^2+(y-b)^2=25.$$

已知圆经过点(0，−2)和点(1，−3)，代入圆的方程，得

$$\begin{cases} a^2+(-2-b)^2=25, \\ (1-a)^2+(-3-b)^2=25. \end{cases}$$

解得 $a_1=-3$，$b_1=-6$ 或 $a_2=4$，$b_2=1$.

因此，所求圆的方程为 $(x+3)^2+(y+6)^2=25$ 或 $(x-4)^2+(y-1)^2=25$.

动动脑：

归纳建立圆的标准方程的常规方法与技巧.

跟踪练习 2 根据下列条件，求圆的方程：

(1) 以 $(1, -2)$ 为圆心，半径等于 $\sqrt{3}$；

(2) 圆心在点 $C(-5, 3)$，并过点 $P(-1, -1)$；

(3) 经过点 $(0, -2)$ 和点 $(1, -3)$，圆心在 x 轴上.

9.2.2 圆的一般方程

旧知识链接：

阅读教材上册中第 149 ~ 150 页因式分解的内容.

观察与思考

已知圆心在 (a, b)，半径为 r 的圆的标准方程为

$$(x-a)^2+(y-b)^2=r^2,$$

若将其展开，得

$$x^2+y^2-2ax-2by+a^2+b^2-r^2=0.$$

可见，任何一个圆的方程都可以表示成

$$x^2+y^2+Dx+Ey+F=0. \tag{1}$$

其中 D、E、F 均为常数.

新知识学习

1. 二元二次方程表示圆的必要条件

观察方程(1)，与二元二次方程 $Ax^2+Bxy+Cy^2+Dx+Ey+F=0$ 比较，可得圆的方程具备以下特征：

(1) x^2 和 y^2 项的系数相等且不为0. 如果 x^2 和 y^2 项的系数是相等但不等于1的非零常数，只需将方程两边同除以这个数，就可得到方程(1)的形式.

(2) 没有 xy 这样的二次项，即 $B=0$.

说明：以上两点是二元二次方程 $Ax^2+Bxy+Cy^2+Dx+Ey+F=0$ 表示圆方程的必要条件.

2. 二元二次方程表示圆的充分条件

思考： 满足以上两个条件是否是二元二次方程表示圆的充分条件，也就是说，满足这两个条件的方程(1)是否一定表示圆？

分析： 将方程(1)左边配方，得

$$\left(x+\frac{D}{2}\right)^2+\left(y+\frac{E}{2}\right)^2=\frac{D^2+E^2-4F}{4}. \tag{2}$$

(1) 当 $D^2+E^2-4F>0$ 时，将方程(2)与圆的标准方程比较，可知方程(1)表示以 $\left(-\frac{D}{2},\ -\frac{E}{2}\right)$ 为圆心，$\frac{1}{2}\sqrt{D^2+E^2-4F}$ 为半径的圆；

(2) 当 $D^2+E^2-4F=0$ 时，方程(2)只有实数解 $x=-\frac{D}{2}$，$y=-\frac{E}{2}$，所以方程(2)表示一个点 $\left(-\frac{D}{2},\ -\frac{E}{2}\right)$；

(3) 当 $D^2+E^2-4F<0$ 时，方程(2)没有实数解，因而它不表示任何图形.

从而只有当 $D^2+E^2-4F>0$ 时，二元二次方程 $x^2+y^2+Dx+Ey+F=0$ 才表示一个圆.

小组互动：

理解二元二次方程能构成圆的方程的充要条件.

说明： 若圆的一般方程为 $x^2+y^2+Dx+Ey+F=0$，将其配方可得圆心坐标和半径分别为

$$\left(-\frac{D}{2},\ -\frac{E}{2}\right),\ r=\frac{1}{2}\sqrt{D^2+E^2-4F}.$$

新知识应用

例题 3 将下列圆的方程化为标准形式，并写出圆的圆心坐标和半径：

(1) $x^2+y^2-2x+4y+1=0$； (2) $3x^2+3y^2+6x-3y-3=0$.

解： (1) 方程左边分别对 x、y 配方，得

$$(x-1)^2+(y+2)^2=4.$$

所以圆心坐标为(1，−2)，半径为 2.

(2) 方程两边除以 3，得

$$x^2+y^2+2x-y-1=0.$$

对此方程左边 x、y 分别配方，得

$$(x+1)^2+\left(y-\frac{1}{2}\right)^2=\frac{9}{4}.$$

所以圆心的坐标为 $\left(-1,\ \frac{1}{2}\right)$，半径为 $\frac{3}{2}$.

动动脑：

归纳由圆的一般方程化为标准方程的常规方法与技巧.

跟踪练习 3 将下列圆的方程化为标准方程，并写出圆的圆心坐标和半径：

(1) $x^2+y^2+5x-2y+1=0$； (2) $4x^2+4y^2-8x-5=0$.

例题 4 求过点 $A(-1, 0)$，$B(1, 3)$，$C(4, 3)$的圆的方程.

解： 设所求圆的方程为 $x^2+y^2+Dx+Ey+F=0$，根据题设条件，用待定系数法确定 D、E、F.

因为点 A、B、C 在圆上，所以它们的坐标是方程的解，把它们的坐标依次代入圆的方程，得

$$\begin{cases}(-1)^2+0^2+D\cdot(-1)+E\cdot 0+F=0,\\ 1^2+3^2+D\cdot 1+E\cdot 3+F=0,\\ 4^2+3^2+D\cdot 4+E\cdot 3+F=0.\end{cases}$$

整理，得

$$\begin{cases}D-F=1,\\ D+3E+F=-10,\\ 4D+3E+F=-25.\end{cases}$$

解这个方程组，得 $D=-5$，$E=\frac{1}{3}$，$F=-6$.

于是得到所求圆的方程是 $x^2+y^2-5x+\frac{1}{3}y-6=0$.

动动脑：

归纳由已知圆上三点建立圆的方程的常规方法与运算技巧.

跟踪练习 4 求过点 $A(0, 10)$、$B(2, -4)$、$C(-6, -8)$的圆的方程.

9.2.3 点与圆、直线与圆、圆与圆的位置关系

旧知识链接：

阅读教材下册中第 111～112 页点到直线的距离公式.

观察与思考

实操： 请同学们作出点与圆、直线与圆、圆与圆的位置关系图.

思考： 能否由圆心到点、圆心到直线，及两圆心之间的距离确定点与圆、直线与圆、圆与圆的位置关系？

新知识学习

1. 点与圆的位置关系

如图 9-7 所示，将点 $P_0(x_0, y_0)$ 代入圆的方程 $(x-a)^2+(y-b)^2=r^2$ 得

(1) 若 $(x_0-a)^2+(y_0-b)^2>r^2$，则点 P_0 在圆外；

(2) 若 $(x_0-a)^2+(y_0-b)^2=r^2$，则点 P_0 在圆上；

(3) 若 $(x_0-a)^2+(y_0-b)^2<r^2$，则点 P_0 在圆内.

小组互动：

理解点与圆的位置关系的判断原理.

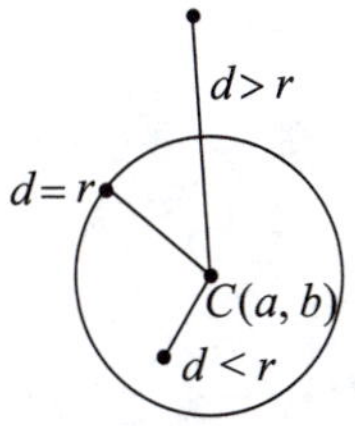

图 9-7

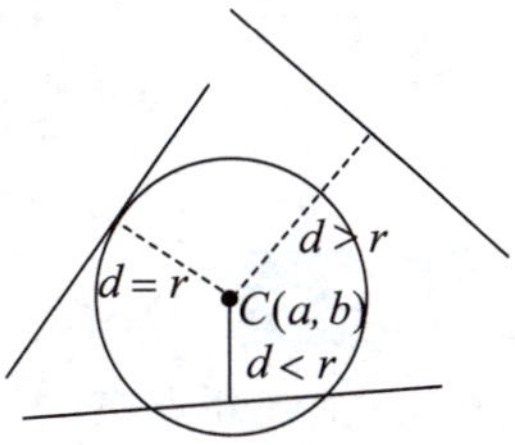

图 9-8

2. 直线与圆的位置关系

如图 9-8 所示，设圆的方程是 $(x-a)^2+(y-b)^2=r^2$，直线方程是 $Ax+By+C=0$，则圆心 $C(a, b)$ 到直线 $Ax+By+C=0$ 的距离是

$$d=\frac{|A\cdot a+B\cdot b+C|}{\sqrt{A^2+B^2}}.$$

小组互动：

理解直线与圆的位置关系的判断原理.

(1) 当 $d>r$ 时，直线与圆相离；

(2) 当 $d=r$ 时，直线与圆相切；

(3) 当 $d<r$ 时，直线与圆相交.

3. 圆与圆的位置关系

如图 9-9 所示，设两圆的方程为 $(x-a_1)^2+(y-b_1)^2=r_1^2$ 和 $(x-a_2)^2+(y-b_2)^2=r_2^2$，两圆的圆心距为

$$d=\sqrt{(a_2-a_1)^2+(b_2-b_1)^2}.$$

(1) 当 $d>r_1+r_2$ 时，圆与圆相离(如图 9-9(1)所示)；

(2) 当 $|r_1-r_2|<d<r_1+r_2$ 时，圆与圆相交(如图 9-9(2)所示)；

(3) 当 $d=r_1+r_2$ 或 $d=|r_1-r_2|$ 时，圆与圆相外切或相内切(如图 9-9(3)(4)所示)；

(4) 当 $d<|r_1-r_2|$ 时，圆与圆内含(如图 9-9(5)所示).

小组互动：

理解圆与圆的位置关系的判断原理.

说明： 直线与圆的位置关系也可由判别式来确定.

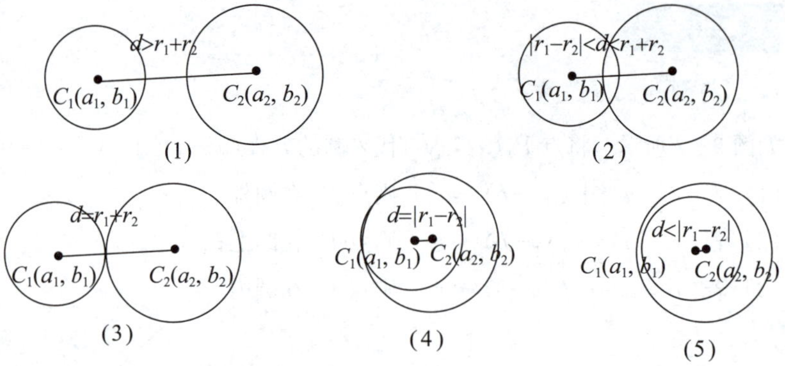

图 9－9

新知识应用

例题 5　试判断点 $A(1,-3)$ 与圆 $(x-1)^2+(y-2)^2=9$ 的位置关系.

解： 因为 $(1-1)^2+(-3-2)^2=25>9$，所以点 $A(1,-3)$ 在圆外.

动动脑：

归纳判断点与圆的位置关系的常规方法.

跟踪练习 5　试判断点 $B(1,-1)$、$C(4,3)$ 与圆 $(x-1)^2+(y-2)^2=9$ 的位置关系.

例题 6　试判断圆 $(x-1)^2+y^2=4$ 与圆 $(x-3)^2+(y-2)^2=9$ 的位置关系.

解： 由两圆方程可得两圆的圆心坐标分别为 $(1,0)$，$(3,2)$，半径分别为 2，3，则两圆的圆心距

$$d=\sqrt{(3-1)^2+(2-0)^2}=2\sqrt{2}.$$

因为 $|2-3|<2\sqrt{2}<2+3$，所以两圆相交.

动动脑：

归纳判断圆与圆的位置关系的常规方法与技巧.

跟踪练习 6　试判断圆 $(x+2)^2+(y-4)^2=9$ 与圆 $(x+1)^2+(y-5)^2=25$ 的位置关系.

例题 7　试判断直线 $4x-3y+6=0$ 与圆 $(x-4)^2+(y+1)^2=25$ 的位置关系.

解： 由圆 $(x-4)^2+(y+1)^2=25$ 得圆心坐标为 $(4,-1)$，半径为 5，则圆心 $(4,-1)$ 到直线 $4x-3y+6=0$ 的距离为

$$d=\frac{|4\times4-3\times(-1)+6|}{\sqrt{4^2+(-3)^2}}=\frac{25}{5}=5=r.$$

所以直线与圆相切.

跟踪练习 7　试判断直线 $y=2x-6$ 与圆 $(x-3)^2+y^2=9$ 的位置关系.

动动脑：

归纳判断直线与圆位置关系的常规方法与技巧.

例题 8　已知圆的方程是 $x^2+y^2=9$，直线 $y=-x+\sqrt{2}b$，当 b 为何值时，直线与圆相交、相切、相离.

解：方法一

所求曲线交点问题可转化为 b 为何值时，方程组 $\begin{cases}x^2+y^2=9,\\ y=-x+\sqrt{2}b\end{cases}$ 有两组不同实数根、有两组相同实数根、没有实数根的问题.

将 $y=-x+\sqrt{2}b$ 代入 $x^2+y^2=9$，整理得

$$2x^2-2\sqrt{2}bx+2b^2-9=0,$$

方程的根的判别式

$$\Delta=(-2\sqrt{2}b)^2-4\times2\times(2b^2-9)=-8(b-3)(b+3).$$

当 $\Delta>0$，即 $-3<b<3$ 时，方程组有两组不同实数解，因此直线与圆有两个交点；

当 $\Delta=0$，即 $b=-3$ 或 $b=3$ 时，方程组有两组相同的实数解，因此直线与圆只有一个交点；

当 $\Delta<0$，即 $b<-3$ 或 $b>3$ 时，方程组没有实数解，因此直线与圆没有交点.

方法二

直线与圆有两个交点、只有一个交点、无交点的问题可以转化为 b 为何值时圆心到直线的距离小于半径、等于半径、大于半径的问题.

圆的半径为 $r=3$，圆心 $(0,0)$ 到直线 $y=-x+\sqrt{2}b$ 的距离为

$$d=\frac{|0+0-\sqrt{2}b|}{\sqrt{1^2+1^2}}=|b|.$$

当 $|b|<3$，即 $-3<b<3$ 时，直线与圆相割，有两个交点；

当 $|b|=3$，即 $b=-3$ 或 $b=3$ 时，直线与圆相切，有一个交点；

当 $|b|>3$，即 $b<-3$ 或 $b>3$ 时，直线与圆相离，圆与直线无交点.

动动脑：

归纳由直线与圆位置关系确定参数取值范围的常规方法.

跟踪练习 8 已知圆的方程是 $x^2+y^2=4$，直线 $y=x+b$，当 b 为何值时，直线与圆相交、相切、相离.

9.2.4 圆的参数方程

旧知识链接：

阅读教材下册中第 68 页向量加法的三角形法则.

观察与思考

在解析几何中，曲线(含直线)方程通常有两个变量 x、y，对于解决某类数学题(如最值问题)比较复杂. 因此有必要引进参数方程，参数方程中只有一个变量，解决这类数学问题就比较简单.

新知识学习

1. 建立圆的参数方程

(1) 圆的参数方程

如图 9-10 所示，设 $P(x, y)$为圆心在点 $C(a, b)$，半径为 r 的圆上的动点，作 $Cx' \parallel x$ 轴，则射线 CP 的转角为 θ，因为

$$\overrightarrow{OP}=\overrightarrow{OC}+\overrightarrow{CP}.$$

换用坐标表示，得

$$(x, y)=(a, b)+(r\cos\theta, r\sin\theta).$$

即 $\begin{cases} x=a+r\cos\theta, \\ y=b+r\sin\theta. \end{cases}$ (1)

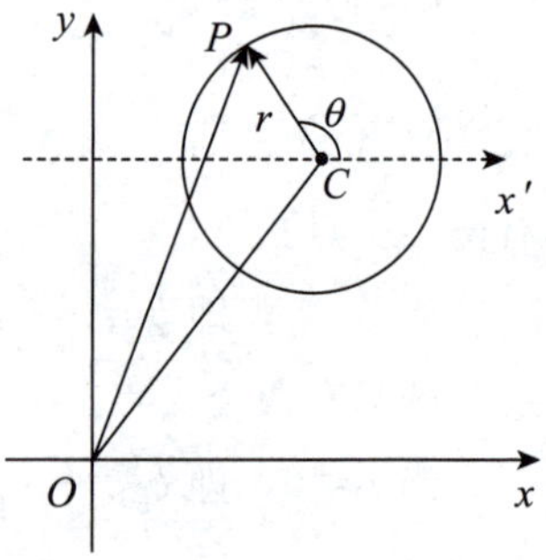

图 9-10

小组互动：

理解圆的参数方程中参数的几何意义.

方程(1)称为圆心为 $C(a, b)$，半径为 r 的圆的参数方程，其中 θ 为参数.

说明： 如果圆心在原点上，即圆心坐标为(0, 0)，此时圆的参数方程为 $\begin{cases} x=r\cos\theta, \\ y=r\sin\theta. \end{cases}$

(2) 曲线的参数方程

一般地，在取定的直角坐标系中，如果曲线 C 上任一点的坐标为 (x, y)，x，y 都是某个变量 t 的函数

$$\begin{cases} x=f(t), \\ y=g(t). \end{cases} \quad (t\in D) \qquad (2)$$

其中 D 为 t 允许取值的集合，并且对每一个 $t\in D$，方程(2)确定的点都在曲线 C 上，那么方程(2)就叫做**曲线 C 的参数方程**，变量 t 叫做**参变数**，

简称参数.

说明：相对于参数方程，前面学过的是直接给出曲线上一点的坐标关系的方程，叫做曲线的普通方程. 从曲线的参数方程中，消去参数，可以得到曲线的普通方程.

2. 圆的参数方程与标准方程

从圆的参数方程(1)解出

$$\cos\theta=\frac{x-a}{r},\ \sin\theta=\frac{y-b}{r}.$$

利用 $\sin^2\theta+\cos^2\theta=1$ 消去 θ，得到圆的标准方程 $(x-a)^2+(y-b)^2=r^2$.

小组互动：

理解圆的参数方程与标准方程之间的关系.

新知识应用

例题 9　根据下列圆的参数方程，求圆的圆心坐标和半径：

(1) $\begin{cases}x=-1+3\cos\theta,\\ y=2+3\sin\theta;\end{cases}$　　(2) $\begin{cases}x=\cos\theta,\\ y=-4+\sin\theta.\end{cases}$

解：(1) 由圆的参数方程 $\begin{cases}x=-1+3\cos\theta,\\ y=2+3\sin\theta\end{cases}$ 得圆的圆心坐标为 $(-1,2)$，半径为 3；

(2) 由圆的参数方程 $\begin{cases}x=\cos\theta,\\ y=-4+\sin\theta\end{cases}$ 得圆的圆心坐标为 $(0,-4)$，半径为 1.

跟踪练习 9　根据下列圆的参数方程，求圆的圆心坐标和半径：

(1) $\begin{cases}x=4+\sqrt{2}\cos\theta,\\ y=-5+\sqrt{2}\sin\theta;\end{cases}$　　(2) $\begin{cases}x=5\cos\theta,\\ y=5\sin\theta.\end{cases}$

动动脑：

归纳由圆的参数方程写出圆心坐标与半径的常规方法.

例题 10　写出圆心在点 $C(-2,5)$，半径为 2 的圆的参数方程.

解：圆心在点 $C(-2,5)$，半径为 2 的圆的参数方程为

$$\begin{cases}x=-2+2\cos\theta,\\ y=5+2\sin\theta.\end{cases}$$

跟踪练习 10　写出圆心在点 $C(0,-3)$，半径为 5 的圆的参数方程.

动动脑：

归纳建立圆的参数方程的常规方法.

9.3 椭　　圆

9.3.1 椭圆的标准方程

旧知识链接：

复习两点间的距离公式及去根号的运算技巧．

观察与思考

如图 9-11 所示，取一条定长的细绳，把它的两端固定在画板上的 F_1 和 F_2 两点，当绳长大于 F_1 和 F_2 的距离时，用铅笔尖把绳子拉紧，使笔尖在画板上慢慢移动，由此可得出一个什么图形？显然可以画出一个椭圆．

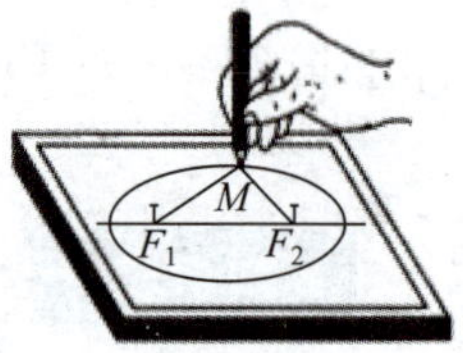

图 9-11

结论：与点 F_1 和 F_2 的距离的和等于定长的点的轨迹是椭圆．

新知识学习

1. 椭圆的概念

小组互动：

理解椭圆的概念．

在平面内与两个定点 F_1、F_2 的距离的和等于常数(大于 $|F_1F_2|$)的点的轨迹叫做**椭圆**．两个定点叫做**椭圆的焦点**，两焦点的距离叫做**焦距**．

2. 椭圆的标准方程

如图 9-12 所示，取过焦点 F_1、F_2 的直线为 x 轴，线段 F_1F_2 的垂直平分线为 y 轴，建立平面直角坐标系．

设 $M(x, y)$ 是椭圆上任意一点，椭圆的焦距为 $2c(c>0)$，M 与 F_1 和 F_2 的距离的和等于正常数 $2a$，则 F_1、F_2 的坐标分别是 $(-c, 0)$，$(c, 0)$，且

$$|MF_1|+|MF_2|=2a.$$

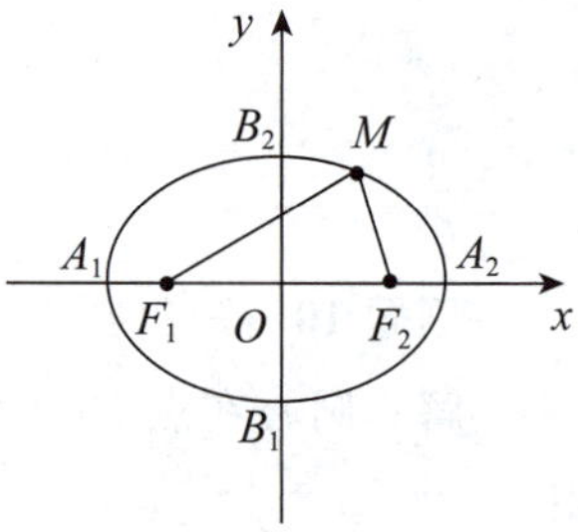

图 9-12

根据两点的距离公式，得

$$\sqrt{(x+c)^2+y^2}+\sqrt{(x-c)^2+y^2}=2a.$$

将方程左边第二项移项并平方，得

$$(x+c)^2+y^2=4a^2-4a\sqrt{(x-c)^2+y^2}+(x-c)^2+y^2,$$

化简，得

$$a^2-cx=a\sqrt{(x-c)^2+y^2}.$$

两边再平方，得

$$a^4-2a^2cx+c^2x^2=a^2x^2-2a^2cx+a^2c^2+a^2y^2.$$

整理，得

$$(a^2-c^2)x^2+a^2y^2=a^2(a^2-c^2).$$

由椭圆定义可知：$2a>2c$，即 $a>c$，所以 $a^2-c^2>0$.

设 $a^2-c^2=b^2(b>0)$，得

$$b^2x^2+a^2y^2=a^2b^2.$$

两边除以 a^2b^2，得

$$\frac{x^2}{a^2}+\frac{y^2}{b^2}=1(a>b>0). \tag{1}$$

反之，可以证明，如果 $M(x, y)$的坐标满足方程(1)，那么点 M 一定在椭圆上．因此，方程(1)是椭圆的方程．通常把这个方程叫做**椭圆的标准方程**．它所表示的焦点在 x 轴上，焦点是 $F_1(-c, 0)$、$F_2(c, 0)$，这里 $c^2=a^2-b^2$.

如图 9－13 所示，如果椭圆的焦点在 y 轴上，焦点是 $F_1(0, -c)$、$F_2(0, c)$，只要将方程(1)的 x、y 互换，就可以得到它的方程，这时方程为

$$\frac{y^2}{a^2}+\frac{x^2}{b^2}=1\quad(a>b>0). \tag{2}$$

这个方程也是**椭圆的标准方程**.

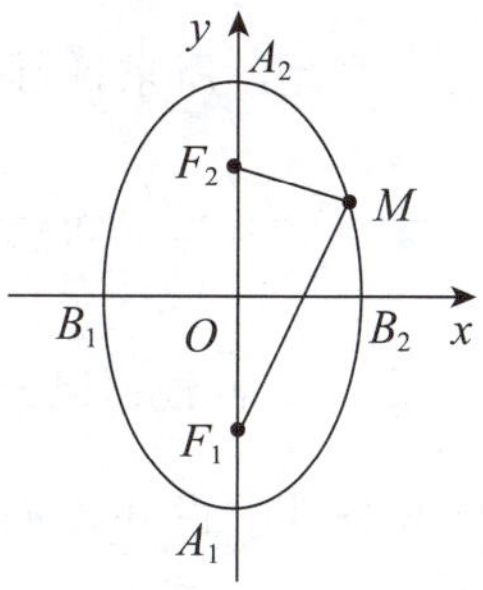

图 9－13

小组互动：

理解椭圆方程中参数的几何意义.

说明：因为椭圆的焦点无论在 x 轴还是在 y 轴上，它们的方程都含有两个参数 a、b，所以建立椭圆方程需要两个条件.

新知识应用

例题 1 写出适合下列条件的椭圆的标准方程：

(1) $a=3$，焦点为 $F_1(-\sqrt{5}, 0)$、$F_2(\sqrt{5}, 0)$；

(2) $b=4$，焦点为 $F_1(0, -3)$、$F_2(0, 3)$；

(3) 焦点在 x 轴上，焦距为 4，且通过点$(-3, 2\sqrt{6})$；

(4) 通过两点$(\sqrt{2}, -1)$和$\left(1, \frac{\sqrt{6}}{2}\right)$.

解：(1) 由已知条件得：$a=3$，$c=\sqrt{5}$，焦点在 x 轴上，则

$$b=\sqrt{a^2-c^2}=\sqrt{3^2-(\sqrt{5})^2}=2.$$

因此所求椭圆的标准方程是$\frac{x^2}{3^2}+\frac{y^2}{2^2}=1$，即$\frac{x^2}{9}+\frac{y^2}{4}=1$.

(2) 由已知条件得：$b=4$，$c=3$，焦点在 y 轴上，则

$$a=\sqrt{b^2+c^2}=\sqrt{4^2+3^2}=5.$$

因此所求椭圆的标准方程是 $\frac{x^2}{4^2}+\frac{y^2}{5^2}=1$，即 $\frac{x^2}{16}+\frac{y^2}{25}=1$.

(3) 因为焦点在 x 轴上，所以可设所求椭圆方程为 $\frac{x^2}{a^2}+\frac{y^2}{b^2}=1$.

由焦距 $2c=4$，得 $c=2$，即 $a^2-b^2=4$. ①

又因为通过点 $(-3,\ 2\sqrt{6})$，将它代入椭圆方程得

$$\frac{(-3)^2}{a^2}+\frac{(2\sqrt{6})^2}{b^2}=1,$$

整理，得 $\frac{9}{a^2}+\frac{24}{b^2}=1$. ②

由①、②联立方程组 $\begin{cases} a^2-b^2=4, \\ \frac{9}{a^2}+\frac{24}{b^2}=1, \end{cases}$ 解得 $a^2=36$，$b^2=32$.

因此，所求椭圆的标准方程是 $\frac{x^2}{36}+\frac{y^2}{32}=1$.

(4) 因为不知焦点在 x 轴还是在 y 轴上，所以设所求的椭圆方程为 $\frac{x^2}{M}+\frac{y^2}{N}=1$. 若根据已知条件求得 $M>N>0$，则椭圆的焦点在 x 轴上；若根据已知条件求得 $0<M<N$，则椭圆的焦点在 y 轴上.

又因为经过两点 $(\sqrt{2},\ -1)$ 和 $\left(1,\ \frac{\sqrt{6}}{2}\right)$，所以

$$\begin{cases} \frac{(\sqrt{2})^2}{M}+\frac{(-1)^2}{N}=1, \\ \frac{1^2}{M}+\frac{\left(\frac{\sqrt{6}}{2}\right)^2}{N}=1. \end{cases}$$

解得 $M=4$，$N=2$.

因此，所求的椭圆方程为 $\frac{x^2}{4}+\frac{y^2}{2}=1$.

动动脑：

归纳建立椭圆方程的常规方法与技巧.

跟踪练习 1 写出适合下列条件的椭圆的标准方程：

(1) $b=2$，焦点为 $F_1(-1,\ 0)$，$F_2(1,\ 0)$；

(2) $a=\sqrt{6}$，$c=2$，焦点在 y 轴上；

(3) 焦点在 y 轴上，$b=6$，且通过点 $(4,\ 2)$；

(4) 通过点 $(-\sqrt{3},\ \sqrt{6})$ 和 $(\sqrt{6},\ 2)$.

例题 2　分别求椭圆 A：$\frac{x^2}{5}+\frac{y^2}{4}=1$ 与椭圆 B：$\frac{x^2}{4}+\frac{y^2}{5}=1$ 的焦点.

解：由 $5>4$ 知，椭圆 A 的焦点在 x 轴上，椭圆 B 的焦点在 y 轴上.

由 $a^2=5$，$b^2=4$，得 $c=\sqrt{a^2-b^2}=\sqrt{5-4}=1$，

因此，椭圆 A 的两个焦点分别为 $(-1,\ 0)$ 和 $(1,\ 0)$，椭圆 B 的两个焦点分别为 $(0,\ -1)$ 和 $(0,\ 1)$.

跟踪练习 2　分别求椭圆 A：$\frac{x^2}{25}+\frac{y^2}{16}=1$ 与椭圆 B：$\frac{x^2}{16}+\frac{y^2}{25}=1$ 的焦点.

动动脑：

归纳由椭圆方程求其性质的方法.

例题 3　平面内两个定点的距离是 16，求到这两个定点的距离的和是 20 的点的轨迹方程.

解：由椭圆的定义知，所求点的轨迹是椭圆，两个定点是焦点，用 F_1、F_2 表示．取过点 F_1 和 F_2 的直线为 x 轴，线段 F_1F_2 的垂直平分线为 y 轴.

由 $2a=20$，$2c=16$，得

$$a=10,\ c=8,\ b^2=a^2-c^2=10^2-8^2=36,$$

因此，这个椭圆的标准方程是 $\frac{x^2}{10^2}+\frac{y^2}{6^2}=1$，即 $\frac{x^2}{100}+\frac{y^2}{36}=1$.

跟踪练习 3　已知△ABC 的周长为 24，且 $|BC|=8$，求△ABC 的顶点 A 的轨迹方程.

动动脑：

归纳根据椭圆的概念建立椭圆方程的常规方法.

9.3.2　椭圆的几何性质

观察与思考

旧知识链接：

阅读教材上册中第 51～58 页函数的基本性质.

观察：请同学们仔细观察图 9－14.

思考：结合椭圆方程，探讨椭圆具有哪些性质？

新知识学习

如图 9－14 所示，根据椭圆的标准方程 $\frac{x^2}{a^2}+\frac{y^2}{b^2}=1(a>b>0)$ 来研究椭圆的几何性质.

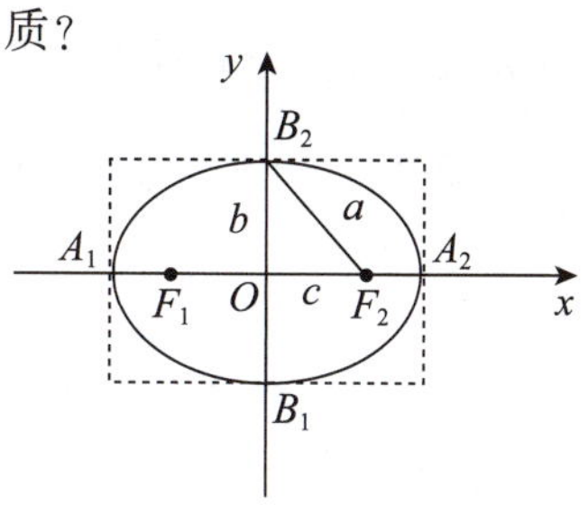

图 9－14

1. 范围

由标准方程可知，椭圆上点的坐标 $(x,\ y)$

都满足下列不等式：

$$\frac{x^2}{a^2}\leqslant 1，\ \frac{y^2}{b^2}\leqslant 1，$$

$$x^2\leqslant a^2，\ y^2\leqslant b^2，$$

即 $|x|\leqslant a$，$|y|\leqslant b$.

这说明椭圆位于直线 $x=\pm a$ 和 $y=\pm b$ 所围成的矩形里.

2. 对称性

在标准方程中，把 x 换成 $-x$，把 y 换成 $-y$，或把 x 换成 $-x$ 的同时把 y 换成 $-y$，方程都不变．所以图形关于 y 轴、x 轴成轴对称，关于坐标原点成中心对称．这时，坐标轴是椭圆的对称轴，坐标原点是椭圆的对称中心．椭圆的对称中心叫做**椭圆的中心**.

3. 顶点

在标准方程中，令 $x=0$，得 $y=\pm b$，则 $B_1(0，-b)$，$B_2(0，b)$是椭圆和 y 轴的两个交点．同理，令 $y=0$，得 $x=\pm a$，则 $A_1(-a，0)$，$A_2(a，0)$是椭圆和 x 轴的两个交点.

因为 x 轴、y 轴是椭圆的对称轴，所以椭圆和它的对称轴有四个交点，这四个交点，叫做**椭圆的顶点**.

线段 A_1A_2、B_1B_2 分别叫做**椭圆的长轴和短轴**．它们的长分别等于 $2a$ 和 $2b$，a 和 b 分别叫做**椭圆的长半轴长和短半轴长**.

4. 离心率

椭圆的焦距与长轴长的比 $e=\frac{c}{a}$ 叫做**椭圆的离心率**.

小组互动：

探讨并理解椭圆的几何性质.

因为 $a>c>0$，所以 $0<e<1$．e 越趋近 1，则 c 越趋近 a，从而 $b=\sqrt{a^2-c^2}$ 越小，因此椭圆越扁；反之，e 越趋近 0，c 越趋近于 0，从而 b 越趋近于 a，这时椭圆就越趋近于圆.

说明： 如果 $a=b$，那么 $c=0$，两个焦点重合，这时椭圆的标准方程就变为圆的方程 $x^2+y^2=a^2$.

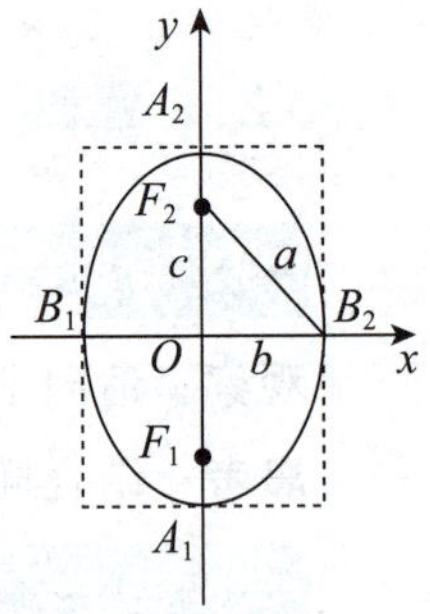

图 9－15

探索： 如图 9－15 所示，根据椭圆的标准方程 $\frac{x^2}{b^2}+\frac{y^2}{a^2}=1(a>b>0)$ 来研究椭圆的几何性质.

新知识应用

例题 4　求椭圆 $4x^2+8y^2=16$ 的长轴长、短轴长、离心率、焦点和顶点的坐标，并画出它的近似图形.

解：把已知方程化成标准方程 $\frac{x^2}{2^2}+\frac{y^2}{(\sqrt{2})^2}=1$，得 $a=2$，$b=\sqrt{2}$，$c=\sqrt{4-2}=\sqrt{2}$.

因此，椭圆的长轴长和短轴长分别是 $2a=4$ 和 $2b=2\sqrt{2}$，离心率 $e=\frac{\sqrt{2}}{2}$，两个焦点分别是 $F_1(-\sqrt{2},0)$ 和 $F_2(\sqrt{2},0)$，椭圆的四个顶点是 $A_1(-2,0)$，$A_2(2,0)$，$B_1(0,-\sqrt{2})$ 和 $B_2(0,\sqrt{2})$.

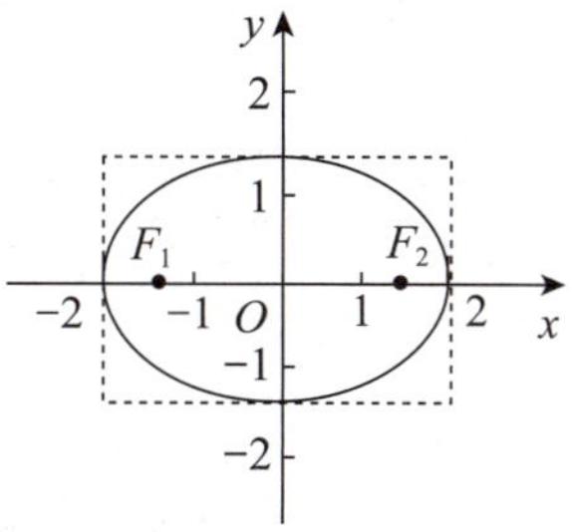

图 9－16

如图 9－16 所示，画出 $x=\pm 2$，$y=\pm\sqrt{2}$ 所围成的矩形框，再根据矩形框可画出与之相切的椭圆近似图形.

跟踪练习 4　求椭圆 $x^2+3y^2=12$ 的长轴长、短轴的长、离心率、焦点和顶点的坐标，并画出它的近似图形.

动动脑：

归纳由椭圆方程求其性质并作图的常规方法.

例题 5　求适合下列条件的椭圆的标准方程：

(1) 长轴长＝8，离心率 $e=\frac{3}{4}$，焦点在 x 轴上；

(2) 焦点坐标为 $(0,3)$ 和 $(0,-3)$，椭圆上的点到焦点的最大距离为 8；

(3) 经过点 $(-2\sqrt{2},2)$，离心率为 $e=\frac{\sqrt{2}}{2}$，且焦点在 x 轴上.

解：(1) 由已知条件得：$a=4$，$e=\frac{3}{4}$，则

$$c=ae=4\times\frac{3}{4}=3,\ b=\sqrt{a^2-c^2}=\sqrt{4^2-3^2}=\sqrt{7}.$$

因为焦点在 x 轴上，所以所求椭圆方程为 $\frac{x^2}{16}+\frac{y^2}{7}=1$.

(2) 由已知条件得 $c=3$，$a+c=8$，则

$$a=8-c=8-3=5, b=\sqrt{a^2-c^2}=\sqrt{5^2-3^2}=4.$$

因为焦点在 y 轴上，所以所求椭圆方程为 $\frac{x^2}{16}+\frac{y^2}{25}=1$.

(3) 依题意可设椭圆方程为 $\frac{x^2}{a^2}+\frac{y^2}{b^2}=1(a>b>0)$.

因为 $e=\frac{c}{a}=\frac{\sqrt{2}}{2}$，所以 $a=\sqrt{2}c$，$a^2=2c^2=2(a^2-b^2)$，即

$$a^2=2b^2. \quad ①$$

又因为经过点 $(-2\sqrt{2}, 2)$，将其代入椭圆方程得

$$\frac{8}{a^2}+\frac{4}{b^2}=1. \quad ②$$

由①、②联立的方程组 $\begin{cases} a^2=2b^2, \\ \frac{8}{a^2}+\frac{4}{b^2}=1 \end{cases}$ 解得 $a^2=16$，$b^2=8$.

因此，所求椭圆方程为 $\frac{x^2}{16}+\frac{y^2}{8}=1$

动动脑：

归纳利用椭圆性质建立其方程的常规方法与技巧.

跟踪练习 5 求适合下列条件的椭圆的标准方程：

(1) 椭圆的半焦距为 $2\sqrt{5}$，离心率 $e=\frac{\sqrt{5}}{3}$，且焦点在 x 轴上；

(2) 长轴上的一个顶点坐标为 $(0, -4)$，椭圆上的点到焦点的最小距离为 2；

(3) 短轴长为 8，离心率 $e=\frac{1}{3}$，焦点在 x 轴上.

9.4 双　曲　线

9.4.1 双曲线的标准方程

观察与思考

如图 9 - 17 所示，取一条拉链，拉开它的一部分，在拉开的两边上各选择一点，分别固定在点 F_1，F_2 上，点 M 到点 F_2 与到点 F_1 的长度之差的绝对值为 $2a(a>0)$. 把笔尖放在点 M 处，随着逐渐拉开或者闭拢，笔尖就画出一条曲线.

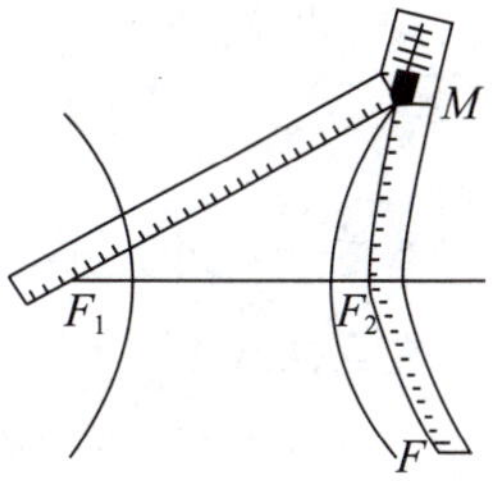

图 9 - 17

旧知识链接：

阅读教材下册第 132 ～ 133 页中推导椭圆方程的方法与运算技能.

结论：与点 F_1 和 F_2 的距离之差的绝对值等于定长的点的轨迹是双曲线.

新知识学习

1. 双曲线的概念

平面内与两个定点 F_1、F_2 的距离的差的绝对值等于常数(小于 $|F_1F_2|$ 且不等于 0)的点的轨迹叫做**双曲线**. 这两个定点叫做双曲线的**焦点**，两个焦点的距离叫做**焦距**.

小组互动：

探讨并理解双曲线的概念.

2. 双曲线的标准方程

如图 9 - 18 所示，取过焦点 F_1，F_2 的直线为 x 轴，线段 F_1F_2 的垂直平分线为 y 轴. 设 $M(x, y)$ 是双曲线上的任意一点，双曲线的焦距是 $2c$ $(c>0)$，那么 F_1，F_2 的坐标分别是 $(-c, 0)$，$(c, 0)$. 又设点 M 与 F_1 和 F_2 的距离的差的绝对值等于常数 $2a$，则点 M 适合下列条件

$$|MF_1|-|MF_2|=\pm 2a.$$

根据两点的距离公式，得

$$\sqrt{(x+c)^2+y^2}-\sqrt{(x-c)^2+y^2}=\pm 2a.$$

将这个方程移项，两边平方，得

$$(x+c)^2+y^2=4a^2\pm 4a\sqrt{(x-c)^2+y^2}+(x-c)^2+y^2.$$

化简，得

$$a^2-cx=\pm a\sqrt{(x-c)^2+y^2}.$$

两边再平方，得

$$a^4-2a^2cx+c^2x^2=a^2x^2-2a^2cx+a^2c^2+a^2y^2.$$

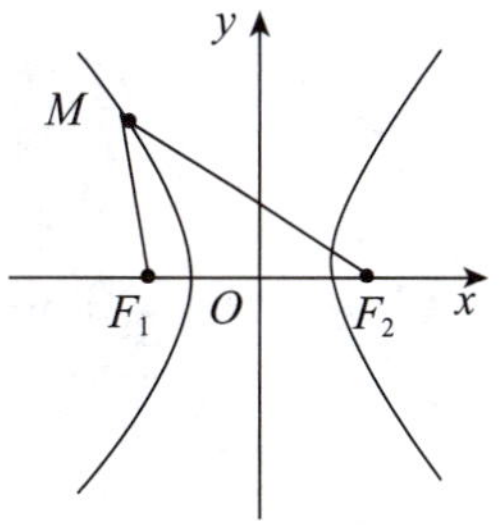

图 9 - 18

整理，得

$$(c^2-a^2)x^2-a^2y^2=a^2(c^2-a^2).$$

由双曲线定义可知，$2c>2a$，即 $c>a$，所以 $c^2-a^2>0$.

设 $c^2-a^2=b^2(b>0)$，得

$$b^2x^2-a^2y^2=a^2b^2.$$

两边除以 a^2b^2，得

$$\frac{x^2}{a^2}-\frac{y^2}{b^2}=1(a>0,\ b>0). \qquad (1)$$

反之，可以证明，如果点 $M(x, y)$的坐标满足方程(1)，那么点 M 一定在双曲线上．因此，方程(1)是双曲线的方程．通常把这个方程叫做**双曲线的标准方程**．它所表示的双曲线的焦点在 x 轴上，焦点是 $F_1(-c, 0)$，$F_2(c, 0)$，这里 $c^2=a^2+b^2$.

小组互动：

探讨双曲线的标准方程中，是否 a 一定大于 b？

如图 9－19 所示，如果双曲线的焦点在 y 轴上，焦点是 $F_1(0, -c)$，$F_2(0, c)$，只要将方程(1)的 x、y 互换，就可以得到它的方程，这时方程为

$$\frac{y^2}{a^2}-\frac{x^2}{b^2}=1(a>0,\ b>0). \qquad (2)$$

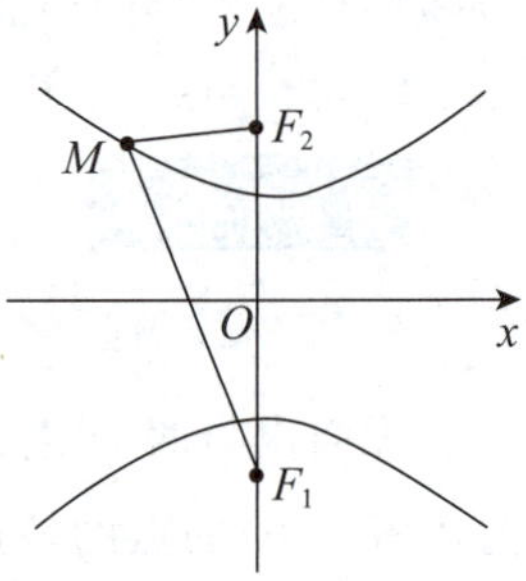

图 9－19

这个方程也是**双曲线的标准方程**.

说明：因为双曲线的焦点无论在 x 轴还是在 y 轴上，它们的方程都含有两个参数 a，b，所以建立双曲线方程需要两个条件.

新知识应用

例题 1 已知两点 $F_1(-2\sqrt{2}, 0)$，$F_2(2\sqrt{2}, 0)$，求与它们的距离的差的绝对值是 $2\sqrt{3}$的动点的轨迹方程.

解：根据定义与焦点坐标，所求动点的轨迹是焦点在 x 轴上的双曲线，因为 $c=2\sqrt{2}$，$a=\sqrt{3}$，所以

$$b^2=c^2-a^2=(2\sqrt{2})^2-(\sqrt{3})^2=5.$$

因此，所求方程是$\frac{x^2}{(\sqrt{3})^2}-\frac{y^2}{(\sqrt{5})^2}=1$，即$\frac{x^2}{3}-\frac{y^2}{5}=1$.

跟踪练习 1　已知 $F_1(0, -5)$、$F_2(0, 5)$，曲线上的动点 P 到 F_1、F_2 的距离之差的绝对值为 8，求曲线的方程.

动动脑：

归纳利用双曲线的概念建立其标准方程的常规方法.

例题 2　写出适合下列条件的双曲线的标准方程：

(1) $a=4$，焦点为 $F_1(-5, 0)$、$F_2(5, 0)$；

(2) 焦点在 x 轴上，$c=\sqrt{5}$，且通过点 $(\sqrt{2}, -2)$；

(3) 通过两点 $(-2, 3\sqrt{2})$ 和 $(2\sqrt{3}, -6)$.

解：(1) 由已知条件得：$c=5$，$a=4$，焦点在 x 轴上，则

$$b=\sqrt{c^2-b^2}=\sqrt{5^2-4^2}=3.$$

因此，所求双曲线的标准方程是 $\frac{x^2}{4^2}-\frac{y^2}{3^2}=1$，即 $\frac{x^2}{16}-\frac{y^2}{9}=1$.

(2) 因为焦点在 x 轴上，所以可设所求的双曲线方程为 $\frac{x^2}{a^2}-\frac{y^2}{b^2}=1$.

由 $c=\sqrt{5}$，得

$$a^2+b^2=5. \qquad ①$$

又因为通过点 $(\sqrt{2}, -2)$，将它代入双曲线方程得

$$\frac{(\sqrt{2})^2}{a^2}-\frac{(-2)^2}{b^2}=1,$$

整理，得

$$\frac{2}{a^2}-\frac{4}{b^2}=1. \qquad ②$$

由①、②联立的方程组 $\begin{cases} a^2+b^2=5, \\ \frac{2}{a^2}-\frac{4}{b^2}=1 \end{cases}$ 解得 $a^2=1$，$b^2=4$.

因此所求双曲线的标准方程是 $x^2-\frac{y^2}{4}=1$.

(3) 因为不知焦点在 x 轴还是在 y 轴上，故设所求的双曲线方程为 $\frac{x^2}{M}+\frac{y^2}{N}=1$. 若根据已知条件求得 $M>0$，$N<0$，则双曲线的焦点在 x 轴上；若根据已知条件求得 $M<0$，$N>0$，则双曲线的焦点在 y 轴上.

又因为双曲线经过两点 $(-2, 3\sqrt{2})$ 和 $(2\sqrt{3}, -6)$，所以

$$\begin{cases}\dfrac{(-2)^2}{M}+\dfrac{(3\sqrt{2})^2}{N}=1,\\[2ex]\dfrac{(2\sqrt{3})^2}{M}+\dfrac{(-6)^2}{N}=1.\end{cases}$$

解得 $M=-4$，$N=9$.

因此，所求双曲线的方程为$\dfrac{y^2}{9}-\dfrac{x^2}{4}=1$.

动动脑：

归纳建立双曲线方程的常规方法与技巧.

跟踪练习 2 写出适合下列条件的双曲线的标准方程：

(1) $b=2$，焦点为 $F_1(0,-3)$，$F_2(0,3)$；

(2) $c=5$，通过点$(3\sqrt{2},4)$，焦点在 x 轴上；

(3) 通过点$\left(\sqrt{5},\dfrac{1}{2}\right)$和$(-2,0)$.

9.4.2 双曲线的几何性质

旧知识链接：

阅读教材下册中第 135～136 页研究椭圆几何性质的方法.

观察与思考

观察： 请同学们仔细观察图 9-20.

思考： 结合双曲线方程，探讨双曲线具有哪些性质.

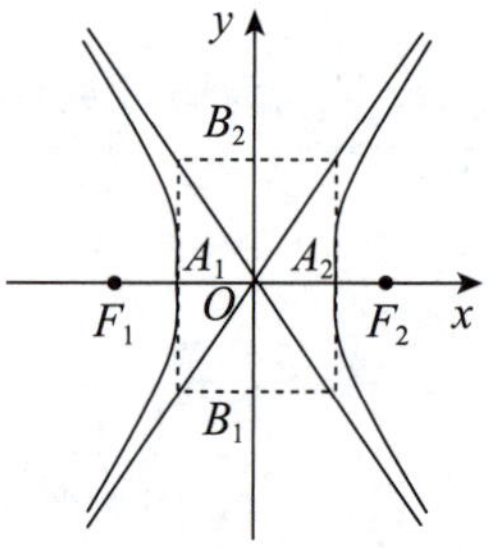

图 9-20

新知识学习

如图 9-20 所示，类似于椭圆，根据双曲线的标准方程$\dfrac{x^2}{a^2}-\dfrac{y^2}{b^2}=1(a>0,\ b>0)$来研究双曲线的几何性质.

1. 范围

由标准方程可知，双曲线上点(x,y)的横坐标都满足不等式

$$\frac{x^2}{a^2}\geqslant 1，即\ x^2\geqslant a^2，$$

所以 $x\geqslant a$ 或 $x\leqslant -a$.

这说明双曲线在两条直线 $x=a$，$x=-a$ 的外侧.

2. 对称性

双曲线关于每条坐标轴和坐标原点都是对称的，这时，坐标轴是双曲

线的对称轴，坐标原点是双曲线的对称中心．双曲线的对称中心叫做双曲线的中心．

3. 顶点

在标准方程中，令 $y=0$，得 $x=\pm a$，因此双曲线和 x 轴有两个交点 $A_1(-a, 0)$，$A_2(a, 0)$．因为 x 轴是双曲线的对称轴，所以双曲线和它的对称轴有两个交点，它们叫做双曲线的顶点．

令 $x=0$，得 $y^2=-b^2$，这个方程没有实数根，说明双曲线和 y 轴没有交点，但也把 $B_1(0, -b)$，$B_2(0, b)$画在 y 轴上(如图 9－20 所示)．

线段 A_1A_2 叫做双曲线的实轴，它的长等于 $2a$，a 叫做双曲线的实半轴长．B_1B_2 叫做双曲线的虚轴，它的长等于 $2b$，b 叫做双曲线的虚半轴长．

4. 渐近线

经过点 A_1、A_2 分别作 y 轴的平行线 $x=\pm a$，经过点 B_1、B_2 作 x 轴的平行线 $y=\pm b$，四条直线围成一个矩形．矩形的两条对角线所在直线的方程是 $y=\pm\frac{b}{a}x$，从图 9－20 可以看出，双曲线的各支向外延伸时，与这两条直线无限接近．

讨论：双曲线 $\frac{x^2}{a^2}-\frac{y^2}{b^2}=1$ 在第一象限内部分的方程可写为 $y=\frac{b}{a}\sqrt{x^2-a^2}\,(x>a)$．

设 $M(x, y)$是它上面的点，$N(x, y')$是直线 $y=\frac{b}{a}x$ 上与 M 有相同的横坐标的点，则 $y'=\frac{b}{a}x$．

因为 $y=\frac{b}{a}\sqrt{x^2-a^2}=\frac{b}{a}x\sqrt{1-\left(\frac{a}{x}\right)^2}<\frac{b}{a}x=y'$，

所以
$$|MN|=y'-y=\frac{b}{a}\left(x-\sqrt{x^2-a^2}\right)$$
$$=\frac{b}{a}\cdot\frac{\left(x-\sqrt{x^2-a^2}\right)\left(x+\sqrt{x^2-a^2}\right)}{x+\sqrt{x^2-a^2}}$$
$$=\frac{ab}{x+\sqrt{x^2-a^2}}.$$

结论：设 d 是点 M 到直线 $y=\frac{b}{a}x$ 的距离，则 $d<|MN|$．但 x 逐渐增大时，$|MN|$逐渐减小，x 无限增大，$|MN|$趋近于 0，d 也趋近于 0．这就是说，双曲线在第一象限的部分从射线 ON 的下方逐渐趋近于射线 ON．在

其他象限内也可以证明类似的情况．把两条直线 $y=\pm\frac{b}{a}x$ 叫做**双曲线 $\frac{x^2}{a^2}-\frac{y^2}{b^2}=1$ 的渐近线**.

5. 离心率

双曲线的焦距与实轴的比 $e=\frac{c}{a}$，叫做**双曲线的离心率**．因为 $c>a$，所以双曲线的离心率 $e>1$.

由等式 $c^2-a^2=b^2$，得

$$\frac{b}{a}=\frac{\sqrt{c^2-a^2}}{a}=\sqrt{\frac{c^2}{a^2}-1}=\sqrt{e^2-1}.$$

小组互动：

探讨并理解双曲线的几何性质.

因此 e 越大，$\frac{b}{a}$ 也越大，即渐近线 $y=\pm\frac{b}{a}x$ 的斜率的绝对值越大，此时双曲线的形状就从扁狭逐渐变得开阔．故双曲线的离心率越大，它的开口就越开阔；双曲线的离心率越小，它的开口就越窄.

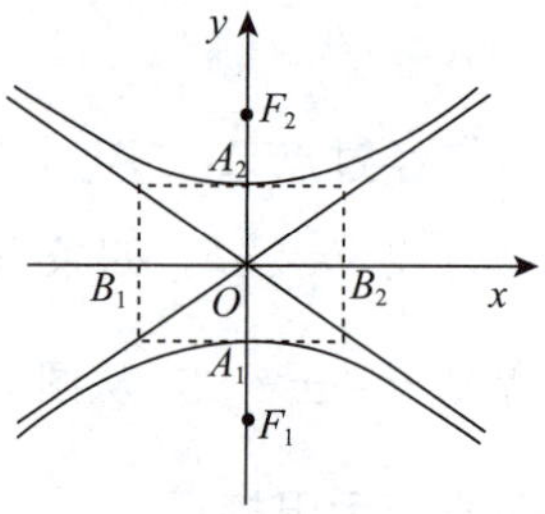

图 9－21

探索：如图 9－21 所示，根据双曲线的标准方程 $\frac{y^2}{a^2}-\frac{x^2}{b^2}=1(a>0,\ b>0)$ 来研究双曲线的几何性质.

新知识应用

例题 3　求双曲线 $4x^2-9y^2=36$ 的实半轴长、虚半轴长、焦点坐标、离心率、渐近线方程，并画出它的近似图形.

解：把双曲线方程 $4x^2-9y^2=36$ 化为标准方程，得 $\frac{x^2}{9}-\frac{y^2}{4}=1$. 由此可知，实半轴长 $a=3$，虚半轴长 $b=2$，则 $c=\sqrt{a^2+b^2}=\sqrt{9+4}=\sqrt{13}$. 所以双曲线的焦点坐标是 $(-\sqrt{13},\ 0)$，$(\sqrt{13},\ 0)$，离心率 $e=\frac{c}{a}=\frac{\sqrt{13}}{3}$. 渐近线方程为 $y=\pm\frac{2}{3}x$.

先作出 $x=\pm3$，$y=\pm2$ 的矩形框，再作出双曲线的渐近线，最后作出双曲线的近似图形，如图 9－22 所示.

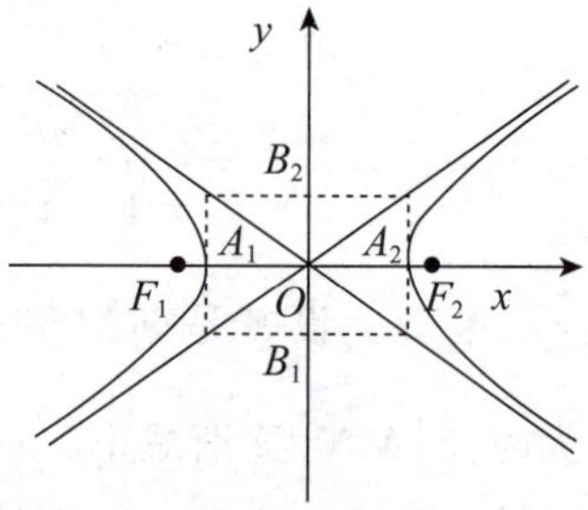

图 9－22

跟踪练习 3 求双曲线 $4x^2-2y^2=8$ 的实半轴长、虚半轴长、焦点坐标、离心率、渐近线方程，并画出它的近似图形.

动动脑：

归纳由双曲线方程求其性质并作图的常规方法与技巧.

例题 4 写出适合下列条件的双曲线的标准方程：

(1) 虚轴长为 $4\sqrt{5}$，离心率为 $\frac{3}{2}$；

(2) 实轴在 y 轴上，实轴长为 6，一条渐近线方程为 $y=\frac{3}{2}x$；

(3) 以 $y=\pm\sqrt{3}x$ 为渐近线，且经过点 $P(6, 9)$.

解：(1) 由已知条件知，$b=2\sqrt{5}$，$e=\frac{c}{a}=\frac{3}{2}$.

设 $c=3k$，$a=2k(k>0)$，则有

$$(2\sqrt{5})^2=(3k)^2-(2k)^2,$$

解得 $k=2$，即 $a=4$.

因此，所求的双曲线方程为$\frac{x^2}{16}-\frac{y^2}{20}=1$ 或$\frac{y^2}{16}-\frac{x^2}{20}=1$.

(2) 依题可设所求的双曲线方程为 $\frac{y^2}{a^2}-\frac{x^2}{b^2}=1$.

由已知得 $a=3$，根据渐近线为 $y=\frac{3}{2}x$，得$\frac{a}{b}=\frac{3}{2}$，即 $b=\frac{2}{3}\times 3=2$，

因此，所求双曲线方程为$\frac{y^2}{9}-\frac{x^2}{4}=1$.

(3) 由渐近线方程及经过点的坐标可设双曲线方程为$\frac{x^2}{a^2}-\frac{y^2}{b^2}=1(a>0, b>0)$，且 $a=k$，$b=\sqrt{3}k(k>0)$.

因为双曲线过点 $P(6, 9)$，所以

$$\frac{6^2}{k^2}-\frac{9^2}{(\sqrt{3}k)^2}=1,$$

解得 $k^2=9$，即 $a=3$，$b=3\sqrt{3}$.

因此，所求双曲线方程为$\frac{x^2}{9}-\frac{y^2}{27}=1$.

动动脑：

归纳建立双曲线方程的常规方法与技巧.

跟踪练习 4 求出适合下列条件的双曲线的标准方程：

(1) 实轴长为 8，且半焦距与虚半轴之和为 8；

(2) 虚轴在 y 轴上，虚轴长为 6，一条渐近线方程为 $y=-2x$；

(3) 渐近线方程为 $y=\pm\frac{4}{3}x$，且经过 $P(6\sqrt{2}, 8)$.

例题 5 求以椭圆 $\frac{y^2}{16}+\frac{x^2}{9}=1$ 的顶点为焦点，以椭圆的焦点为顶点的双曲线的方程.

解： 因为椭圆 $\frac{y^2}{16}+\frac{x^2}{9}=1$ 的顶点 $(0, -4)$，$(0, 4)$，焦点为 $(0, -\sqrt{7})$，$(0, \sqrt{7})$，

所以所求双曲线的焦点为 $(0, -4)$，$(0, 4)$，顶点为 $(0, -\sqrt{7})$，$(0, \sqrt{7})$，

即 $c=4$，$a=\sqrt{7}$，$b=\sqrt{c^2-a^2}=\sqrt{4^2-(\sqrt{7})^2}=3$.

因此所求双曲线的方程为 $\frac{y^2}{7}-\frac{x^2}{9}=1$.

动动脑：

归纳综合利用椭圆与双曲线知识建立双曲线方程的常规方法与技巧.

跟踪练习 5 已知双曲线与椭圆 $\frac{y^2}{30}+\frac{x^2}{5}=1$ 有相同的焦点，它的一条渐近线为 $y=2x$，求双曲线的方程.

9.5 抛 物 线

9.5.1 抛物线的标准方程

观察与思考

旧知识链接：

阅读教材下册中第 118 页求曲线方程的方法与步骤.

观察： 如图 9－23 所示，生活中的抛物线模型随处可见，所以研究抛物线的方程显得十分重要.

雷达　　建筑物　　喷水池

图 9－23

思考： 如何建立抛物线的方程？

新知识学习

1. 抛物线的概念

（1）定义

平面内与一个定点 F 和一条定直线 l 的距离相等的点的轨迹叫做抛物线．点 F 叫做抛物线的焦点．定直线 l 叫做抛物线的准线.

（2）圆锥曲线统一定义

小组互动：

理解圆锥曲线的概念与分类.

由抛物线的概念与求曲线方程的方法可知，平面内到一个定点 F 和到一条定直线 l(F 不在 l 上)的距离的比等于常数 e 的点的轨迹叫做圆锥曲线．其中 e 是圆锥曲线的离心率，定点 F 是圆锥曲线的焦点，定直线 l 是圆锥曲线的准线.

当 $0<e<1$ 时，它表示椭圆；当 $e=1$ 时，它表示抛物线；当 $e>1$ 时，它表示双曲线.

2. 抛物线的标准方程

如图 9－24 所示，经过焦点 F，且垂直于准线 l 的直线为 x 轴，x 轴与 l 相交于点 K，以线段 KF 的垂直平分线为 y 轴．设 $|KF|=p$，则焦点 F

的坐标为$\left(\frac{p}{2},\ 0\right)$，准线 l 的方程为 $x=-\frac{p}{2}$.

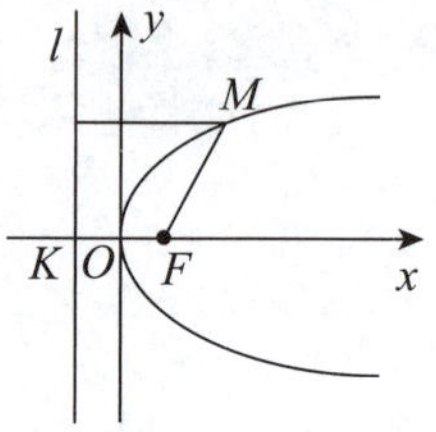

图 9－24

设点 $M(x,\ y)$到 l 的距离为 d. 则点 M 在抛物线上的充要条件是

$$|MF|=d.$$

由两点距离公式及点到直线的距离公式，得

$$\sqrt{\left(x-\frac{p}{2}\right)^2+y^2}=\left|x+\frac{p}{2}\right|.$$

将上式两边平方，并化简得

$$y^2=2px(p>0). \tag{1}$$

方程(1)叫做**抛物线的标准方程**. 它表示的抛物线的焦点在 x 轴的正半轴上. 它的焦点的坐标是$\left(\frac{p}{2},\ 0\right)$，准线方程是 $x=-\frac{p}{2}$.

探索： 当抛物线的焦点分别位于 x 轴的负半轴、y 轴的正半轴、y 轴的负半轴时，抛物线的标准方程分别为 $y^2=-2px$，$x^2=2py$，$x^2=-2py$. 它们的焦点、准线方程以及图形如表 9－1 所示.

表 9－1

标准方程	$y^2=2px$	$y^2=-2px$	$x^2=2py$	$x^2=-2py$
图形	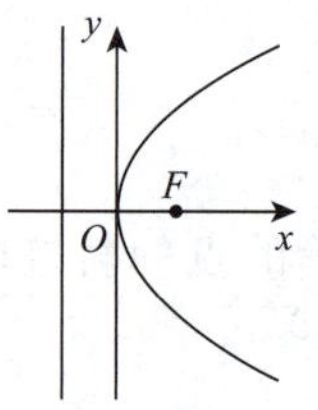	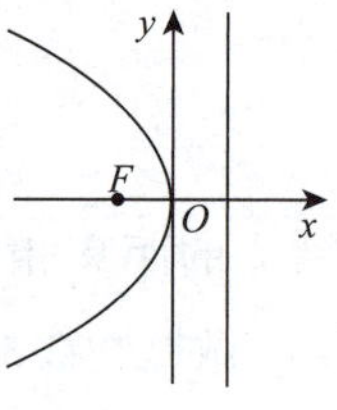	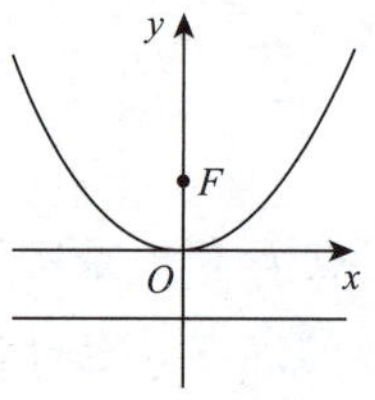	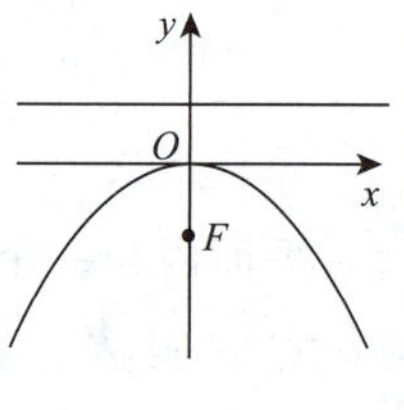
开口方向	向右	向左	向上	向下
焦点坐标	$\left(\frac{p}{2},\ 0\right)$	$\left(-\frac{p}{2},\ 0\right)$	$\left(0,\ \frac{p}{2}\right)$	$\left(0,\ -\frac{p}{2}\right)$
准线方程	$x=-\frac{p}{2}$	$x=\frac{p}{2}$	$y=-\frac{p}{2}$	$y=\frac{p}{2}$

小组互动：

探讨并理解不同位置状态的抛物线的方程及性质.

新知识应用

例题 1　求下列抛物线的焦点坐标和准线方程：

(1) $y^2=6x$；　　(2) $y^2+4x=0$；

(3) $x^2=-y$；　　(4) $x^2-2y=0$.

解：(1) 因为 $2p=6$，即 $p=3$，所以焦点坐标是 $\left(\frac{3}{2},\ 0\right)$，准线方程是 $x=-\frac{3}{2}$.

(2) 将抛物线方程化为标准形式 $y^2=-4x$.

因为 $2p=4$，即 $p=2$，所以焦点坐标是 $(-1,\ 0)$，准线方程是 $x=1$.

(3) 因为 $2p=1$，即 $p=\frac{1}{2}$，所以焦点坐标是 $\left(0,\ -\frac{1}{4}\right)$，准线方程是 $y=\frac{1}{4}$.

(4) 将抛物线方程化为标准形式 $x^2=2y$.

因为 $2p=2$，即 $p=1$，所以焦点坐标是 $\left(0,\ \frac{1}{2}\right)$，准线方程是 $y=-\frac{1}{2}$.

跟踪练习 1　求下列抛物线的焦点坐标和准线方程：

(1) $y^2=-8x$；　　(2) $y^2-2x=0$；

(3) $x^2=6y$；　　(4) $x^2+10y=0$.

动动脑：

归纳由抛物线的方程求其焦点坐标及准线方程的常规方法.

例题 2　求适合下列条件的抛物线的标准方程：

(1) 焦点坐标是 $F(0,\ -1)$；

(2) 准线方程是 $y=-3$；

(3) 对称轴为 x 轴，焦点到准线的距离为 1；

(4) 经过点 $(-2,\ 4)$.

解：(1) 因为焦点在 y 轴的负半轴上，且 $\frac{p}{2}=1$，$p=2$，所以它的标准方程是 $x^2=-4y$；

(2) 由准线方程 $y=-3$ 可知焦点在 y 轴的正半轴上，且 $\frac{p}{2}=3$，$p=6$，所以它的标准方程是 $x^2=12y$；

(3) 由已知条件可知 $p=1$，且焦点在 x 轴的正半轴或负半轴上，所以它的标准方程是 $y^2=2x$ 或 $y^2=-2x$；

(4) 因为经过点 $(-2,\ 4)$，所以焦点坐标在 x 轴的负半轴或 y 轴的正半轴上，可设抛物线方程分别为 $y^2=-2px$ 或 $x^2=2py$，将点的坐标代入方程，得

$$4^2=-2p\cdot(-2) \text{ 或 } (-2)^2=2p\cdot 4.$$

解得 $p=4$ 或 $p=\frac{1}{2}$.

因此所求的抛物线方程为 $y^2=-8x$ 或 $x^2=y$.

动动脑：

归纳建立抛物线方程的常规方法与技巧.

跟踪练习 2 求适合下列条件的抛物线的标准方程：

(1) 焦点坐标是 $F(-2, 0)$；

(2) 准线方程是 $x=-5$；

(3) 对称轴为 y 轴，焦点到准线的距离为 1；

(4) 经过点 $(3, 6)$.

例题 3 抛物线 $y^2+6x=0$ 上一点 A 到焦点的距离为 $\frac{5}{2}$，求点 A 的横坐标.

解： 将抛物线方程化为标准形式 $y^2=-6x$，得 $p=3$.

由抛物线的定义可知，点 A 到准线的距离为

$$|AQ|=|AF|=\frac{5}{2},$$

因此点 A 的横坐标是

$$-\left(|AQ|-\frac{p}{2}\right)=-\left(\frac{5}{2}-\frac{3}{2}\right)=-1 \text{(如图 9-25 所示)}.$$

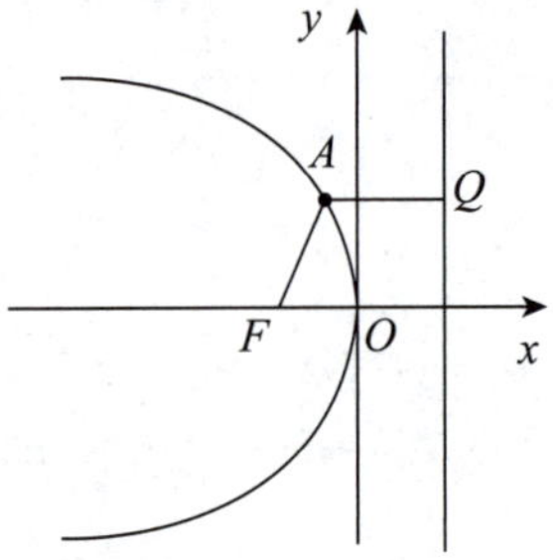

图 9-25

动动脑：

归纳根据抛物线的概念求点的坐标的方法与技巧.

跟踪练习 3 抛物线 $x^2-4y=0$ 上一点 A 到准线的距离为 7，求点 A 的坐标.

9.5.2 抛物线的几何性质

旧知识链接：

复习等边三角形的面积公式.

观察与思考

观察： 请同学们仔细观察图 9-24.

思考： 结合抛物线方程，探讨抛物线具有哪些性质.

新知识学习

根据抛物线的标准方程 $y^2=2px(p>0)$来研究它的几何性质.

1. 范围

因为 $p>0$，由方程(1)可知，对于抛物线(1)的点 $M(x, y)$，$x\geqslant 0$，所以这条抛物线在 y 轴的右侧，当 x 的值增大时，$|y|$也增大，这说明抛物线向右上方和右下方无限延伸.

2. 对称性

以 $-y$ 代 y，方程(1)不变，所以这个抛物线关于 x 轴对称，把抛物线的对称轴叫做抛物线的轴.

3. 顶点

抛物线和它的轴的交点叫做抛物线的顶点．在方程(1)中，当 $y=0$ 时，$x=0$，因此抛物线(1)的顶点就是坐标原点.

4. 离心率

抛物线上的点 M 到焦点与到准线的距离的比，叫做抛物线的离心率，用 e 表示．根据抛物线的定义，$e=1$.

小组互动：

探讨并理解抛物线的性质.

探索： 请同学研究抛物线的标准方程分别为 $y^2=-2px(p>0)$，$x^2=2py(p>0)$，$x^2=-2py(p>0)$的几何性质.

新知识应用

例题 4 已知抛物线关于 x 轴对称，顶点在坐标原点，焦点在 x 轴的正半轴上，顶点到焦点的距离是 1. 求它的标准方程，并用描点法画出图形.

解： 因为抛物线关于 x 轴对称，顶点在坐标原点，焦点在 x 轴的正半轴上，所以可设它的标准方程为 $y^2=2px(p>0)$.

由顶点到焦点的距离是 1，得 $\frac{p}{2}=1$，即 $p=2$.

因此，所求抛物线方程是 $y^2=4x$.

将已知方程变形为 $y=\pm 2\sqrt{x}$，根据 $y=2\sqrt{x}$列表如表 9－2.

表 9-2

x	0	1	2	3	4	…
y	0	2	2.8	3.5	4	…

描点画出抛物线在第一象限内部分，再利用对称性，就可以画出整条抛物线(如图 9－26 所示).

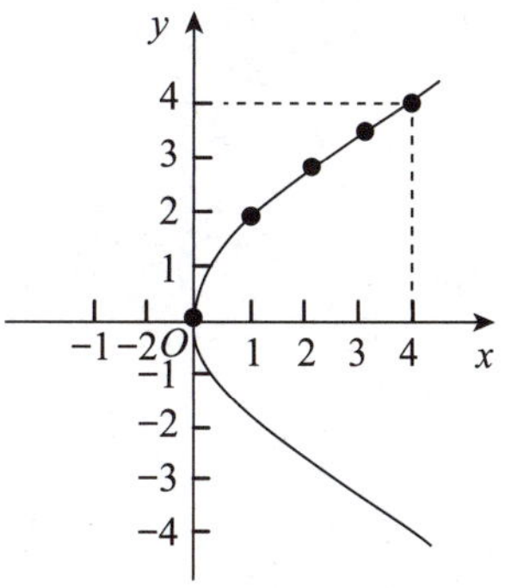

图 9－26

动动脑：

归纳抛物线作图的方法与技巧.

跟踪练习 4 用描点法画出顶点在坐标原点，对称轴为 y 的正半轴，且焦点到准线的距离为 3 的抛物线.

例题 5 已知抛物线方程为 $y^2=2x$，正三角形的一个顶点在坐标原点，另外两个顶点在抛物线上(如图9－27所示)，求此正三角形的面积.

解： 由抛物线的对称性及正三角形的对称性可知，顶点 A 与顶点 B 关于 x 轴对称．设正三角形 OAB 的边长为 a ($a>0$)，则点 A 的坐标为 $\left(\frac{\sqrt{3}}{2}a，\frac{1}{2}a\right)$.

因为点 A 在抛物线上，将点 $\left(\frac{\sqrt{3}}{2}a，\frac{1}{2}a\right)$ 的坐标代入方程 $y^2=2x$，得

$$\left(\frac{1}{2}a\right)^2=2\times\frac{\sqrt{3}}{2}a,$$

即 $a=4\sqrt{3}$.

所以正三角形的面积为

$$S=\frac{\sqrt{3}}{4}a^2=\frac{\sqrt{3}}{4}\times(4\sqrt{3})^2=12\sqrt{3}.$$

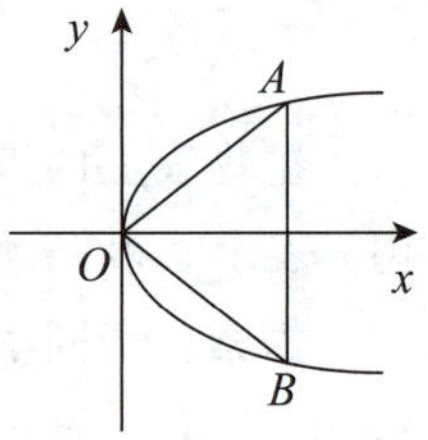

图 9－27

动动脑：

归纳综合利用抛物线知识与几何知识解决数学问题的方法.

跟踪练习 5 已知抛物线方程为 $x^2=2py$ ($p<0$)，它有一个内接正三角形，其中一个顶点在坐标原点，另外两个顶点在抛物线上，它的面积是 $3\sqrt{3}$. 求抛物线方程．

阅读材料九

圆锥曲线的应用

圆锥曲线的发现给我们的生活与生产带来了无穷的乐趣，也给我们的科学研究带来了种种方便．在我们的实际生活中处处都有圆锥曲线，上有地球绕太阳运行的轨道，下有隧道、桥梁的设计；大到化工厂或热电厂的冷却塔的制造，小到探照灯、望远镜的制作；远至人造卫星运行轨道的探求，近至商品买卖的路线选择等．下面简述一下圆锥曲线的应用.

一是用以刻画客观世界中物质的运动．宏观方面，天体运行的轨迹包含了三种圆锥曲线；微观方面，卢瑟福散射中的粒子沿双曲线运动；玻尔的“电子在核外绕核作圆周运动”的量子化轨道也被推广到椭圆轨道．现实生活中，斜抛射物体在仅受地球引力作用、不计空气阻力下的运动轨迹是抛物线，而简谐振动与液体流动中也都含有圆锥曲线.

二是“光学特性”在科技上的应用．抛物线、椭圆、双曲线各有其所谓“光学特性”，它们被应用于光学、声学、热学、电子学的各个领域。如光学中灯具与望远镜的设计；声学中的音乐台的抛物面屏墙、椭圆听音实验；电子学中的冲击波排石及激光消痣；在微波通讯、聚热、发电(太阳灶、太阳炉、太阳能光电站等).

三是在建筑、生产用品制造上的应用．圆锥曲线出现在许多大型拱形、薄壳建筑上，在大量生活用品制造上亦有出众的表现．如诸多著名桥梁的抛物线型设计，薄壳结构类建筑的椭圆状穹顶，热电站的双曲面冷淋塔．这些妙用是由其特殊的形状和内在特性决定的.

四是曲线定义在技术上的应用．人对声源的确定与双耳效应有关．根据双耳时差，可以确定声音必定在以双耳为焦点的一条双曲线上．同样，若有三个固定的点，某一位置就可以根据接收来自三点信号的时间差确定两条双曲线，这两条双曲线的交点就是其确定的位置．这就是“双曲线时差定位法”的基本原理．著名的“罗兰导航系统”“全球卫星定位导航系统”等其原理也是一样的.

当古希腊的那些学者们在研究圆锥曲线的性质时是针对数学而言，他们没想到会有如此广泛的应用．数学是有用的，作为一种新的数学知识往往暂时看不到它的用处，这是因为数学常常领先于其他自然科学或社会科学．数学来源于生活又服务于生活，当初陈景润研究哥德巴赫猜想用到的理论和方法让很多研究数学的人也感到难以理解，但现在却成了密码学的一个重要依据(杨乐语)；而数学中的二进制，常常让人觉得麻烦和不习惯，仿佛一种纯数学的毫无用处的游戏规则，但电脑设计中离不开它.

第 10 章　概率与数理统计初步

10.1　计 数 原 理

10.1.1　分类计数原理

旧知识链接：

复习分类完成一件事的思想.

观察与思考

由甲地去乙地可以乘火车，也可以乘汽车，还可以乘轮船．如果一天中，火车有 3 班，汽车有 4 班，轮船有 2 班，那么每天由甲地去乙地有多少种不同的方法？

分析： 如图 10－1 所示．在一天中，由甲地去乙地共有三类方案.

第一类是乘火车，有 3 种方法；

第二类是乘汽车，有 4 种方法；

第三类是乘轮船，有 2 种方法.

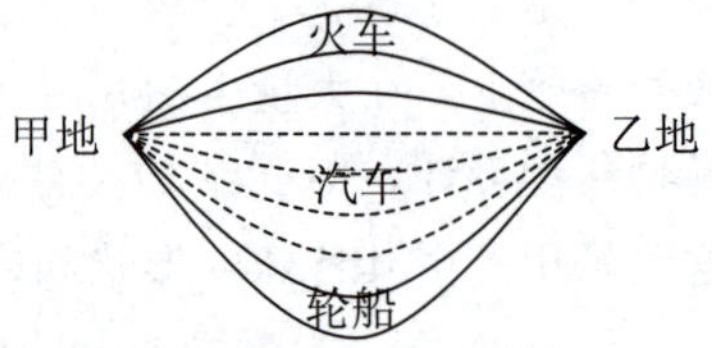

图 10－1

以上无论选择了哪一种方法，都可以由甲地去乙地．因此，一天当中由甲地去乙地的方法共有 $3+4+2=9$(种).

新知识学习

小组互动：

探讨并理解分类计数原理.

一般地，完成一件事，有 n 类方案，在第 1 类方案中有 m_1 种不同的方法，在第 2 类方案中有 m_2 种不同的方法，……在第 n 类方案中有 m_n 种不同的方法，那么完成这件事共有 $N=m_1+m_2+\cdots+m_n$ 种不同的方法. 这种计数原理叫做分类计数原理.

新知识应用

例题 1　书架上有不同的语文书 12 本，不同的数学书 16 本，不同的英语书 19 本．现从其中任取一本书，问有多少种不同的取法？

解： 从书架上任取一本书，可能是语文书、数学书或英语书，共三类取法.

第一类取法是取一本语文书，可以从 12 本语文书中任取一本，有 12 种取法；第二类取法是取一本数学书，可以从 16 本数学书中任取一本，有 16 种取法；第三类取法是取一本英语书，可以从 19 本英语书中任取一本，有 19 种取法．只要在书架上任意取出一本书，任务即完成，根据分类计数原理，不同的取法共有

$$N=12+16+19=47\text{ (种)}.$$

跟踪练习 1　桌上有三盘水果，一盘装有 9 个梨子，一盘装有 11 个苹果，一盘装有 10 根香蕉．现从中任取一个水果，问有多少种不同的取法？

动动脑：

归纳利用分类计数原理解决实际问题的常规方法.

10.1.2　分步计数原理

观察与思考

旧知识链接：

复习分步完成一件事的原理.

由深圳途经海口去三亚，先乘飞机到海口，再从海口乘汽车到达三亚．一天中由深圳去海口的飞机有 2 班，由海口到三亚的汽车有 4 班．那么一天中，由深圳途经海口到三亚有多少种不同的方法？

分析： 如图 10－2 所示．由深圳去三亚需要途经海口，分两个步骤才能到达三亚.

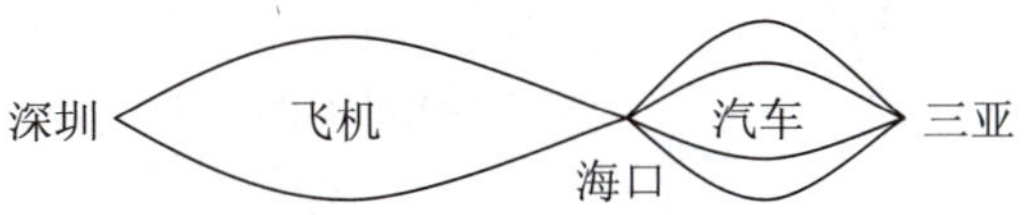

图 10－2

第一步先由深圳去海口有 2 种不同的方法，用 m_1 表示；

第二步再由海口去三亚，有 4 种不同的方法，用 m_2 表示.

所以由深圳途经海口到三亚的全部方法共有 $m_1\times m_2=2\times4=8$(种).

新知识学习

小组互动：

探讨分类计数原理和分步计数原理的区别.

一般地，完成一件事，需要分成 n 个步骤，做第 1 步有 m_1 种不同的方法，做第 2 步有 m_2 种不同的方法，……，做第 n 步有 m_n 种不同的方法，那么完成这件事共有 $N=m_1\times m_2\times\cdots\times m_n$ 种不同的方法. 这种计数原理叫做分步计数原理.

新知识应用

动动脑：

如果第一步取数学书，第二步取语文书，第三步取英语书，计算的结果与例题 2 中的结果相同吗？

例题 2 书架上有不同的语文书 12 本，不同的数学书 16 本，不同的英语书 19 本．现从书架上取语文、数学、英语书各一本，问有多少种不同的取法？

解： 从书架上取语文、数学、英语书各一本，分以下三个步骤完成：

第一步取语文书一本，有 12 种不同的取法；

第二步取数学书一本，有 16 种不同的取法；

第三步取英语书一本，有 19 种不同的取法.

符合分步计数原理的条件，利用分步计数原理，得到 $N=12\times16\times19=3648$ 种不同的取法.

动动脑：

归纳利用分步计数原理解决实际问题的常规方法.

跟踪练习 2 桌上有三盘水果，一盘装有 9 个梨子，一盘装有 11 个苹果，还有一盘装有 10 根香蕉．现从每盘中各取一个水果，问有多少种不同的取法？

例题 3 由数字 1，2，3 可以组成多少个两位数(各个数位上的数字可以重复)？

解： 用 1，2，3 这 3 个数字组成二位数可以分成两个步骤完成：

第一步确定十位上的数字，从上面 3 个数字中任取一个数字，共有 3 种取法；第二步确定个位上的数字，由于数字可以重复，所以仍有 3 种取法.

根据分步计数原理，组成不同的二位数的个数共有

$$3\times3=9(\text{个}).$$

动动脑：

归纳利用分步计数原理解决实际问题的常规方法.

跟踪练习 3 由数字 1，2，3，4 可以组成多少个两位数(各个数位上的数字可以重复)？

例题 4 甲班有三好学生 4 人，乙班有三好学生 6 人，丙班有三好学生 5 人.

(1) 由这 3 个班中任选 1 名三好学生，出席三好学生表彰会，有多少种不同的选法？

(2) 由这 3 个班中各选 1 名三好学生，出席三好学生表彰会，有多少种不同的选法？

解：(1) 完成“由 3 个班中任选 1 名三好学生”这件事有三类办法：

第一类是由甲班任选 1 名，有 4 种选法；

第二类是由乙班任选 1 名，有 6 种选法；

第三类是由丙班任选 1 名，有 5 种选法.

因为每类办法中的任何一种选法都能完成“这 3 个班中任选 1 名三好学生”这件事，根据分类计数原理，不同的选法共有

$$4+6+5=15(\text{种}).$$

(2) 完成“由 3 个班中各选 1 名三好学生”这件事分三个步骤：第一步是由甲班任选 1 名，有 4 种选法；第二步是由乙班任选 1 名，有 6 种选法；第三步是由丙班任选 1 名，有 5 种选法.

因为这几步中的任何一步，都不能单独完成“由 3 个班中各选 1 名三好学生”这件事，根据分步计数原理，不同的选法共有

$$4\times6\times5=120(\text{种}).$$

跟踪练习 4　某单位职工义务献血，在体检合格的人中，O 型血的有 24 人，A 型血的有 20 人，B 型血的有 17 人，AB 型血的有 6 人.

(1) 从中选一名职工去献血，有多少种不同的选法？

(2) 从这四种血型的人中各选一人去献血，有多少种不同的选法？

动动脑：

归纳在具体问题中恰当选择分类计数原理或分步计数原理的常规方法与技巧.

10.2 概率初步

10.2.1 随机现象

旧知识链接：

介绍硬币与骰子的各面图像.

观察与思考

考察下面一些现象

(1) 抛一石块，下落；

(2) 在标准大气压下水加热到100℃，沸腾；

(3) 掷一枚硬币，正面向上；

(4) 买一张体育彩票，没有中奖；

(5) 50件产品中含有3件次品，从中任取一件是次品；

(6) 异性电荷，互相排斥.

分析：上面各现象的发生与否各有特点，现象(1)、(2)是必然发生的，现象(6)是不可能发生的，而现象(3)、(4)、(5)是可能发生，也可能不发生.

新知识学习

1. 随机现象

在一定条件下，事先能确定发生或不发生某种结果的现象叫做确定性现象．在一定条件下，可能发生，也可能不发生的现象叫做随机现象.

如：(1)、(2)、(6)是确定现象，(3)、(4)、(5)是随机现象.

2. 随机试验

在实际中，一般通过观察试验来研究随机现象．有的试验，虽然一次试验的结果不能预测，但一切可能出现的结果是可以知道的，称这样的观察试验为随机试验，简称试验.

比如：掷一枚硬币只可能出现正面和反面两种结果，掷一颗骰子只可能出现1点、2点、3点、4点、5点、6点六种结果，买一张彩票只有中奖和不中奖两种结果等等，这些试验都是随机试验.

3. 基本事件

对于某个现象，如果能让其在一定条件下实现一次，就是进行了一次试验．而试验的每一种可能的结果叫做一个基本事件，用小写希腊字母 ω 表示.

比如：(1) 投掷一枚硬币有两个基本事件：正面向上和反面向上.

(2) 掷一颗骰子有六个基本事件：出现1点、2点、3点、4点、5点、6点向上.

4. 随机事件

随机试验的结果叫做**随机事件**，简称**事件**，常用大写英文字母 A，B，C 等表示.

在描述一个事件的时候，采用加大括号的方式.

比如：掷骰子掷得奇数点这个事件表示为 $A=\{1, 3, 5\}$.

小组互动：

举例说明生活中的随机事件、必然事件和不可能事件.

5. 必然事件与不可能事件

在一定的条件下必然发生的事件，称作**必然事件**，用 Ω 表示. 在一定的条件下不可能发生的事件，称作**不可能事件**，用 $\varnothing$ 表示.

新知识应用

例题1　指出下列事件是必然事件、不可能事件还是随机事件：

(1) 同时掷两枚硬币，出现一正一反；

(2) 在标准大气压下，水在0℃结冰；

(3) 明天会出太阳；

(4) 若 x 是实数，则 $x^2=-1$.

解：(1)、(3)是随机事件；(2)是必然事件；(4)是不可能事件.

跟踪练习1　指出下列事件是必然事件、不可能事件，还是随机事件：

(1) 若 x 是实数，则 $x^2\geqslant 0$；

(2) 地球自东向西转；

(3) 一个盒子里有3个白球和2个红球，任取一球是红球.

动动脑：

归纳判断基本事件的类型的常规方法.

例题2　连续掷2枚硬币.

(1) 求这个试验的基本事件的总数；

(2) “至少有一枚正面向上”这一事件包含哪几个基本事件？

解：(1) 基本事件的总数是4个，分别是(正，正)，(正，反)，(反，正)，(反，反)；

(2) “至少有一枚正面向上”包含三个基本事件：(正，正)，(正，反)，(反，正).

动动脑：

归纳判断写基本事件的常规方法与技巧.

跟踪练习 2　从一批含有 2 件次品的产品中取两件产品.

(1) 求这个试验的基本事件的个数；

(2)“至少有一件次品”这一事件包含哪几个基本事件？

10.2.2　概率

观察与思考

旧知识链接：

复习初中所学概率的概念.

(1) 抛掷硬币的模拟试验

试验：用电脑设计抛掷硬币试验 10 次，正面向上的试验结果如表 10－1 所示.

表 10－1

模拟次数	抛掷硬币次数	正面向上的频率
1	10	0.3400
2	100	0.4800
3	500	0.5200
4	1000	0.5100
5	1500	0.4993
6	2000	0.5096
7	2500	0.5023
8	3000	0.4988
9	3500	0.4998
10	4000	0.5001

分析：抛掷一枚硬币，每一次抛掷，可能是“正面向上”，也可能是“反面向上”，但随着抛掷次数的增多，就会发生“正面向上”与“反面向上”的次数越来越靠近.

(2) 产品质量检测试验

试验：某玩具厂成品玩具的质量检测，优等品的试验结果如表 10－2 所示.

表 10－2

抽取玩具数 n	200	400	600	800	1000	1200	1400	1600
优等品数 m	190	386	575	771	967	1153	1343	1537
优等品频率 $\frac{m}{n}$	0.95	0.965	0.9583	0.9638	0.9670	0.9608	0.9593	0.9606

分析： 检测玩具质量，在正常情况下，抽查了大量的玩具数后会发现，优等品的频率接近 0.96，当检测玩具的数量越多，这种规律越明显.

总结： 从以上实例可知，在相同条件下，随着试验的次数的增加，随机事件发生的频率会在某个常数附近摆动并趋于稳定，可以用这个常数来刻画该随机事件发生的可能性大小，即随机事件的概率.

新知识学习

1. 概率的概念

若在相同的条件下试验 n 次，其中事件 A 出现了 m 次，比值 $\frac{m}{n}$ 为 n 次试验中事件 A 出现的频率．一般地，在大量重复进行同一试验时，事件 A 发生的频率 $\frac{m}{n}$ 总是接近于某个常数，并在它附近摆动，这时就把这个常数叫做**事件 A 的概率**，记作 $P(A)$.

比如：上述试验(1)，用 0.5 作为“正面向上”事件的概率；而上述试验(2)，用 0.96 作为“优等品”事件的概率.

2. 概率的性质

因为在 n 次重复试验中，事件 A 出现的次数 m 总是满足 $0 \leqslant m \leqslant n$，所以 $0 \leqslant \frac{m}{n} \leqslant 1$. 因此可以得到事件的概率具有如下性质：

小组互动：

探讨并理解概率的基本性质.

(1) $0 \leqslant P(A) \leqslant 1$.

(2) 必然事件 Ω 和不可能事件 $\varnothing$ 作为随机事件的特例来考虑，它们的概率分别为 $P(\Omega)=1$，$P(\varnothing)=0$.

新知识应用

例题 3　某射手在同一条件下进行射击，结果如表 10－3 所示.

表 10－3

射击次数 n	10	50	100	150	200	250	300
击中靶心次数 m	9	44	93	134	182	224	271
击中靶心频率 $\frac{m}{n}$							

(1) 计算表中各试验击中靶心的频率；

(2) 这个射手射击一次，击中靶心的概率约是多少？

解： (1) 射击 10 次击中靶心的频率是

$$\frac{9}{10}=0.9.$$

同理可求得射击 50 次、100 次、150 次、200 次、250 次、300 次击中靶心的频率分别是 0.88、0.93、0.893、0.91、0.896、0.903.

(2) 每次射击的频率在 0.88～0.93 之间，故该射手击中靶心的概率约为 0.9.

动动脑：

归纳计算基本事件的频率与概率的常规方法.

跟踪练习 3 某医院治疗一种疾病，分组治疗统计结果如表 10－4 所示.

表 10－4

治疗人数 n	10	20	40	60	80	100
治愈人数 m	6	9	21	32	39	52
治愈频率 $\frac{m}{n}$						

(1) 计算表中各组治愈这种疾病的频率；

(2) 该家医院治愈这种疾病的概率约是多少？

10.2.3 古典概型

旧知识链接：

阅读教材下册中第 161 页概率的概念.

观察与思考

阅读并理解以下基本事件的概率：

(1) 掷一枚硬币，只有两个基本事件. 由于硬币的构造是均匀的，因而出现“正面向上”与“反面向上”的机会是均等的，所以掷一枚硬币，掷得“正面向上”和“反面向上”的可能性是相等的，即概率都是$\frac{1}{2}$.

(2) 掷一颗骰子，含有 6 个基本事件. 由于骰子的构造是均匀的，因而出现 6 种结果的机会是均等的，所以掷一颗骰子，每种结果出现的可能性都是相等的，即它们的概率都是$\frac{1}{6}$.

(3) 从装有红、白、黑三个大小形状完全相同的球的袋中，任取两个球. 它有 3 个基本事件“红，白”“红，黑”“白，黑”. 由于每个球被取到的机会是均等的，所以这三个基本事件发生的可能性是相等的，因而每个基本事件发生的可能性都是相等的，即它们的概率都是$\frac{1}{3}$.

新知识学习

1. 古典概型的概念

以上三个试验有两个共同的特征：

(1) 有限性．在随机试验中，其可能出现的结果是有限个；

(2) 等可能性．每个基本事件发生的机会是均等的.

将满足上述条件的随机事件的概率模型称为古典概型.

2. 古典概型的概率

一般地，对于古典概型，如果试验的基本事件总数为 n，随机事件 A 所包含的基本事件数为 m，就用 $\frac{m}{n}$ 来描述事件 A 发生的可能性大小，称它为事件 A 的概率，记作 $P(A)$，即 $P(A)=\frac{m}{n}$.

可以用古典概型计算的概率称为古典概率.

注意： 显然事件 A 的概率满足 $0\leqslant P(A)\leqslant 1$，并且必然事件的概率是 1，不可能事件的概率是 0，即 $P(\Omega)=1$，$P(\varnothing)=0$.

新知识应用

例题 4　掷一颗骰子，求掷得奇数点的概率.

解： 掷一颗骰子，它的基本事件总数 $n=6$，掷得奇数点事件 $A=\{1, 3, 5\}$，包含的基本事件数 $m=3$，所以 $P(A)=\frac{3}{6}=\frac{1}{2}$.

动动脑：

掷一颗骰子，出现点数大于 3 的概率是多少？

跟踪练习 4　一只口袋内装有大小相同的 5 个球，其中白球 3 个，红球 2 个，从中取一个球，求摸得红球的概率.

例题 5　连续三次抛掷一枚硬币，求恰好有两次正面向上的概率.

解： 连续三次抛掷一枚硬币，这个随机试验有 8 个基本事件：

(正，正，正)，(正，反，正)，(正，正，反)，(正，反，反)，(反，正，正)，(反，反，正)，(反，正，反)，(反，反，反).

因为每一次硬币“出现正面”与“出现反面”机会都是均等的，所以这八种结果的出现是等可能的，用事件 A 表示“恰好有两次正面向上”，则事件 $A=\{$(正，正，反)，(正，反，正)，(反，正，正)$\}$，它由 3 个基本事件组成．因而

$$P(A)=\frac{3}{8}.$$

动动脑：

归纳求古典概型的概率的常规方法.

跟踪练习 5 从含有两件正品 x_1，x_2 和两件次品 y_1，y_2 的四件产品中每次任取 1 件，每次取出后不放回，连续取 2 次，求取出的 2 件中恰好有 1 件次品的概率.

10.2.4 互斥事件及概率的加法公式

旧知识链接：

阅读教材上册中第 11 页并集的概念的内容.

观察与思考

盒子里有 8 个大小相同的球，红球 4 个，黄球 3 个，蓝球 1 个，从中任取 1 个．设“取出红球”是事件 A，“取出黄球”是事件 B，请问事件 A 和事件 B 可能同时发生吗？

分析： 因为取出红球就不会取到黄球，所以事件 A 和事件 B 不可能同时发生.

新知识学习

小组互动：

举出两个或两个以上的两两互斥事件的实例.

像这样，不可能同时发生的两个事件叫做**互斥事件**(或称**互不相容事件**).

下面我们来讨论事件 C 为“取出红球或黄球”与事件 A、B 的关系.

若事件 A 和事件 B 中至少有一个发生，则 C 发生；若 C 发生，则 A、B 中至少有一个发生．

一般地，由事件 A 和 B 至少有一个发生(即 A 发生或 B 发生或 A、B 都发生)所构成的事件 C，称为**事件 A 与 B 的并**(或**和**)，记作 $C=A\cup B$. 事件 $A\cup B$ 是由事件 A 或 B 所含的基本事件组成的集合.

从中任取一个球的基本事件总数 $n=8$，A、B、$A\cup B$ 的基本事件数分别为 4，3，7. 则

$$P(A)=\frac{4}{8}，P(B)=\frac{3}{8}，P(A\cup B)=\frac{7}{8}.$$

由上式可看出 $\frac{7}{8}=\frac{4}{8}+\frac{3}{8}$，即

$$P(A\cup B)=P(A)+P(B).$$

对任意两个互斥事件 A 和 B，有

$$\boxed{P(A\cup B)=P(A)+P(B).} \tag{1}$$

说明： 如果事件 A_1，A_2，…，A_n 两两互斥（彼此互斥），那么事件“$A_1 \cup A_2 \cup \cdots \cup A_n$”发生的概率，等于这 n 个事件分别发生概率的和，即

$$P(A_1 \cup A_2 \cup \cdots \cup A_n)=P(A_1)+P(A_2)+\cdots+P(A_n). \tag{1'}$$

公式(1)或(1′)叫做**互斥事件概率的加法公式**.

新知识应用

例题 6　某种品牌的易拉罐饮料举行了夏季有奖促销活动，在 10000 罐饮料中，有 1 个特等奖，2 个一等奖，6 个二等奖，50 个三等奖，试求一罐饮料中一等奖或二等奖的概率.

解： 记易拉罐饮料中一等奖、二等奖分别为事件 A、B. 这两个事件是彼此互斥的．由题意知，

$$P(A)=\frac{2}{10000},\ P(B)=\frac{6}{10000}$$

再根据公式(1′)，一罐饮料中一等奖或二等奖的概率是

$$P(A \cup B)=P(A)+P(B)=\frac{2}{10000}+\frac{6}{10000}=\frac{1}{1250}.$$

即一罐饮料中一等奖或二等奖的概率是$\frac{1}{1250}$．

跟踪练习 6　如果在 5000 张有奖储蓄的奖券中，有 1 个一等奖，3 个二等奖，6 个三等奖，试求一张奖券中奖的概率.

动动脑：

归纳求互斥事件概率的常规方法.

10.3 总体、样本与抽样方法

10.3.1 总体、样本

旧知识链接：

复习初中所学统计的有关概念.

观察与思考

从一批灯泡中任意抽取 10 个灯泡作寿命(单位：h)试验，规定灯泡寿命不到 1000h 为次品，经检测其使用寿命如下：

1002，1060，1046，921，1102，1032，789，1003，1288，1126

结果有 8 个灯泡的寿命高于 1000h，而 2 个灯泡的寿命低于 1000h，所以次品率为 0.2，从而可以粗略地推断出该类型灯泡的次品率为 0.2.

新知识学习

1. 总体与个体

所考察对象的全体叫做**总体**，记为总体 ξ. 总体中每一个被考察的对象叫做**个体**.

在上面的实例中，这批灯泡的使用寿命就是总体，每一个灯泡的使用寿命就是一个个体.

2. 样本与样本容量

小组互动：

探讨并理解总体、个体、样本、样本容量的概念.

上例中，显然检查灯泡的使用寿命是破坏性，所以不可能逐一检查 . 只能从中取一小部分进行抽样检测，所抽取灯泡的寿命的全体就是一个样本，将样本作寿命试验并记录结果，然后根据这组数据，计算出这批灯泡的次品率，从而推断整批灯泡的次品率.

一般地，为了考察总体 ξ，从总体中抽取 n 个个体来进行试验，这 n 个个体称为来自总体 ξ 的一个**样本**，n 为**样本容量**.

新知识应用

例题 1 要了解某个地区高一男生的身高，以掌握他们的身体发育状况 . 由于这个地区的高一学生很多，只能从中抽测部分男生(如 200 名)的身高，用这部分男生的身高来估计这个地区男生的身高 . 问考察对象的总体、个体、样本、样本容量各是什么？

解： 该地区高一男生身高的全体是总体，每个男生的身高是个体，从中抽取的 200 名男生的身高是总体的一个样本，样本的容量是 200.

跟踪练习 1　为检测某型号飞机的最大飞行速度，从中抽检 8 架飞机的最大飞行速度．问本考察对象的总体、个体、样本、样本容量各是什么？

动动脑：

归纳寻找总体、个体、样本、样本容量的常规方法与技巧.

10.3.2　抽样方法

观察与思考

统计的基本思想方法是用样本估计总体，但若抽样有“偏向性”，那么样本就不能正确地反映总体的情况，如何科学地进行抽样呢？

旧知识链接：

阅读教材下册中第 163 页古典概率的求法.

新知识学习

1. 简单随机抽样

为了解某职业学校高一(2)班(设有 42 名)学生学习意识的强弱，从中抽取 10 名学生进行调研，抽取方法如下：

将高一(2)班的学生从 1 到 42 进行编号，再制作 1 到 42 的 42 个号签，把 42 个号签集中在一起并充分搅均，最后随机地从中抽出 10 个号，对编号与抽中的号码相一致的学生进行学习意识的调研.

分析：每名高一(2)班的学生对应一个号码，而每个号码都有被抽到的机会，每次抽样是在相同条件下进行的.

这种抽样就是简单随机抽样.

(1) 简单随机抽样的概念

把满足下面两个条件的抽样方法称为简单随机抽样，用这种方法抽得的样本叫简单随机样本.

① 总体中的每个个体都有同等机会被抽到的可能；

② 每次抽样在相同条件下独立进行.

(2) 简单随机抽样的一般步骤

① 将总体中的所有个体编号(号码可以从 1 到 N)；

② 把从 1 到 N 的号码写在形状、大小相同的号签上(号签可以用小球、卡片、纸条等制作)；

③ 将号签放在同一箱中，并搅拌均匀；

④ 从箱中每次抽出一个号签，并记录其编号，连续抽取 k 次；

⑤ 从总体中将与抽到的签的编号相一致的个体取出.

小组互动：

探讨并理解简单随机抽样的一般步骤.

说明：用抽签法抽取样本时，编号的过程有时可以省略(若已有编号)，制签的过程不能省，但比较麻烦，可以采用随机数表的方法代替.

2. 系统抽样

为了解某高校学生(设有 3000 名)的视力状况，从这 3000 人中抽取一个容量为 100 的样本进行检查. 常采用以下方法：

这种抽样通常将学生分成 100 组，从第一组中抽取一个，然后按照“逐次加 30”的规则分别确定序号为 1 到 30、31 到 60、…、2971 到 3000 的学生代表.

(1) 系统抽样的概念

将总体平均分成几个部分，然后按照预先定出的规则，从每个部分中抽取一定数目的个体，得到所需的样本，这样的抽样方法称为**系统抽样**.

(2) 系统抽样的一般步骤

① 采用随机的方式将总体中个体进行编号；

② 将整个编号按一定的间隔(设为 k)分组，当 $\frac{N}{n}$(N 为总体中的个体数，n 为样本容量)是整数时，$k=\frac{N}{n}$；当 $\frac{N}{n}$ 不是整数时，从总体中剔除一些个体，使剩下的总体中个体的个数 N' 能被 n 整除，这时 $k=\frac{N'}{n}$，并将剩下的总体重新编号，分成 n 组；

③ 在第一组中用简单随机抽样确定起始个体编号 i_0($i_0 \leqslant k$)；

④ 将编号为 i_0，i_0+k，i_0+2k，…，$i_0+(n-1)k$ 的个体抽出.

小组互动：

探讨并理解系统抽样的一般步骤.

3. 分层抽样

某校高一、高二和高三年级分别有学生 1500、900 和 600 名，为了解高中年级学生的学习情况，从中抽取容量为 100 的样本，通常采用以下抽样方法：

由于不同年级的学生学习状态有一定的差异，不能在 3000 名学生中随机抽取 100 名学生，也不宜在三个年级中平均抽取. 为准确反映客观实际，不仅要使每个个体被取到的机会均等，而且要注意总体中个体的层次性，有效的办法是，使选取的样本中各年级学生所占的比与实际人数占总体人数的比基本相同. 因此，抽取高一学生 $100\times\frac{1500}{3000}=50$ 名，抽取高二学生 $100\times\frac{900}{3000}=30$ 名，抽取高三学生 $100\times\frac{600}{3000}=20$ 名.

(1) 分层抽样的概念

一般地，当总体由差异明显的几个部分组成时，为了使样本更客观地反映总体情况，常常将总体中的个体按不同的特点分成层次比较分明的部分，然后按各部分在总体中所占的比实施抽样，这种抽样方法叫做**分层抽样**，其中所分成的各个部分称为“层”.

（2）分层抽样的步骤

① 将总体按一定标准分层；

② 计算各层的个体数与总体的个体数的比；

③ 按各层个体数占总体的个体数的比确定各层应抽取的样本容量；

④ 在每一层进行简单随机抽样或系统抽样.

小组互动：

探讨并理解分层抽样的步骤.

新知识应用

例题 2 某班有 45 名同学，从中选取 5 名同学去参加文艺活动，如何采取简单随机抽样方法完成这一抽样？

解： 这一抽样的具体做法如下：

（1）将该班 45 名学生依次编上号码 1，2，3，…，45；

（2）将从 1 到 45 这些号码写在形状、大小相同的号签上；

（3）将号签放在同一箱中，并搅拌均匀；

（4）从箱中每次抽出一个号签，并记录其编号，连续抽取 5 次；

（5）从总体中将与抽到的签的编号相一致的学生派去参加文艺活动.

跟踪练习 2 深圳市福利彩票的抽奖方式是采用 37 选 7，请用简单随机抽样方法并简述本市福利彩票的抽奖过程.

动动脑：

归纳简单随机抽样的常规方法.

例题 3 某工厂在岗职工 820 人，为了调查工人对人事制度改革方案赞同程度，决定抽取 10％的工人进行调研，如何采用系统抽样方法完成这一抽样？

分析： 因为 820 的 10％为 82，等间隔分成 82 组.

解： 第一步　将 820 名职工按随机方式进行编号，分成 82 段；

第二步　在第一段 000，001，…，009 这十个编号中用简单随机抽样确定起始号码 i_0；

第三步　将编号为 i_0，i_0+10，…，i_0+810 的个体抽出来，组成样本.

动动脑：

归纳系统抽样的常规方法.

跟踪练习 3 某职业技术学校欲初步了解高一年级(有 1000 名学生)数学学科作业量情况，教务科决定抽取 50 名学生进行调查，如何采用系统抽样方法完成这一抽样？

例题 4 某职业技术学校欲调查学生家长对本校办学的满意程度，参加调查的总人数为 400 人，其中持不同态度的人数如表 10－5 所示.

表 10－5

很满意	满意	一般	不满意
180	120	60	40

学校为进一步了解家长们的具体想法和意见，打算从中抽取 40 人进行更为详细的调查，应怎样进行抽样？

分析： 因为总体中人数较多，所以不宜采用简单随机抽样．又因为持不同态度的人数差异较大，所以也不宜采用系统抽样方法，故以分层为宜.

解： 可采用分层抽样方法，其总体容量为 400.

"很满意"占$\frac{180}{400}=\frac{9}{20}$，应取 $40\times\frac{9}{20}=18$ 人，

"满意"占$\frac{120}{400}=\frac{3}{10}$，应取 $40\times\frac{3}{10}=12$ 人，

"一般"占$\frac{60}{400}=\frac{3}{20}$，应取 $40\times\frac{3}{20}=6$ 人，

"不满意"占$\frac{40}{400}=\frac{1}{10}$，应取 $40\times\frac{1}{10}=4$ 人，

因此，采用分层抽样的方法在"很满意""满意""一般""不满意"的 180 人、120 人、60 人、40 人分别抽取 18 人、12 人、6 人、4 人.

动动脑：

归纳简单随机抽样、分层抽样和系统抽样各适用的情况.

跟踪练习 4 某电视台在因特网上就观众对某一节目的喜爱程度进行调查，参加调查的总人数为 1000 人，其中持不同态度的人数如表 10－6 所示.

表 10－6

很喜欢	喜欢	一般	不喜欢
320	360	200	120

电视台为进一步了解观众的具体想法和意见，打算从中抽取 100 人进行更为详细的调查，应怎样进行抽样？

10.4　用样本估计总体

10.4.1　用样本的频率分布估计总体

观察与思考

为了解某职业学校的女生的身高情况，从1200名女生中用系统抽样的方法抽取一个容量为60的身高样本，测量的数据如下：

163	162	161	158	157	160	156	165	162	155	166	158
163	165	164	156	165	161	160	153	162	164	162	164
159	158	162	156	167	163	159	153	154	157	159	154
155	154	163	167	163	152	156	161	164	157	160	161
156	162	163	156	170	162	158	154	163	156	165	154

试初步估计该职业学校女生的身高的具体情况.

分析：该组数据中最小值为152，最大值为170，它们相差18，可取区间[152，170]，将此区间分成6个小区间，每个小区间的长度为3. 然后统计出每个区间内的频数并计算相应的频率，将计算结果填入表10－7中.

旧知识链接：

阅读教材下册第161页中频率与概率的概念及其求法.

表10－7

分组	个数累计	频数
[152，155)	8	8
[155，158)	12	12
[158，161)	10	10
[161，164)	18	18
[164，167)	9	9
[167，170]	3	3

新知识学习

1. 频率、频率分布表

各组内数据的个数叫做该组的**频数**. 每组的频数与全体数据的个数之比叫做该组的**频率**.

当总体很大或不便于获得时，可以用样本的频率分布估计总体的频率分布，把这种反映总体频率分布的表格称为**频率分布表**.

小组互动：

探讨合理分组的常规方法与技巧.

计算上面的频数分布表中各组的频率，得到该组数据的频率分布表，如表 10－8 所示.

表 10－8

分组	个数累计	频数	频率
[152，155)	8	8	0.13
[155，158)	12	12	0.20
[158，161)	10	10	0.17
[161，164)	18	18	0.30
[164，167)	9	9	0.15
[167，170]	3	3	0.05

2. 频率分布直方图

为了更直观地体现数据的分布规律，上例中将频率分布表中的结果绘制成如图 10－3 所示的频率分布直方图.

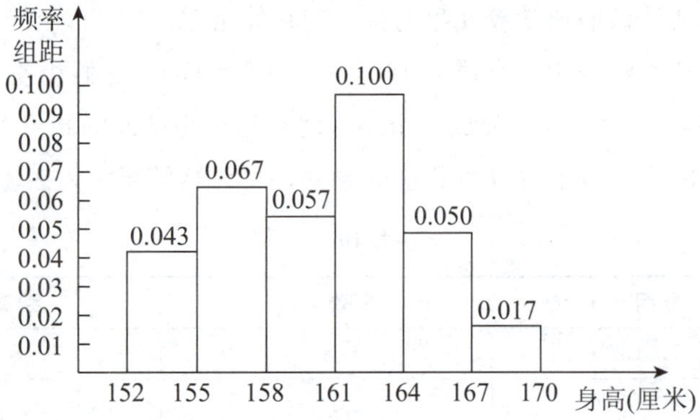

图 10－3

说明：直方图中，小长方形面积$=$组距$\times\dfrac{\text{频率}}{\text{组距}}=$频率，其中$\dfrac{\text{频率}}{\text{组距}}$称为频率密度，小长方形高$=\dfrac{\text{频率}}{\text{组距}}=\dfrac{1}{\text{组距}\times\text{数据总数}}\times$频数.

编制频率分布直方图的步骤：

(1) 求全距(最大值－最小值)，确定组数和组距(组距$=\dfrac{\text{全距}}{\text{组数}}$)；

(2) 分组，通常对组内数值所在区间取左闭右开区间，最后一组取闭区间；

(3) 登记频数，计算频率，列出频率分布表；

(4) 计算频率与组距的比；

小组互动：

绘制频率分布直方图的步骤及图中矩形元素的含义.

(5) 画出频率分布直方图．横轴表示数据分组情况，以组距为单位，纵轴表示频率与组距的比．

新知识应用

例题 1 在同一条件下，对 30 辆同一型号的汽车进行耗油 1L 所行走路程的试验，得到如下数据(单位：km)：

15.7 15.8 15.3 14.5 14.8 14.2 13.7 15.1 16.0 15.5

16.7 16.8 15.8 14.8 15.8 14.8 16.7 16.1 16.5 15.4

16.4 16.2 15.2 14.9 16.8 16.4 14.6 13.2 16.6 16.8

(1) 列出这组数据的频率分布表；

(2) 绘制频率直方图；

(3) 估计这种型号的汽车行走路程范围在[14.4，16.2)内所占的比例．

解：(1) 该组数据中最小值为 13.2，最大值为 16.8，它们相差 3.6，可取区间[13.2，16.8]，并将此区间分成 6 个小区间，每个小区间的长度为0.6，再统计出每个区间内的频数并计算相应的频率，将计算结果填入表 10－9.

表 10－9

分组	个数累计	频数	频率
[13.2，13.8)	2	2	0.07
[13.8，14.4)	1	1	0.03
[14.4，15.0)	6	6	0.20
[15.0，15.6)	5	5	0.17
[15.6，16.2)	6	6	0.20
[16.2，16.8]	10	10	0.33

(2) 用横坐标表示汽车行走路程，纵坐标表示频率与组距的比值，绘制如图 10-4 所示频率直方图．

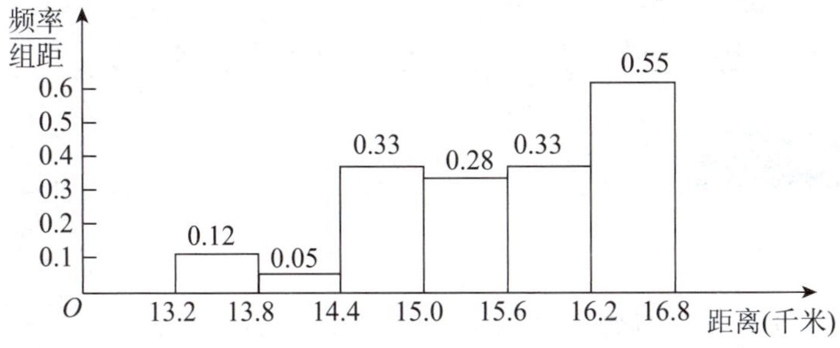

图 10－4

(3) 由频率分布表可得，这种型号的汽车行走路程范围在[14.4，16.2)

内所占的比例为 0.20+0.17+0.20=0.57.

动动脑：

归纳编制频率分布表、频率直方图及解决相应实际问题的常规方法与技巧.

跟踪练习 1 从规定内径为 25.40mm 钢管的一个总体中任取 30 件，测得它们的实际尺寸如下：

25.39	25.36	25.34	25.42	25.45	25.38	25.39	25.32
25.47	25.41	25.35	25.41	25.43	25.44	25.48	25.45
25.43	25.46	25.40	25.27	25.52	25.45	25.40	25.39
25.41	25.36	25.38	25.31	25.56	25.50		

(1) 列出这组数据的频率分布表；

(2) 绘制频率直方图；

(3) 估计这种型号的钢管尺寸范围在[25.32，25.42)内所占的比例.

10.4.2 用样本的均值、标准差估计总体

旧知识链接：

复习平均数的概念与求法.

观察与思考

某班第一学习小组的期中考试成绩如下：

56 78 68 93 53 90 72 66 88 84

则该小组的期中考试平均成绩是

$$\frac{56+78+68+93+53+90+72+66+88+84}{10}=74.8.$$

新知识学习

1. 样本均值

观察某个样本，得到 n 个数 x_1，x_2，…，x_n，那么 $\frac{x_1+x_2+\cdots+x_n}{n}$ 叫做这个**样本的均值**，记为 $\bar{x}$，读作“x 拔”. 样本均值反映出样本的平均水平，因此可以用样本均值估计总体的平均水平.

2. 样本方差、标准差

思考：某班两个学习小组的期末考试成绩分别为

甲学习小组	58	86	95	83	78	62	91	67	84	76
乙学习小组	96	67	64	94	52	90	92	66	89	70

试分析这两个学习小组的成绩.

分析：根据题中两组数据计算它们的均值分别为

$$\overline{x}_{甲}=\frac{58+86+95+83+78+62+91+67+84+76}{10}=78,$$

$$\overline{x}_{乙}=\frac{96+67+64+94+52+90+92+66+89+70}{10}=78.$$

这就是说，这两个学习小组的平均成绩都是78分，但从题中两组数据可以观察到，甲学习小组的成绩偏差较小，较稳定；而乙学习小组的成绩偏差较大，不太稳定.

从上面例子看出，对于一组数据，除需要了解它们的平均水平以外，还需要了解它们的波动大小(即偏离平均数的大小).

通常采用的做法是：各数据与它们的平均数$\overline{x}$的差的平方和的平均数，用这个平均数来衡量这组数据的波动大小．即

$$s_{甲}^2=\frac{1}{10}\Big[(58-78)^2+(86-78)^2+(95-78)^2+(83-78)^2+(78-78)^2$$
$$+(62-78)^2+(91-78)^2+(67-78)^2+(84-78)^2+(76-78)^2\Big]$$
$$=136.4,$$

$$s_{乙}^2=\frac{1}{10}\Big[(96-78)^2+(67-78)^2+(64-78)^2+(94-78)^2+(52-78)^2$$
$$+(90-78)^2+(92-78)^2+(66-78)^2+(89-78)^2+(70-78)^2\Big]$$
$$=224.2,$$

因为$136.4<224.2$，所以甲学习小组的成绩较整齐，乙学习小组的学习成绩差异较大.

小组互动：

探讨均值和方差中，哪个指标更能反映样本的实际情况.

(1) 方差

设一组样本数据x_1，x_2，…，x_n，其均值为$\overline{x}$，则把

$$s^2=\frac{1}{n}[(x_1-\overline{x})^2+(x_2-\overline{x})^2+\cdots+(x_n-\overline{x})^2]=\frac{1}{n}\sum_{i=1}^{n}(x_i-\overline{x})^2.$$

叫做这个样本的**方差**.

(2) 标准差

小组互动：

探讨并理解样本均值、样本方差、样本标准差的概念.

为了方便使用，需要用方差的算术平方根 $s=\sqrt{\frac{1}{n}\sum_{i=1}^{n}(x_i-\overline{x})^2}$ 来表示个体与样本均值之间的偏离程度，叫做样本的**标准差**.

样本方差(标准差)反映了样本的波动情况，故我们可以用样本方差(标准差)估计总体的波动性.

样本均值 $\overline{x}$，方差 s^2，标准差 s 都可以通过样本 $(\xi_1, \xi_2, \cdots, \xi_n)$ 的一组观察值 $(\xi_1, \xi_2, \cdots, \xi_n)$ 统计出数值，且不含未知的总体参数，称它们为**统计量**.

新知识应用

例题 2 从某市参加毕业考试的学生中，随机抽查了 20 名学生的数学成绩，分数如下：

63，76，88，87，74，85，90，91，86，73，
56，75，79，83，78，82，84，92，80，98.

试估算该市这一年参加毕业考试学生的平均成绩及方差.

解：这里总体是“某市某年所有参加毕业考试学生的数学成绩”，设为 ξ. 上面所抽到的 20 个数是总体中一个容量为 20 的样本的一组观察值，其平均数和方差分别为

平均数 $\overline{x}=\frac{1}{20}(63+76+\cdots+98)=81$，

方差 $s^2=\frac{1}{20}[(63-81)^2+(76-81)^2+\cdots+(98-81)^2]=93.4$.

动动脑：

归纳计算均值和方差的常规方法与运算技巧.

跟踪练习 2 从某灯泡厂生产的一批灯泡中随机地抽取 10 只进行寿命测试，数据如下(单位：h)：

1523　1467　1522　1482　1683　1489　1564　1466　1519　1536

试估计这批灯泡的平均寿命 $\overline{x}$ 及寿命的方差 s^2.

阅读材料十

概率论与数理统计的起源与发展

概率论产生于17世纪，早在1654年，意大利医生兼数学家卡当在赌博时研究不输的方法，实际是概率论的萌芽. 17世纪中叶，法国贵族德·美黑在骰子赌博中，因急事中途必须停止赌博，但要对胜负的预测把赌资进行合理的分配，但不知如何合理分配，于是就写信向当时法国的最高数学家帕斯卡请教. 帕斯卡和当时一流的数学家费尔玛一起，研究了德·美黑提出的关于骰子赌博的问题. 于是，一个新的数学分支——概率论登上了历史舞台. 1657年，荷兰著名的天文、物理兼数学家惠更斯企图自己解决这一问题，结果写成了《论机会游戏的计算》一书，这就是最早的概率论著作.

在概率问题早期的研究中，逐步建立了事件、概率和随机变量等重要概念以及它们的基本性质. 后来由于许多社会问题和工程技术问题，均促进了概率论的发展. 从17世纪到19世纪，贝努利、隶莫弗、拉普拉斯、高斯、普阿松、切贝谢夫、马尔可夫等著名数学家都对概率论的发展做出了杰出的贡献. 到20世纪初，随着概率论在其他基础学科和工程技术上的应用及拉普拉斯给出的概率定义的局限性，暴露出概率论作为一个数学分支，缺乏严格的理论基础.

概率论的第一本专著是1713年问世的雅各·贝努利的《推测术》. 贝努利在该本书，表述并证明了著名的“大数定律”，它构成了从概率论通向更广泛应用领域的桥梁. 因此，贝努利被称为概率论的奠基人. 为概率论确定严密的理论基础的是数学家柯尔莫哥洛夫. 1933年，他发表了著名的《概率论的基本概念》，用公理化结构，这个结构明确了概率论发展的一个里程碑，为今后的概率论的迅速发展奠定了基础.

20世纪以来，概率论飞速发展，应用范围不断拓宽. 在最近几十年中，概率论的方法被引入各个工程技术学科和社会学科. 目前，概率论在近代物理、自动控制、地震预报和气象预报、工厂产品质量控制、农业试验和公用事业等方面都得到了重要应用，很多概率论方法也被引入到经济、金融和管理科学，成为它们的有力工具. 现在，概率论已发展成为一门与实际紧密相连的数学科学，有自己独特的概念和方法.

数理统计是伴随着概率论的发展而发展起来的一个数学分支，研究如何有效的由收集、整理和分析受随机因素影响的数据，并对所考虑的问题作出推断或预测，为采取某种决策和行动提供依据或建议.

数理统计起源于人口统计、社会调查等各种描述性统计活动. 公元前

2250 年，大禹治水统计人力和物力的多寡，殷周时代实行井田制进行了土地与户口的统计，春秋时代论诸侯实力进行了军事调查和比较；汉代全国户口与年龄的统计数字，明初编制了黄册与鱼鳞册.可见，我国历代对统计工作非常重视，只是缺少系统研究，未形成专门的著作.而在西方各国，统计工作开始于公元前 3050 年，埃及为建造金字塔对全国人口进行普查和统计．到了亚里士多德时代，统计工作开始往理性演变．统计一词，就是从意大利一词逐步演变而成的.

数理统计的发展大致可分为古典时期、近代时期和现代时期三个阶段.

古典时期(19 世纪以前).这是描述性的统计学形成和发展阶段，是数理统计的萌芽时期.在这一时期里，瑞士数学家贝努里(1654—1795 年)系统地论证了大数定律.1763 年，英国数学家贝叶斯提出了一种归纳推理的理论，后被发展为一种统计推断方法——贝叶斯方法.法国数学家棣莫佛(1667—1754)于 1733 年首次发现了正态分布的密度函数.并计算出该曲线在各种不同区间内的概率，为整个大样本理论奠定了基础.1809 年，德国数学家高斯(1777—1855)和法国数学家勒让德(1752—1833)各自独立地发现了最小二乘法，并应用于观测数据的误差分析.

近代时期(19 世纪末至 1845 年).数理统计的主要分支建立，是数理统计的形成时期。上一世纪初，由于概率论理论上完备发展与工农业生产迫切需要，推动了这门学科的蓬勃发展.

1889 年，英国数学家皮尔逊(1857—1936)提出了矩估计法，次年又提出了频率曲线的理论.1900 年在德国数学家赫尔梅特在发现 χ^2 分布的基础上提出了 χ^2 检验，这是数理统计发展史上第一个小样本分布；1908 年，英国的统计学家戈塞特(1876—1937)创立了小样本检验代替了大样本检验的理论和方法(即 t 分布和 t 检验法)；1912 年，英国统计学家费歇(1890—1962)推广了 t 检验法，并发展了显著性检验及估计和方差分析等数理统计新分支。这样，数理统计成为应用广泛、方法独特的一门数学学科.

现代时期(1945 年以后).美籍罗马尼亚数理统计学家瓦你德(1902—1950)发展了决策理论，提出了一般的判别问题.创立了序贯分析理论，提出著名的序贯概率比检法。瓦尔德的两本著作《序贯分析》和《统计决策函数论》，被认为是数理发展史上的经典之作.

由于计算机的应用，推动了数理统计在理论研究和应用方面不断地向纵深发展，并产生一些新的分支和边缘性的新学科，如最优设计和非参数统计推断等.当前，数理统计的应用范围愈来愈广泛，已渗透到许多科学领域，应用到国民经济各个部门，成为科学研究不可缺少的工具.

●第 11 章　立体几何

11.1　平面的基本性质

11.1.1　平面及平面的基本性质

观察与思考

观察平静的湖面、桌面、镜面、墙面等，发现它们有一个共同的特点：平坦、光滑，给我们平面的形象，但它们都是有限的.

旧知识链接：

复习平面几何的相关知识.

新知识学习

1. 平面的概念

几何里的平面和直线一样是无限延展的，光滑且没有边界的图形．常见的桌面、黑板面、平静的水面都是平面的局部形象．通常用一个平行四边形(锐角一般为 45°)表示平面，用希腊字母 α、β、γ、…来命名，也可以用表示平行四边形的对角顶点的字母来命名．如图 11－1 所示，平面 α、平面 β、平面 AC、平面 BD 等.

小组互动：

自己动手画几种不同样式的图形表示平面，并命名.

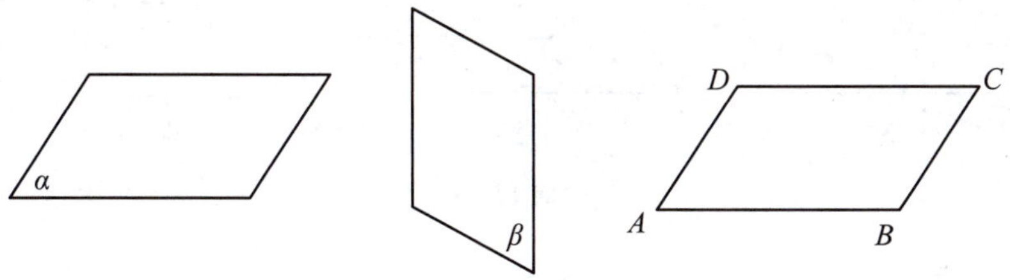

图 11－1

2. 平面的基本性质

小组互动：

探讨“照相机可用三条腿的架子支撑在地面上”的原理.

基本性质 1　如果一条直线上的两点在一个平面内，那么这条直线上的所有点都在这个平面内(如图 11－2 所示)

基本性质 2　如果两个平面有一个公共点，那么它们就有另外的公共点，且所有公共点的集合是经过这个点的一条直线(如图 11－3 所示).

基本性质 3 经过不在同一条直线上的三点，有且只有一个平面(如图 11－4 所示).

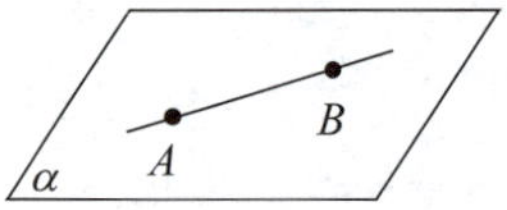

图 11－2

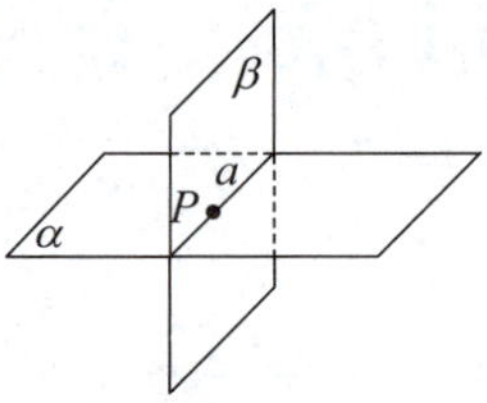

图 11－3

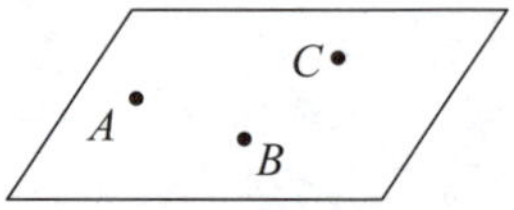

图 11－4

评析：(1) 以后说到两个平面，如不特别说明都是指两个不重合的平面.

(2) 基本性质 3 也可简单地说成“不共线的三点确定一个平面”. 过不共线三点 A、B、C 的平面，通常记作平面 ABC.

如果两个平面有一条公共直线，则称**这两个平面相交**. 这条公共直线叫做**两个平面的交线**. 如图 11－3 所示，α 与 β 相交，交线是 a. 在画两个平面相交，当其中一个平面被另一个平面遮住时，应把被遮住的部分画成虚线或不画.

由基本性质 3，容易得到下面的推论：

小组互动：

探讨并理解平面基本性质的三个推论.

推论 1 经过一条直线和直线外一点，有且只有一个平面(如图 11－5(1)所示).

推论 2 经过两条相交直线，有且只有一个平面(如图 11－5(2)所示).

推论 3 经过两条平行直线，有且只有一个平面(如图 11－5(3)所示).

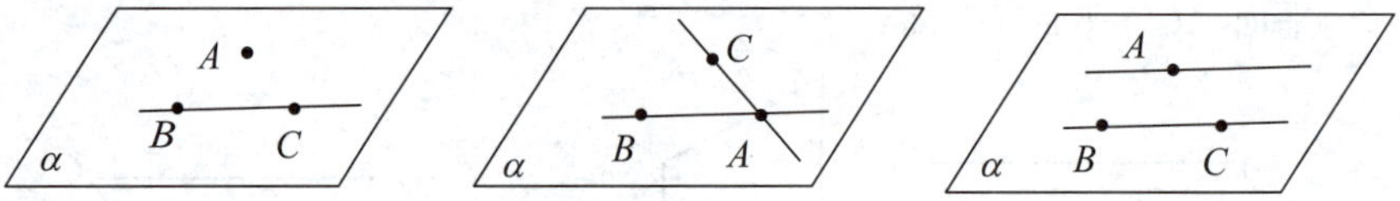

(1) (2) (3)

图 11－5

3. 点、线、面位置关系的符号表示

空间中点、线、面位置关系可以借用集合的符号来表示. 例如：

(1) 点 A 在平面 α 内，记作 $A\in\alpha$，点 A 不在平面 α 内，记作 $A\notin\alpha$；

(2) 直线 l 在平面 α 内，记作 $l\subseteq\alpha$，直线 l 不在平面 α 内，记作 $l\not\subset\alpha$；

(3) 平面 α 与平面 β 相交于直线 a，记作 $\alpha\cap\beta=a$；

(4) 直线 l 和 m 相交于点 A，记作 $l\cap m=A$.

新知识应用

例题 1 下列命题中，正确的是(　　).

(1) 一个平面有边界；

(2) 三点确定一个平面；

(3) 如果线段 AB 在平面 α 内，那么直线 AB 也在平面 α 内.

A. ①　　B. ②　　C. ③　　D. ②、③

解：选 C. 由几何平面的无限性可知，命题①是错误的，命题③是正确的. 由基本性质 3 可知，命题②是错误的.

跟踪练习 1 下列命题中，正确的是(　　).

① 一个平面 3cm，宽 1.5cm；

② 两个平面的公共点的集合是一条线段；

③ 一个平面把空间分成两部分.

A. ①　　B. ②　　C. ③　　D. ②、③

动动脑：

归纳运用平面的概念与性质判断命题真假的常规方法与技巧.

例题 2 用符号表示下列语句：

(1) 点 A 在平面 α 内，点 B 不在平面 α 内；

(2) 平面 α 内有两条相交直线 a，b，它们交于点 A.

解：(1) $A\in\alpha$，$B\notin\alpha$；

(2) $a\subseteq\alpha$，$b\subseteq\alpha$，$a\cap b=A$.

跟踪练习 2 用符号表示下列语句：

(1) 点 A 既在平面 α 内，又在平面 β 内；

(2) 直线 a 经过平面 α 内一点 P.

动动脑：

归纳空间中点、线、面位置关系的符号表示的常规方法.

例题 3 一条直线与两条平行线都相交，求证：这三条直线在同一个平面内.

已知：三条直线 a、b、c，$a /\!/ b$，$a\cap c=A$，$b\cap c=B$.

求证：直线 a、b、c 共面.

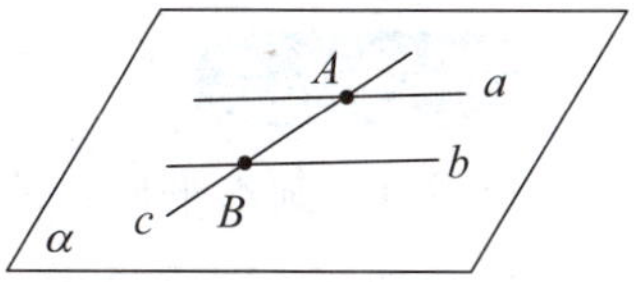

图 11－6

证明：如图 11－6 所示，因为 $a /\!/ b$，

所以直线 a 和 b 确定一个平面 α.

又因为 $A\in\alpha$，$B\in\alpha$，$A\in c$，$B\in c$，

所以 $c\subseteq\alpha$.

动动脑：

归纳证明直线共面的位置关系的常规方法与技巧.

跟踪练习 3　两两相交且不过同一个点的三条直线必在同一个平面内.

11.1.2　水平放置的平面图形直观图的画法

旧知识链接：

复习初中关于投影的相关知识.

观察与思考

如图 11－7 所示，把空间图形画在纸上或黑板上，这就是用一个平面图形来表示空间图形，这样的平面图形不是空间图形的真实形状，而是它的直观图.

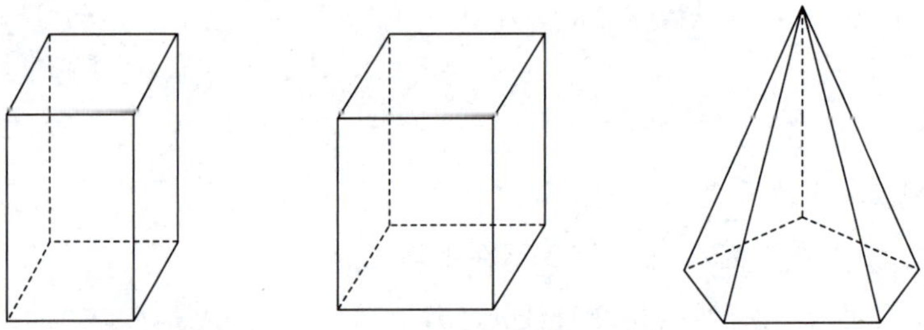

图 11－7

新知识学习

水平放置的平面图形的直观图的画法常用斜二测画法，其规则如下：

小组互动：

探讨并理解斜二测画法画水平放置的平面图形的直观图的一般步骤.

(1) 在已知图形中取互相垂直的轴 Ox、Oy. 画直观图时，把它画成对应的轴 $O'x'$、$O'y'$，使 $\angle x'O'y'=45°$（或 $135°$），它们确定的平面表示水平平面.

(2) 已知图形中平行于 x 轴或 y 轴的线段，在直观图中分别画成平行于 x'轴或 y'轴的线段.

(3) 已知图形中平行于 x 轴的线段，在直观图中保持长度不变；平行于 y 轴的线段，长度为原来的一半.

新知识应用

例题 4　画水平放置的正方形的直观图.

解： 如图 11－8 所示，按如下步骤完成.

第一步　画轴. 在已知正方形 $ABCD$ 中，取正方形的顶点 A 为坐标原点，

边 AB、AD 分别为 x 轴、y 轴．画对应的轴 $O'x'$、$O'y'$，使 $\angle x'O'y'=45°$.

第二步 画平行线段．以点 O' 为端点，在 x' 轴上取 $A'B'=AB$，在 y' 轴上取 $A'D'=\frac{1}{2}AD$，再过点 B' 作 $B'C'\parallel O'y'$，且 $B'C'=\frac{1}{2}BC$.

第三步 成图．连接 $D'C'$，所得平行四边形 $A'B'C'D'$ 就是正方形 $ABCD$ 的直观图.

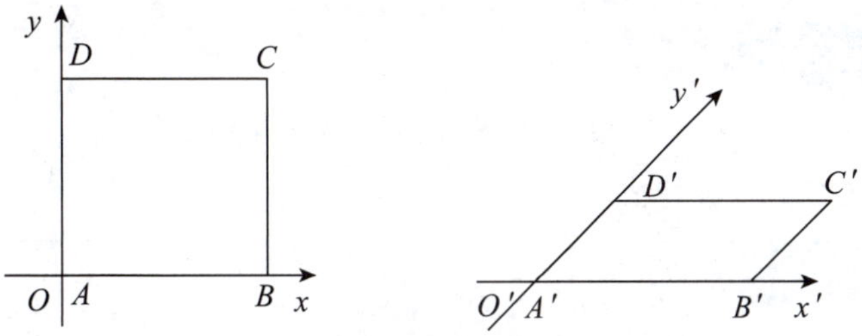

图 11－8

跟踪练习 4 画水平放置的正三角形的直观图.

动动脑：

归纳用斜二测画法画水平放置的平面图形的直观图的常规方法与技巧.

11.2 空间两条直线

11.2.1 空间两条直线的位置关系

旧知识链接：

复习平面几何中两条直线位置关系的内容.

观察与思考

如图 11－9 所示，观察六角螺母的棱 AB 分别与棱 BC、DC、CE 的位置特征.

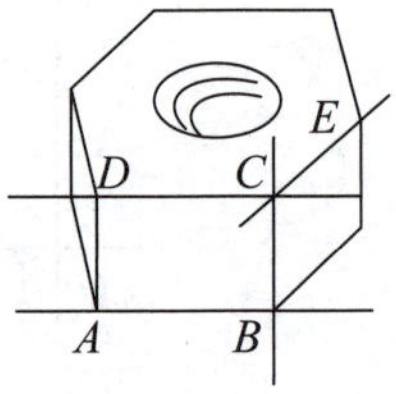

图 11－9

新知识学习

1. 异面直线的概念

把不同在任何一个平面内的两条直线叫做**异面直线**.例如：棱 AB 与棱 CE 就是**异面直线**.

小组互动：

探讨并理解空间两条直线的位置关系.

空间的两条直线有相交、平行、异面三种位置关系.

(1) 相交直线：在同一个平面内，有且只有一个公共点；

(2) 平行直线：在同一个平面内，没有一个公共点；

(3) 异面直线：不同在任何一个平面，且没有公共点.

2. 平行直线的基本性质

平行于同一条直线的两条直线互相平行.

定理 如果一个角的两边和另一个角的两边分别平行且方向相同，那么这两个角相等.

已知：$\angle ABC$ 和 $\angle A'B'C'$ 的边 $AB /\!/ A'B'$，$CB /\!/ C'B'$，并且方向相同.

求证：$\angle ABC=\angle A'B'C'$.

证明： 如图 11－10 所示，在 $\angle ABC$ 和 $\angle A'B'C'$ 的两边上分别截取 $BD=B'D'$，$BE=B'E'$.

因为 $BD /\!/ B'D'$ 且 $BD=B'D'$，所以 $BDD'B'$ 是平行四边形，即 $BB' /\!/ DD'$ 且 $BB'=DD'$.

因为 $BE /\!/ B'E'$ 且 $BE=B'E'$，所心 $BEE'B'$ 是平行四边形，即 $BB' /\!/ EE'$ 且 $BB'=EE'$.

所以 $DEE'D'$ 是平行四边形，$DE=D'E'$，即 $\triangle BDE \cong \triangle B'D'E'$.

因此 $\angle ABC=\angle A'B'C'$.

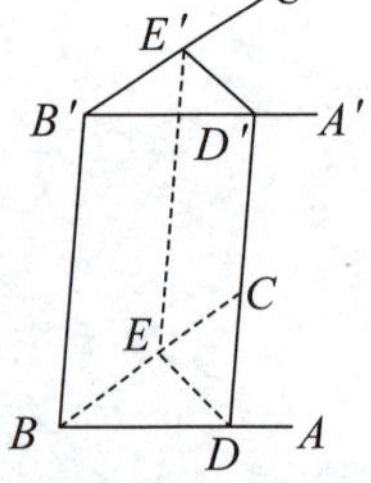

图 11－10

新知识应用

例题 1 下面命题中，正确的是(　　).

① 分别在两个平面内的直线是异面直线

② 没有公共点的直线是异面直线

③ 平行于同一条直线的两条直线平行

④ 与两条平行线中的一条异面的直线，必与另一条平行线异面

A. ①　　B. ②　　C. ③　　D. ④

解：选 C，由异面直线的概念可知，对于选项 A，需不同在任何平面的直线才是异面直线；对于选项 B，没有公共点的直线可能是异面直线，也可能是平行直线；对于选项 D，与两条平行线中的一条异面的直线，与另一条平行线可能异面，也可能相交.

跟踪练习 1 下面命题中，正确的是(　　).

① 垂直同一条直线的两条直线互相平行

② 如果两个角的两边分别平行，那么这两个角相等

③ 和两平行线中的一条相交的直线必与另一条相交

④ 过已知直线外一点有且只有一条直线与已知直线平行

A. ①　　B. ②　　C. ③　　D. ④

动动脑：

归纳由空间两条直线的位置关系判断命题真假的常规方法.

例题 2 如图 11－11 所示，指出长方体中各对线段所在的直线的位置关系：

(1) AB 与 $D'C'$；　(2) AB' 与 BC'；

(3) AD' 与 CD'；　(4) AD' 与 BC'.

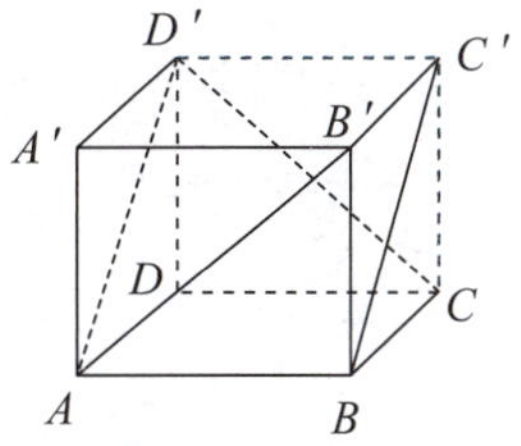

图 11－11

解：(1) AB 与 $D'C'$ 是平行直线；

(2) AB' 与 BC' 是异面直线；

(3) AD' 与 CD' 是相交直线；

(4) AD' 与 BC' 是平行直线.

跟踪练习 2 如图 11－11 所示，指出长方体中各对线段所在的直线的位置关系：

(1) AA' 与 CC'；　(2) BC 与 DD'；

(3) $A'C'$ 与 AC；　(4) AD 与 BC'.

动动脑：

归纳由几何图形判断空间两条直线的位置关系的常规方法与技巧.

例题 3 如图 11-12 所示，已知：空间四边形 $ABCD$(四个顶点不同在一个平面的四边形)的对角线垂直，E、F、G、H 分别是边 AB、BC、CD、DA 的中点．求证：四边形 $EFGH$ 是矩形．

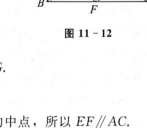

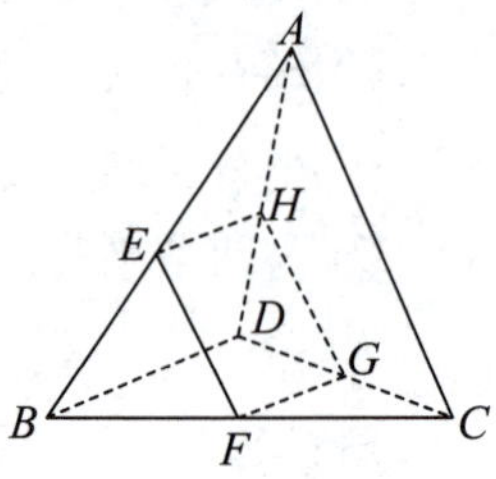

图 11-12

证明： 连接 BD、AC.

在△ABD 中，

因为 E、H 分别是 AB、AD 的中点，

所以 $EH \parallel BD$，且 $EH=\frac{1}{2}BD$.

在△BCD 中，

因为 F、G 分别是 CB、CD 的中点，

所以 $FG \parallel BD$，且 $FG=\frac{1}{2}BD$，即 $EH \underline{\parallel} FG$.

因此，四边形 $EFGH$ 是平行四边形.

在△ABC 中，因为 E，F 分别是 BA，BC 的中点，所以 $EF \parallel AC$.

因为 $BD \perp AC$，所以 $EH \perp EF$.

因此四边形 $EFGH$ 是矩形.

动动脑：

归纳由几何图形证明平面几何图形的形状的常规方法与技巧.

跟踪练习 3 已知在空间四边形 $ABCD$ 中，对角线 AC 与 BD 相等，E、F、G、H 分别为 AB、BC、CD、DA 的中点．求证：四边形 $EFGH$ 是菱形.

11.2.2 异面直线所成的角

旧知识链接：

复习平面内两条直线所成的角.

观察与思考

如图 11-13(1)、(2)所示，直线 a、b 是异面直线．经过空间任意一点 O，分别引直线 $a' \parallel a$，$b' \parallel b$. 由平行线的性质定理可知，直线 a'和 b'所成的锐角(或直角)的大小，只与直线 a、b 的相互位置来确定，与点 O 的选择无关.

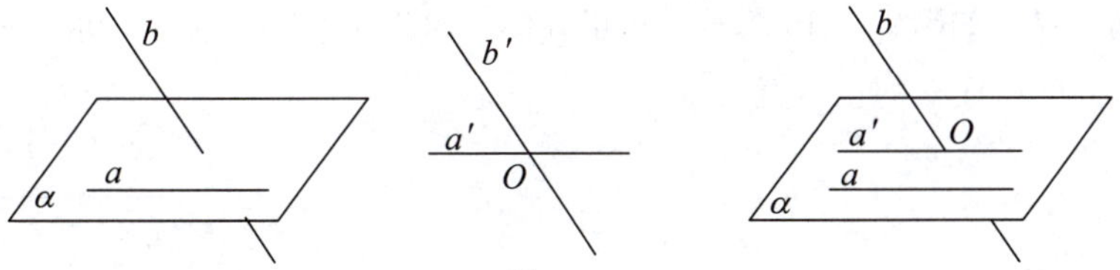

(1)　(2)　(3)

图 11 - 13

新知识学习

把直线 a' 和 b' 所成的锐角(或直角)叫做**异面直线 a、b 所成的角**.

如图 11 - 14 所示，异面直线 AB 与 CC' 所成的角是 $90°$，异面直线 BD 与 $A'C'$ 所成的角是 $90°$，异面直线 BC 与 $A'C'$ 所成的角是 $45°$.

小组互动：

探讨并理解异面直线所成的角的概念与范围.

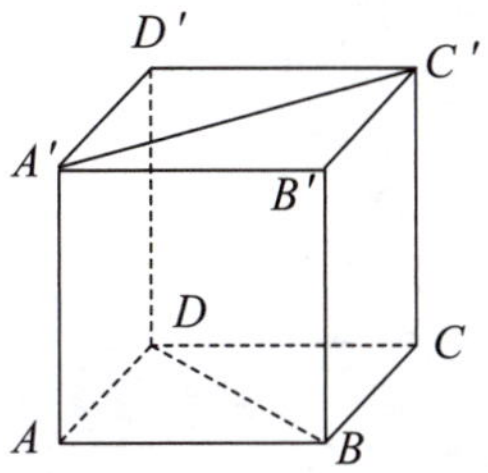

图 11 - 14

说明： ① 为了简便，点 O 常取在两条异面直线中的其中一条上，如图 11 - 13(3)所示.

② 由异面直线 a、b 所成的角概念可知，异面直线 a、b 所成的角范围是 $\left(0,\ \frac{\pi}{2}\right]$.

如果两条异面直线所成的角是直角，就说这两条直线互相垂直.

新知识应用

例题 4　如图 11 - 15 所示，在正方体 $ABCD-A'B'C'D'$ 中，求异面直线 AD' 与 $A'B$ 所成的角.

解： 设正方体的棱长为 a，边结 $D'C$，AC.

因为 $A'D' \parallel BC$，且 $A'D'=BC$，

所以四边形 $A'BCD'$ 是平行四边形，$A'B \parallel D'C$，即$\angle AD'C$ 是异面直线 AD' 与 $A'B$ 所成的角，

又因为 AD'，AC，$D'C$ 均为边长相等的正方形的对角线，

所以 $AD'=AC=D'C$，$\triangle ACD'$ 为等边三角形，即$\angle AD'C=60°$.

故异面直线 AD' 与 $A'B$ 所成的角是 $60°$。

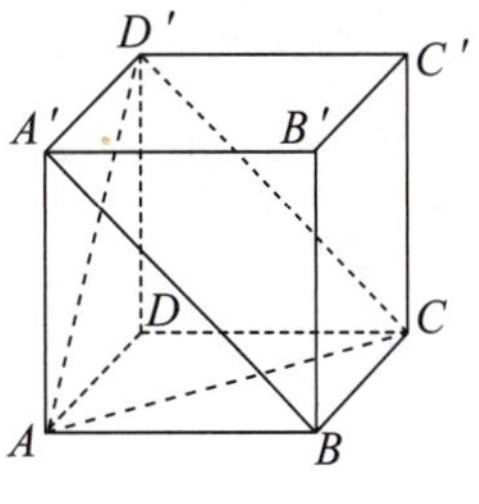

图 11 - 15

动动脑：

归纳求几何图形中异面直线所成角的常规方法与技巧.

跟踪练习 4 如图 11－16 所示，在正方体 $ABCD-A'B'C'D'$ 中，求异面直线 AC' 与 DD' 所成角的正切值.

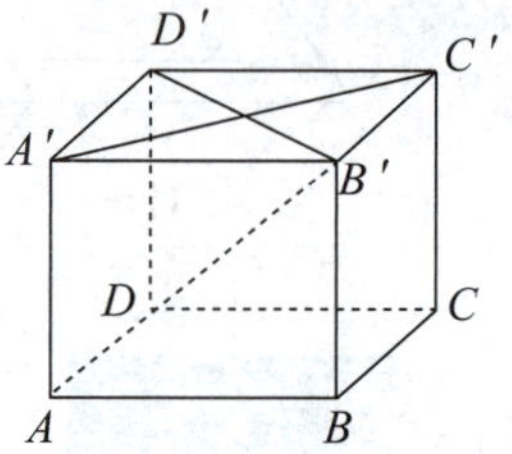

图 11－16

11.3　空间直线与平面

11.3.1　直线与平面平行

观察与思考

旧知识链接：

介绍一间规则教室墙角线与墙面之间的关系.

如图 11－17 所示，观察直线 $A'C'$ 分别与平面 AC、平面 AB'、平面 $B'D'$ 的位置关系.

显然，直线 $A'C'$ 与平面 AC 没有公共点；

直线 $A'C'$ 与平面 AB' 有一个公共点 A'；

直线 $A'C'$ 与平面 $B'D'$ 有无数个公共点.

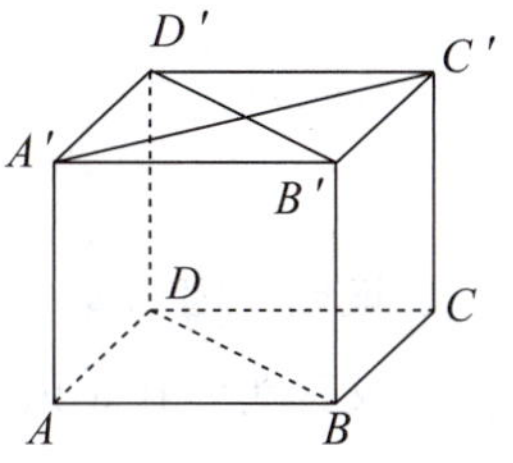

图 11－17

新知识学习

1. 直线和平面的位置关系

如图 11－18 所示，一条直线和平面的位置关系有以下三种：

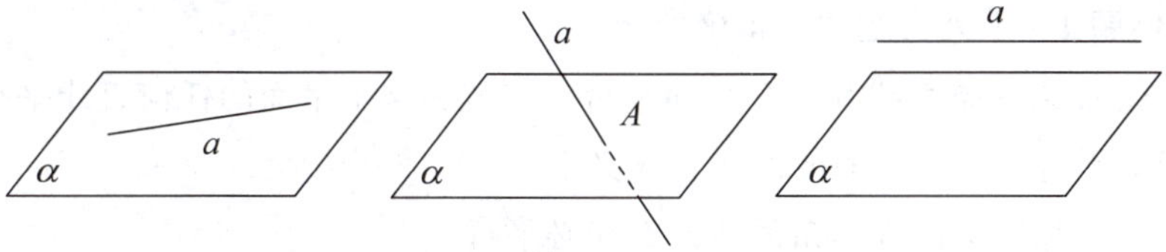

图 11－18

(1) 直线 a 在平面 α 内($a \subset \alpha$)：无数个公共点；

(2) 直线 a 和平面 α 相交($a \cap \alpha = A$)：有且只有一个公共点；

(3) 直线 a 和平面 α 平行($a /\!/ \alpha$)：没有公共点.

说明：把直线和平面相交或平行的情况统称为直线在平面外.

观察图 11－17 所示的正方体，$A'B' /\!/ AB$，当直线 AB 沿直线 BC 平移时，就形成了平面 AC，直线 AB 在平移过程中的每一个位置都与 $A'B'$ 平行，因此，直线 $A'B'$ 与平面 AC 没有公共点.

2. 直线与平面平行的判定定理

如果平面外一条直线和平面内的一条直线平行，那么这条直线和这个平面平行.

小组互动：

试举一个生活中应用直线与平面平行的判断定理的实例.

由直线与平面平行可知，这条直线与这个平面内的所有直线都没有公共点，所以平行直线与平面内任意一条直线只能平行或异面.

3. 直线与平面平行的性质定理

如果一条直线和一个平面平行，经过这条直线的平面和这个平面相交，那么这条直线就和两个平面的交线平行.

小组互动：

探讨如果一条直线与一个平面平行，那么这条直线与这个平面内的任意一条直线都平行吗？

已知：如图 11－19 所示，$a /\!/ \alpha$，$a \subseteq \beta$，$\alpha \cap \beta = b$. 求证：$a /\!/ b$.

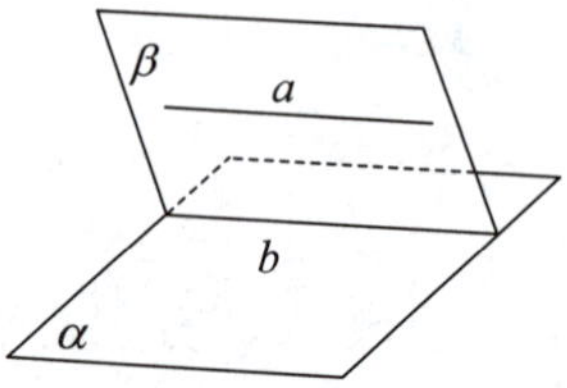

图 11－19

证明： 因为 $a /\!/ \alpha$，所以 a 和 α 没有公共点.

又因为 b 在 α 内，所以 a 和 b 也没有公共点.

由于 a 和 b 都在平面 β 内，又没有公共点，所以 $a /\!/ b$.

评析： 在空间内，经常利用这条定理，由“线、面平行”去判断“线、线平行”.

新知识应用

例题 1 下列命题中，正确的是(　　).

A. 如果一条直线和一个平面平行，它就和这个平面的任何直线平行

B. 平行于同一平面的两条直线必平行

C. 与某一平面成等角的两条直线必平行

D. 过平面外一点有无数条直线与平面平行

解： 选 D. 对于选项 A，如果一条直线和一个平面平行，则它就和这个平面的任何直线可能平行，也可能异面. 对于选项 B，平行于同一平面的两条直线可能平行，也可能相交或异面. 对于选项 C，与某一平面成等角的两条直线可能平行，也可能相交或异面.

动动脑：

归纳运用直线与平面平行定理判断命题真假的常规方法与技巧.

跟踪练习 1 下列命题中，正确的是(　　).

A. 如果一条直线与一个平面平行，那么过平面内一点与这条直线平行的直线有且只有一条

B. 过两条平行线中的一条直线和另一条直线平行的平面只有一个

C. 直线与平面平行的充要条件是直线与平面内的无数条直线平行

D. 如果直线 $a /\!/ b$，且 $a /\!/ \alpha$，则 $b /\!/ \alpha$

例题 2 如图 11－20 所示，在正方体 AC' 中，E' 为对角线 $A'C'$ 与 $B'D'$ 的交点，求证：BE'∥平面 ACD'.

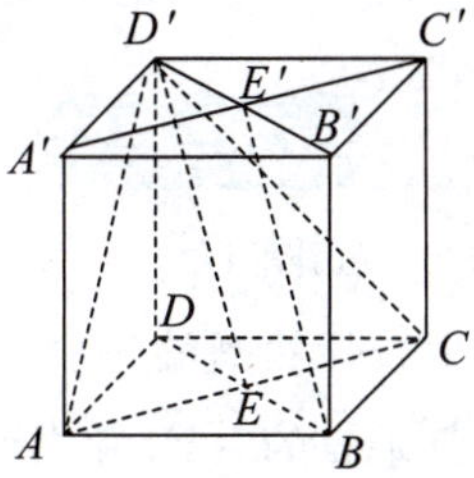

图 11－20

证明：连接 BD，交 AC 于 E 点，再连接 $D'E$.

因为 $D'E' \underline{\mathbin{/\!/}} \frac{1}{2}B'D'$，$EB \underline{\mathbin{/\!/}} \frac{1}{2}BD$，且 $BD \underline{\mathbin{/\!/}} B'D'$，

所以 $D'E' \underline{\mathbin{/\!/}} EB$，即四边形 $BE'D'E$ 为平行四边形.

所以 $BE' /\!/ ED'$.

又因为 $ED' \subseteq$ 平面 ACD'，

所以 BE'∥平面 ACD'.

跟踪练习 2 如图 11－21 所示，已知空间四边形 $ABCD$，E、F 分别是 AB、AD 的中点. 求证：EF∥平面 BCD.

动动脑：

归纳证明直线与平面平行的常规方法与技巧.

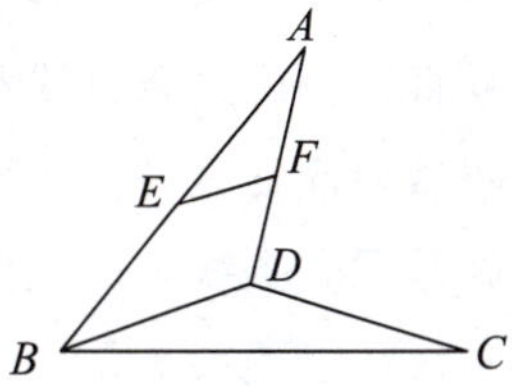

图 11－21

例题 3 如图 11－22 所示，$\alpha \cap \beta = AB$，$\alpha \cap \gamma = CD$，$\beta \cap \gamma = EF$，且 $AB /\!/ \gamma$，求证：$CD /\!/ EF$.

证明：因为 $AB /\!/ \gamma$，$\alpha \cap \gamma = CD$，

所以 $AB /\!/ CD$.

又因为 $AB /\!/ \gamma$，$\beta \cap \gamma = EF$，

所以 $AB /\!/ EF$，即 $CD /\!/ EF$.

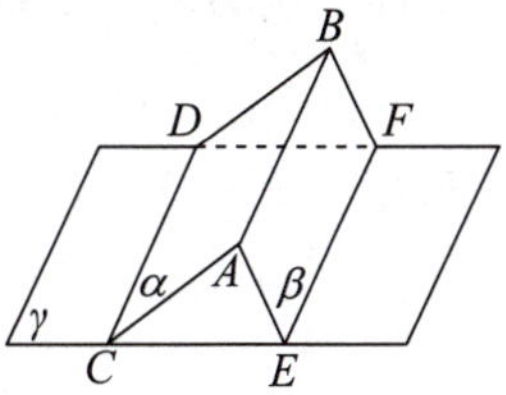

图 11－22

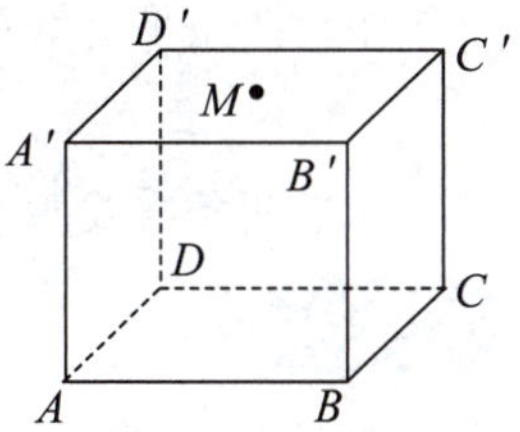

图 11－23

动动脑：

归纳证明两条直线平行的常规方法与技巧.

跟踪练习 3 如图 11－23 所示，在长方体 AC' 中，在平面 $A'C'$ 内有一点 M，在平面 $A'C'$ 内求作过点 M 且平行于 BC 的直线.

11.3.2 直线和平面垂直

旧知识链接：

介绍一间规则教室墙角线与地面之间的关系.

观察与思考

如图 11 - 24 所示，将书打开直立在桌面 α 上，显然书的书脊 AB 和各页与桌面的交线都是垂直的 . AB 和桌面 α 的位置关系，给我们以直线和平面垂直的形象 .

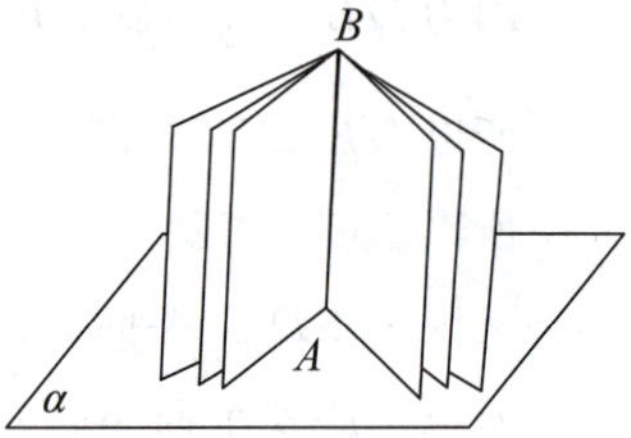

图 11 - 24

新知识学习

1. 平面的垂线

如果一条直线和一个平面内的任何直线都垂直，就说这条直线和这个平面互相垂直，直线叫做平面的垂线，平面叫做直线的垂面，交点叫做垂足 . 垂线上一点到垂足间的线段，叫做这个平面的垂线段.

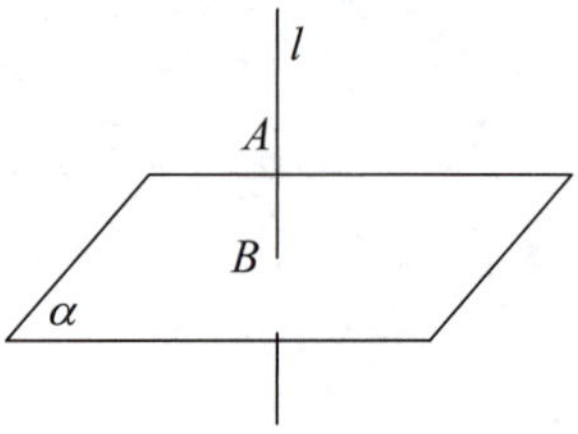

图 11 - 25

小组互动：

探讨画直线 m 垂直于平面 γ 的图形的作法.

如图 11 - 25 所示，画直线和平面垂直时，通常要把直线画成和表示平面的平行四边形的一边垂直 . 直线 l 和平面 α 互相垂直，记作 $l\perp\alpha$.

2. 直线与平面垂直的判定定理

如果一条直线和平面内的两条相交直线都垂直，那么这条直线垂直于这个平面.

3. 直线与平面垂直的性质定理

定理 1 如果两条平行线中，有一条垂直于平面，则另一条也垂直于这个平面.

定理 2 如果两条直线垂直于同一个平面，则这两条直线平行.

新知识应用

例题 4 如图 11 - 26 所示，在空间四边形 $ABCD$ 中，$AB=AC$，$DB=DC$，P 是 BC 的中点，求证：$BC\perp$平面 APD.

证明：在$\triangle ABC$ 和$\triangle DBC$ 中，

因为 $AB=AC$，$BD=CD$，点 P 是 BC 的中点，

所以 $AP\perp BC$，$DP\perp BC$.

又因为 $AP\subseteq$平面 APD，$DP\subseteq$平面 APD，且 $AP\cap DP=P$，

所以 $BC\perp$平面 APD.

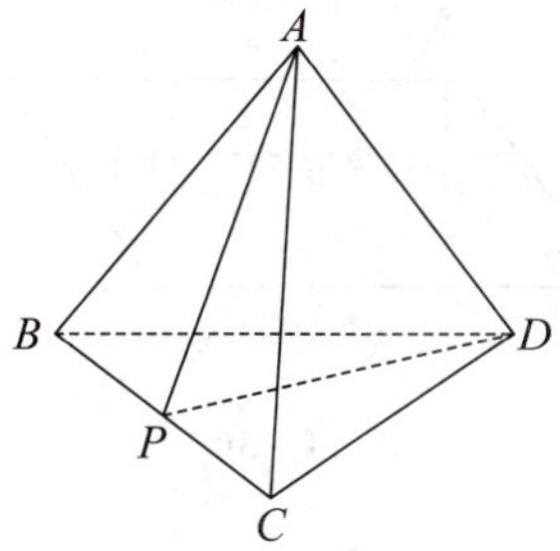

图 11－26

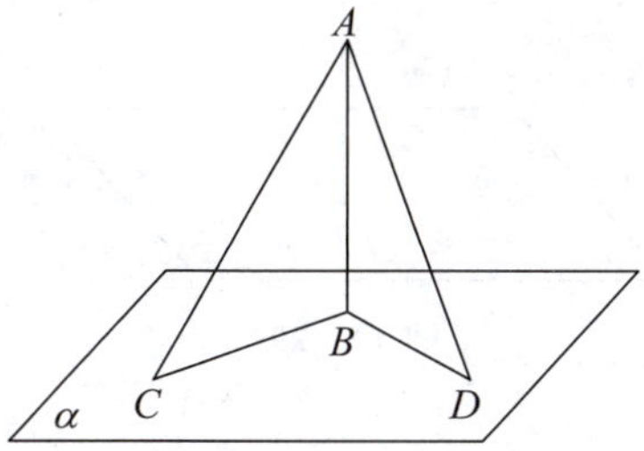

图 11－27

动动脑：

归纳证明线面垂直的常规方法与技巧.

跟踪练习 4 如图 11－27 所示，有一旗杆 AB 高 12m，它的顶端 A 挂一条长为 13m 的绳子，拉紧绳子，并把它的顶端先后放在地面上的两点 C，D(和旗杆脚不在同一条直线上). 如果这两点和旗杆脚 B 的距离都是 5m，那么旗杆就和地面垂直，为什么？

11.3.3 直线与平面所成的角

旧知识链接：

复习点的射影、斜线的射影、斜线段的射影概念.

观察与思考

如图 11－28 所示，长方体 $ABCD-A'B'C'D'$，可以发现 AD' 虽然和平面 $ABCD$ 相交，但不垂直.

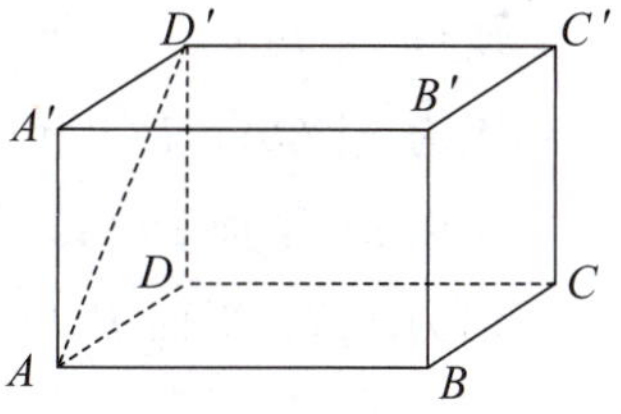

图 11－28

新知识学习

1. 平面的斜线

如果一条直线 AB 和一个平面相交，但不和这个平面垂直，那么这条直线叫做这个**平面的斜线**，斜线和平面的交点叫做**斜足**，斜线上一点与斜足之间的线段叫做**斜线段**.

如图 11－29 所示，点 A' 是点 A 在平面 α 内的射影，线段 AA' 叫做点 A 到平面 α 的垂线段. 如图 11－30 所示，AB 是平面 α 的斜线，B 是斜足，AB 是斜线段.

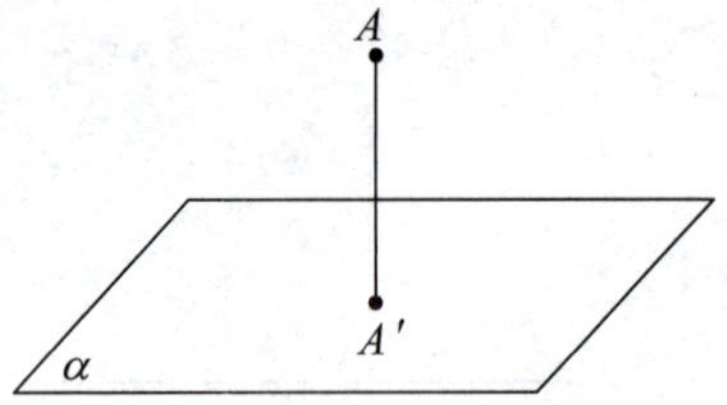

图 11 - 29

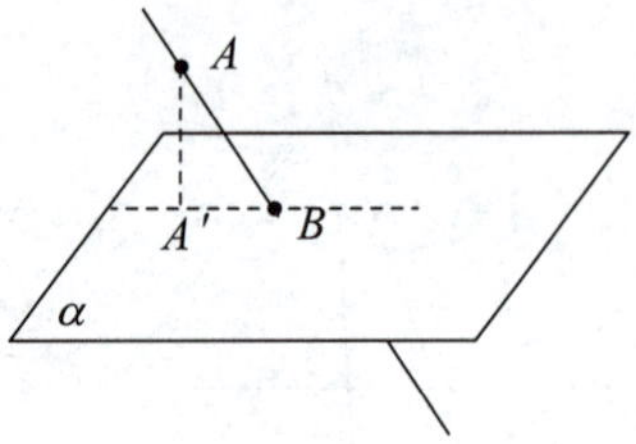

图 11 - 30

2. 直线和平面所成的角

小组互动：

理解直线与平面所成的角的概念与范围.

斜线和它在平面内的射影的夹角叫做**斜线和平面所成的角(或夹角)**.

如图 11 - 30 所示，直线 $A'B$ 为斜线 AB 在平面内的射影.

如果直线与平面垂直，则规定直线与平面所成的角为直角(90°)；如果直线与平面平行，则规定直线与平面所成的角为 0°角；由此可知直线与平面所成角的范围是[0°，90°].

3. 三垂线定理及其逆定理

定理 如果平面内的一条直线与平面的一条斜线在这个平面内的射影垂直，则它也和这条斜线垂直.

已知：如图 11 - 31 所示，PO、PA 分别是平面 α 的垂线和斜线，OA 是 PA 在 α 内的射影，$l\subseteq\alpha$ 且 $l\perp OA$.

求证：$l\perp PA$.

证明：因为 $PO\perp\alpha$，$l\subseteq\alpha$，

所以 $l\perp PO$.

因为 $l\perp OA$，$PO\cap OA=O$，

所以 $l\perp$ 平面 POA.

因为 $PA\subseteq$ 平面 POA，

所以 $l\perp PA$.

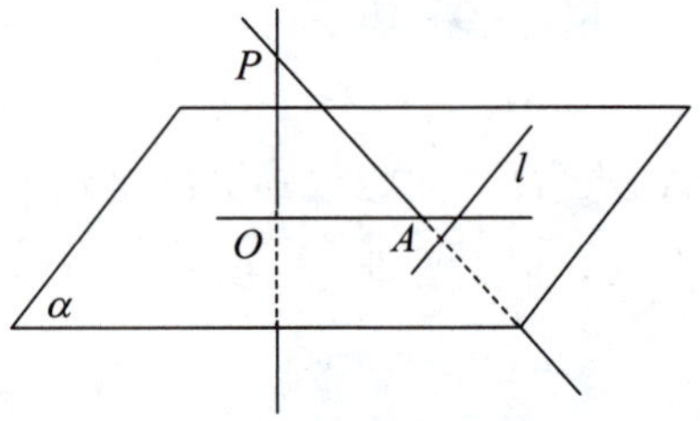

图 11 - 31

同理可证得三垂线定理的逆定理：

逆定理 如果平面内的一条直线和这个平面的一条斜线垂直，则它也和这条斜线在平面内的射影垂直.

新知识应用

例题 5 如图 11 - 32 所示，已知长方体 $ABCD-A'B'C'D'$ 中，$AB=3$，$BC=\sqrt{3}$，$AA'=2$，求对角线 $A'C$ 与平面 $ABCD$ 所成的角.

解：连接 AC，由题意知 $\triangle A'AC$ 为直角三角形，且知 $\angle A'AC=90°$，

所以 $\angle ACA'$ 是斜线 $A'C$ 与平面 $ABCD$ 所成的角.

由勾股定理可得

$AC=\sqrt{AB^2+BC^2}=\sqrt{3^2+(\sqrt{3})^2}=2\sqrt{3}$.

又因为 $AA'=2$，

$\tan\angle ACA'=\frac{AA'}{AC}=\frac{2}{2\sqrt{3}}=\frac{\sqrt{3}}{3}$，

所以$\angle ACA'=30°$.

即对角线 $A'C$ 与平面 $ABCD$ 所成的角为 30°.

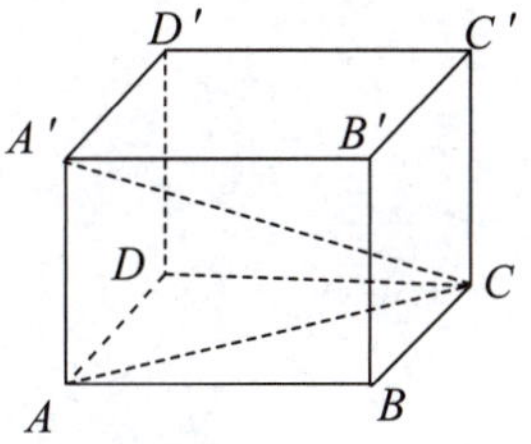

图 11－32

跟踪练习 5　如图 11－33 所示，在棱长为 2 的正方体 $ABCD-A'B'C'D'$中，E 是 BC'的中点，求直线 DE 与平面 $ABCD$ 所成角的正切值.

动动脑：

归纳求直线与平面所成角的常规方法与技巧.

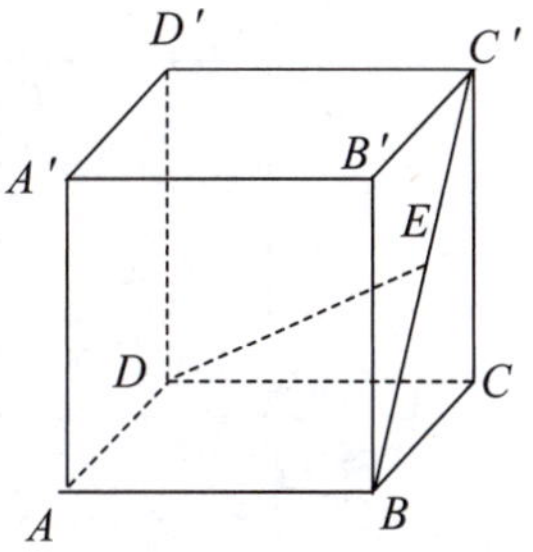

图 11－33

例题 6　如图 11－34 所示，已知正方体 $ABCD-A'B'C'D'$中，连接 BD'、$A'C'$，证明：$BD'\perp A'C'$.

证明：连接 $B'D'$，因为 $A'B'C'D'$是正方形，

所以 $A'C'\perp B'D'$.

因为 $BB'\perp$平面 $A'B'C'D'$，

所以 $B'D'$是斜线 BD'在平面 $A'B'C'D'$上的射影，

因为 $A'C'$在平面 $A'B'C'D'$内，

所以根据三垂线定理可知，$BD'\perp A'C'$.

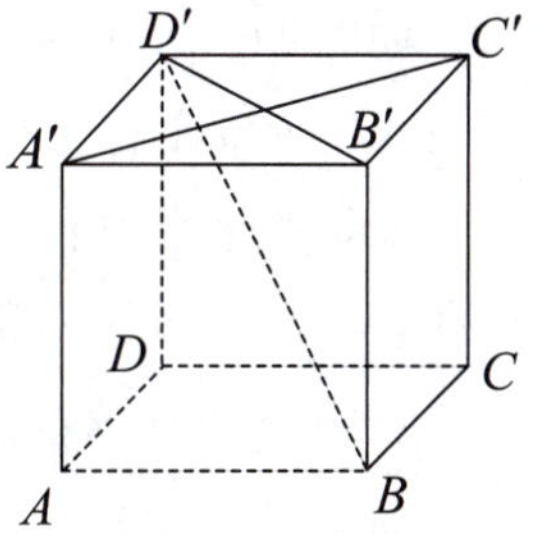

图 11－34

跟踪练习 6　如图 11-34 所示，在正方体 $ABCD-A'B'C'D'$中，证明：$A'D\perp BD'$.

动动脑：

归纳运用三垂线定理证明两条直线垂直的常规方法与技巧.

11.4 空间两个平面

11.4.1 平面与平面的平行关系

旧知识链接：

阅读教材下册中第 189～190 页中直线与平面平行的性质与判定定理的内容.

观察与思考

如图 11-35 所示，思考长方体中相对的两个面之间的位置关系.

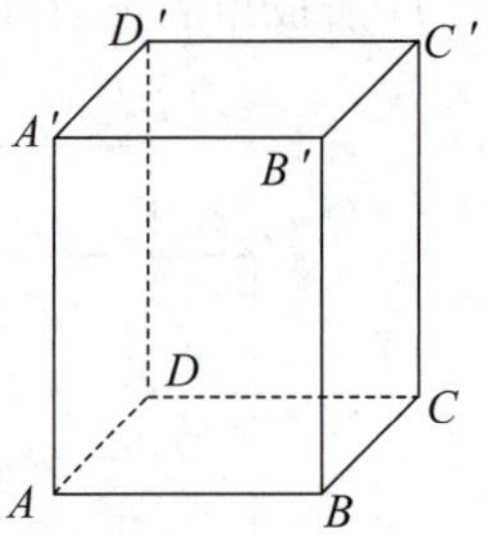

图 11-35

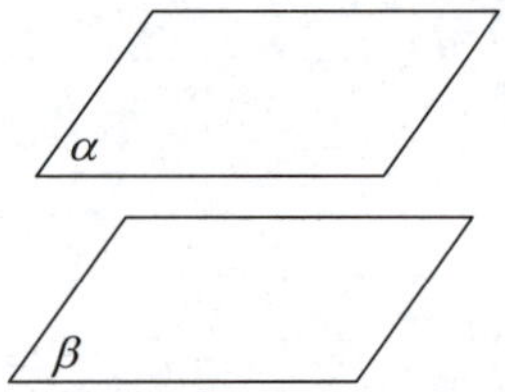

图 11-36

新知识学习

1. 平行平面的概念

如图 11-36 所示，如果两个平面没有公共点，则这两个平面叫做**平行平面**. 平面 α 平行于平面 β，记作 $\alpha /\!/ \beta$.

如果两个平面有一个公共点，那么它们相交于经过这个点的一条直线. 因此，两个平面的位置关系有平行和相交.

2. 两个平面平行的判断定理

如果一个平面内有两条相交直线分别平行于另一平面，那么这两个平面平行.

推论 1 如果一个平面内有两条相交直线分别平行于另一个平面内的两条直线，那么这两个平面平行(如图 11-37).

推论 2 垂直于同一直线的两个平面平行(如图 11-38).

3. 两个平面平行的性质定理

如果两个平行平面同时与第三个平面相交，那么它们的交线平行.

已知：如图 11-39 所示，平面 $\alpha /\!/ \beta$，$\gamma \cap \alpha = a$，$\gamma \cap \beta = b$. 求证：$a /\!/ b$.

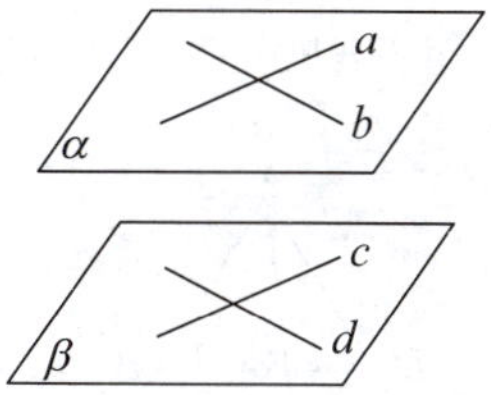

图 11－37

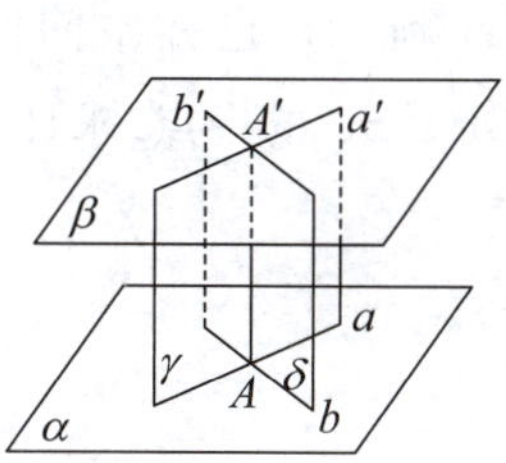

图 11－38

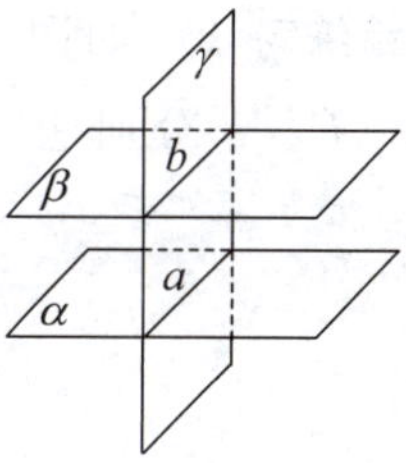

图 11－39

证明：因为 $\alpha /\!/ \beta$，

所以平面 α 与 β 没有公共点，

即交线 a、b 也没有公共点.

又因为直线 a、b 都在平面 γ 内，

所以 $a /\!/ b$.

推论 1　两个平面平行，其中一个平面内的直线必平行于另一个平面.

推论 2　一条直线垂直于两个平行平面中的一个平面，它也垂直于另一个平面.

小组互动：

探讨并理解平面平行的判定和性质定理.

和两个平行平面同时垂直的直线，叫做这**两个平行平面的公垂线**，它夹在这两个平行平面间的部分，叫做这**两个平行平面的公垂线段**.

两个平行平面的公垂线段都相等. 把公垂线段的长度叫做**两个平行平面的距离**.

新知识应用

例题 1　如图 11－40 所示，在长方体 $ABCD-A'B'C'D'$ 中，求证：平面 $AB'D' /\!/$ 平面 $BC'D$.

证明：因为 $AB /\!/ A'B' /\!/ D'C'$，且 $AB=A'B'=D'C'$，

所以四边形 $ABC'D'$ 为平行四边形，即 $AD' /\!/ BC'$.

因为 $BC' \subseteq$ 平面 $BC'D$，

所以 $AD' /\!/$ 平面 $BC'D$.

同理可证，$AB' /\!/$ 平面 $BC'D$.

因为 $AD' \cap AB' = A$，

所以平面 $AB'D' /\!/$ 平面 $BC'D$.

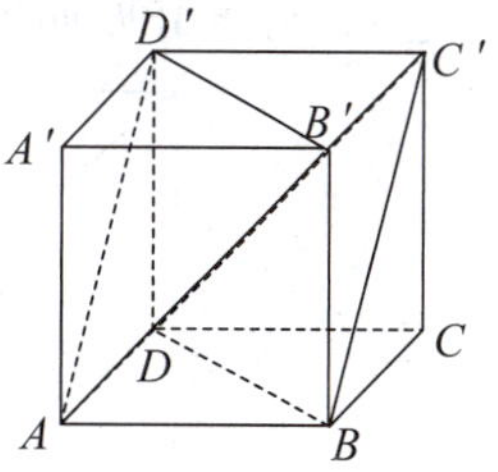

图 11－40

动动脑：

归纳证明两平面平行的常规方法与技巧.

跟踪练习 1 如图 11－41 所示，已知空间四边形 $SABC$，连接 SB、AC，D、E、F 分别是 SA、SB、SC 的中点. 求证：平面 DEF // 平面 ABC.

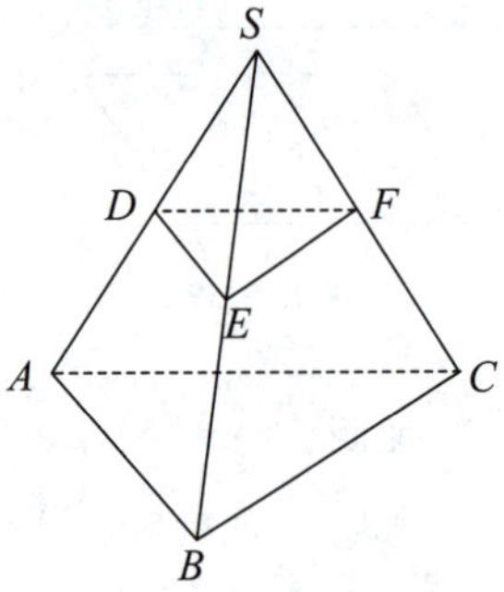

图 11－41

11.4.2 二面角、平面与平面垂直

旧知识链接：

阅读教材下册第 192 页直线与平面垂直的性质与判定定理的内容.

观察与思考

在使用笔记本电脑时，为便于操作，须将显示屏打开一个角度. 如何刻画打开电脑两个平面所成的角呢？

新知识学习

1. 二面角的概念

平面内的一条直线把平面分为两部分，其中的每一部分都叫做**半平面**. 从一条直线出发的两半平面所组成的图形叫做**二面角**. 这条直线叫做**二面角的棱**，这两个半平面叫做**二面角的面**.

小组互动：

探讨二面角的平面角与点 O 在 l 上的位置有没有关系？

例如：如图 11－42 所示，棱为 l，两个半平面分别为 α、β 的二面角，记作 $\alpha-l-\beta$. 如果点 $A\in\alpha$，点 $B\in\beta$，二面角也可记作 $A-l-B$. 如图 11－43所示，在二面角 $\alpha-l-\beta$ 的棱上任取一点 O，在两半平面内分别作射线 $OA\perp l$ 和 $OB\perp l$，则 $\angle AOB$ 叫做**二面角 $\alpha-l-\beta$ 的平面角**.

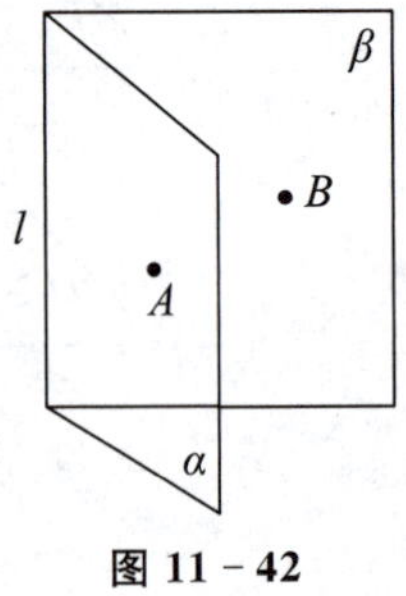

图 11－42

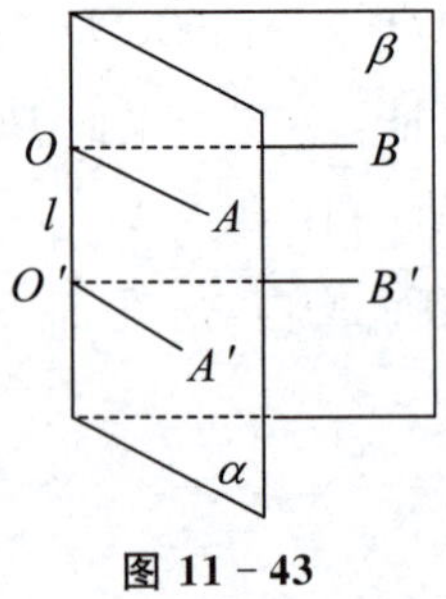

图 11－43

评析：二面角的大小可用它的平面角来度量，当二面角的两个半平面重合时，规定平面角为零角；当二面角的两个半平面合成一个平面时，规定平面角为平角．因此二面角的平面角的范围是$[0°, 180°]$．

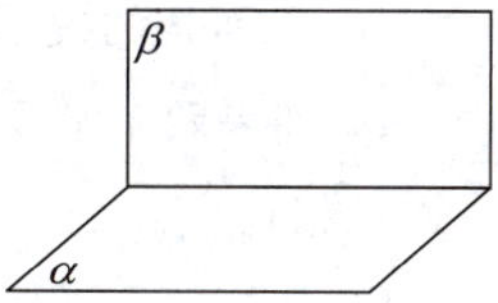

图 11－44

如图 11－44 所示，平面角是直角的二面角叫做**直二面角**．相交成直二面角的两个平面，叫做**两个平面垂直**．

> 小组互动：
>
> 探讨为何建筑工人在砌墙时，常用一端系有铅锤的线来检查所砌的墙是否和水平面垂直．

2. 平面与平面垂直的判定定理

如果一个平面过另一个平面的一条垂线，则两个平面互相垂直．

已知：直线 $AB \subseteq$ 平面 β，$AB \perp$ 平面 α，垂足为 B．

求证：$\alpha \perp \beta$．

证明：如图 11－45 所示，设 $\alpha \cap \beta = CD$，则点 $B \in CD$．

在平面 α 内过点 B 作 $BE \perp CD$．

因为 $AB \perp \alpha$，$CD \subseteq \alpha$，

所以 $AB \perp CD$，$AB \perp BE$．

又因为 $\angle ABE$ 是直角，

所以 α 和 β 所成的二面角是直角，即 $\alpha \perp \beta$．

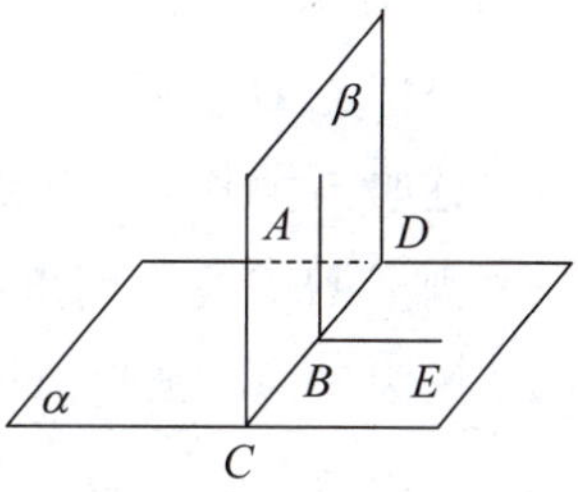

图 11－45

3. 平面与平面垂直的性质定理

如果两个平面互相垂直，那么在一个平面内垂直于它们交线的直线垂直于另一个平面．

新知识应用

例题 2 下列命题中，正确的是(　　)．

A. 两个平面相交组成的图形是二面角

B. 过平面外一条直线有且只有一个平面和这个平面垂直

C. 分别和两条互相垂直的直线中的一条垂直的两个平面一定互相垂直

D. 同垂直一个平面的两个平面互相垂直

解：选 C，由平面与平面垂直的判定定理可知．对于选项 A，由二面角的定义可知，从一条直线出发的两个半平面所组成的图形叫做二面角．对于选项 B，过平面外一条直线有一个平面或有无数个平面和这个平面垂直．对于选项 D，同垂直一个平面的两个平面可能互相垂直、相交、平行．

动动脑：

归纳运用平面垂直的性质定理与判定定理判断命题的真假的常规方法与技巧.

跟踪练习 2 下列命题中，正确的是(　　).

A. 二面角的棱不一定垂直于这个二面角的平面角所在的平面

B. 如果两个平面互相垂直，那么在其中一个平面内的直线必与另一个平面互相垂直

C. 如果两个平面和第三个平面相交，所成的二面角的度数相等，那么这两个平面平行

D. 如果一个平面和两个平行平面中的一个平面垂直，那么也和另一个平面垂直

例题 3 如图 11－46 所示，平面 $\alpha \perp$ 平面 β，$\alpha \cap \beta = CD$，$AB \subseteq \beta$，$AB \perp CD$，B 为垂足.

求证：$AB \perp \alpha$.

证明： 在平面 α 内过点 B 作 $BE \perp CD$，

则 $\angle ABE$ 是二面角 $\alpha - CD - \beta$ 的平面角，

因为 $\alpha \perp \beta$，所以 $AB \perp BE$.

又因为 $AB \perp CD$，所以 $AB \perp \alpha$.

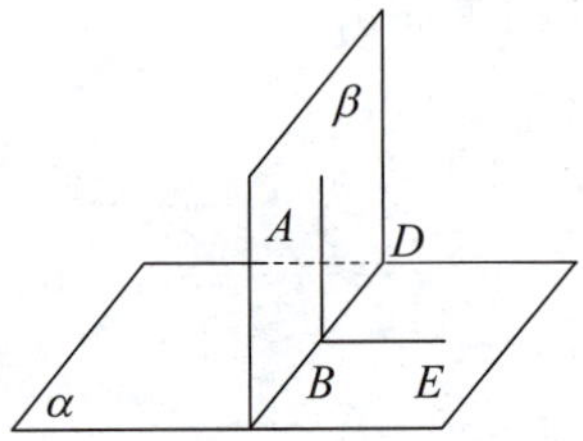

图 11－46

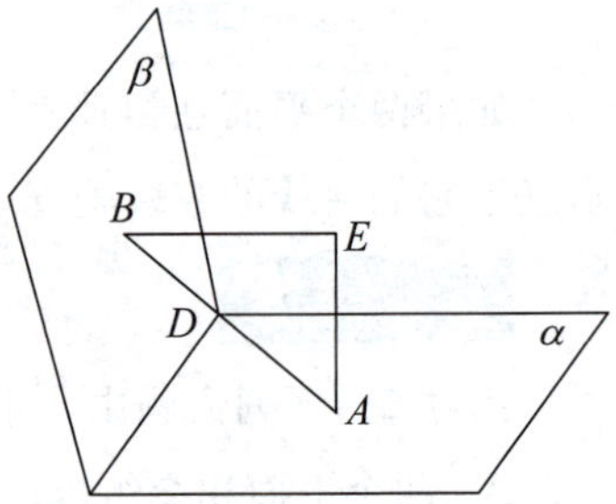

图 11－47

动动脑：

归纳运用平面垂直的性质与判定定理证明两条直线垂直的常规方法与技巧.

跟踪练习 3 如图 11－47 所示，已知：平面 α 与平面 β 相交于直线 CD，$EA \perp \alpha$，A 是垂足，$EB \perp \beta$，B 是垂足，求证：$CD \perp AB$.

11.5 棱柱与棱锥

11.5.1 棱柱

观察与思考

观察如图 11－48 所示的多面体，上、下底面都平行，且其余每相邻两个面的交线都相互平行.

旧知识链接：

复习初中所学多面体的相关知识.

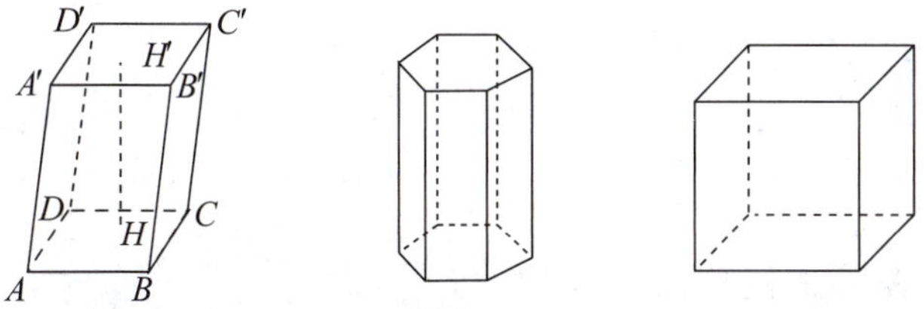

(1) (2) (3)

图 11－48

新知识学习

1. 棱柱的概念

如果有两个面相互平行，且其余每相邻两个面的交线都相互平行，这样的多面体叫做**棱柱**. 棱柱用表示底面各点的字母来表示，也可用一条对角线端点的两个字母来表示，如图 11－48(1)所示的棱柱，记作棱柱 $ABCD-A'B'C'D'$. 也可表示为棱柱 AC' 或棱柱 BD'.

棱柱的两个相互平行的平面叫做**棱柱的底面**，其余各面叫做**棱柱的侧面**，两侧面的公共边叫做**棱柱的侧棱**，两个底面间的距离叫做**棱柱的高**，不在同一面上的两个顶点的连线叫做**棱柱的对角线**.

如图 11－48(1)所示，多边形 $ABCD$ 是底面，四边形 $A'ABB'$、$B'BCC'$ 是侧面，$A'A$、$C'C$ 是侧棱，$H'H$ 是高，AC'、BD' 是对角线.

侧棱不垂直于底面的棱柱叫做**斜棱柱**(图 11－48(1))，侧棱垂直于底面的棱柱叫做**直棱柱**(图 11－48(2))；底面是正多边形的直棱柱叫做**正棱柱**(图 11－48(3)). 棱柱的侧棱至少有三条，棱柱的底面可以是三角形、四边形、五边形、……，把这样的棱柱分别叫做**三棱柱**、**四棱柱**、**五棱柱**、…….

小组互动：

理解棱柱有关概念的意义及表示法.

2. 棱柱的性质

根据棱柱的定义，容易证明棱柱具有下面的性质：

小组互动：

探讨并理解棱柱的性质.

(1) 棱柱的每一个侧面都是平行四边形，所有的侧棱都相等，直棱柱的每一个侧面都是矩形，正棱柱的各个侧面都是全等的矩形；

(2) 两个底面与平行底面的截面是对应边相互平行的全等多边形；

(3) 过不相邻的两条侧棱的截面都是平行四边形.

3. 正棱柱的面积与体积公式

由正棱柱的表面展开图(如图 11－49 所示)及祖恒原理，可以得到正棱柱的侧面积、全面积、体积的计算公式分别为

$S_{正棱柱侧}=ch$；

$S_{正棱柱全}=ch+2S_{底}$；

$V_{正棱柱}=S_{底}h$.

其中 c 表示正棱柱的底面周长，h 表示正棱柱的高，$S_{底}$ 表示正棱柱底面的面积.

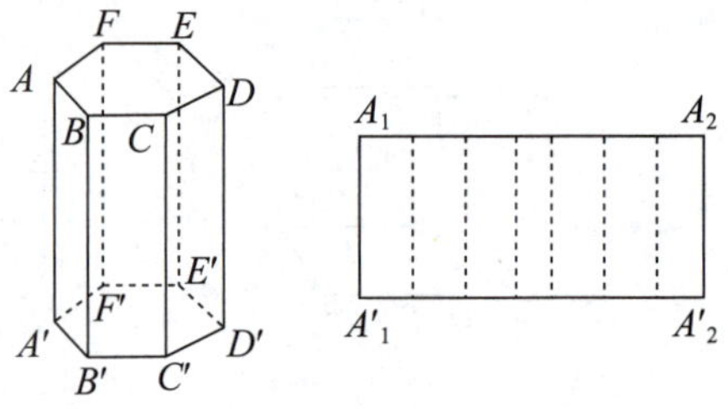

图 11－49

新知识应用

例题 1 下列说法正确的是(　　).

A. 棱柱的侧面都是矩形

B. 有四条侧棱的棱柱是四棱柱

C. 底面为正多边形的棱柱为正棱柱

D. 不相邻两个顶点的连线是棱柱的对角线

解：选 B，有四条侧棱的棱柱意味着底面是四边形，所以是四棱柱．对于选项 A，只能说棱柱的侧面都是平行四边形，只有直棱柱的侧面才是矩形；对于选项 C，底面为正多边形的棱柱不一定是正棱柱，只有底面为正多边形的直棱柱才是正棱柱；对于选项 D，在侧面中存在两个不相邻的两个顶点，但它们的连线不是棱柱的对角线，而是侧面的对角线．

动动脑：

归纳根据棱柱的概念与性质判断命题的真假的常规方法与技巧.

跟踪练习 1 下列说法正确的是(　　).

A. 棱柱的侧面及经过不相邻的两条侧棱的截面都是矩形

B. 侧棱与高相等的棱柱是正棱柱

C. 棱柱的两个底面与平行底面的截面是对应边相互平行的全等多边形

D. 棱柱的两个相邻平面的交线都是侧棱

例题 2 某纸品厂制造一种长为 2m，宽为 1.5m，高为 2.5m 的纸箱 100 个，问共需要纸皮面积多少平方米？

解：制造一个纸箱需要纸皮的面积是长为 2m，宽为 1.5m，高为 2.5m 的长方体的全面积，其面积为

$$S_{长方体}=2(2\times1.5+2\times2.5+1.5\times2.5)=2\times11.75=23.5(\text{m}^2).$$

故 100 个纸箱共需要纸皮面积为：$23.5\times100=2350(\text{m}^2)$.

跟踪练习 2 如图 11－50 所示，正三棱柱 $ABC-A'B'C'$ 两底面的边长均为 4，高为 5，求正三棱柱的侧面积、全面积和体积.

动动脑：

归纳求正棱柱的面积与体积的常规方法.

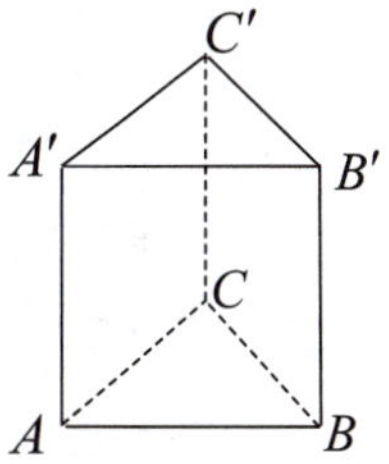

图 11－50

11.5.2 棱锥

观察与思考

如图 11－51 所示，探索并发现以下图形的共同特征.

旧知识链接：

回忆古埃及金字塔的形状特征.

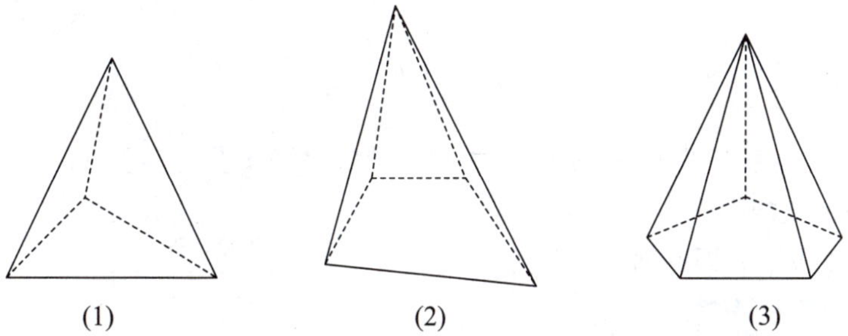

图 11－51

新知识学习

1. 棱锥的概念

如果一个多面体有一个面是多边形，其余各面是有一个公共顶点的三角形，那么这个多面体就叫做**棱锥**．多边形叫做**棱锥的底面**(简称**底**)，有公共顶点的三角形叫做**棱锥的侧面**，各侧面的公共顶点叫做**棱锥的顶点**，顶点到底面的距离叫做**棱锥的高**.

小组互动：

理解棱锥相关概念的意义，并探讨棱柱、棱锥的异同.

棱锥用表示顶点和底面各个顶点的字母或者用表示顶点和底面的一条

对角线端点的字母来表示.

如图 11－52 的棱锥可表示为 $S-ABCDE$ 或者棱锥 $S-AC$.

棱锥的底可以是三角形、四边形、五边形、……，把这样的棱锥分别叫做**三棱锥**、**四棱锥**、**五棱锥**、…….

如果一个棱锥的底面是正多边形，并且顶点在底面内的射影是底面的中心，这样的棱锥叫做**正棱锥**.

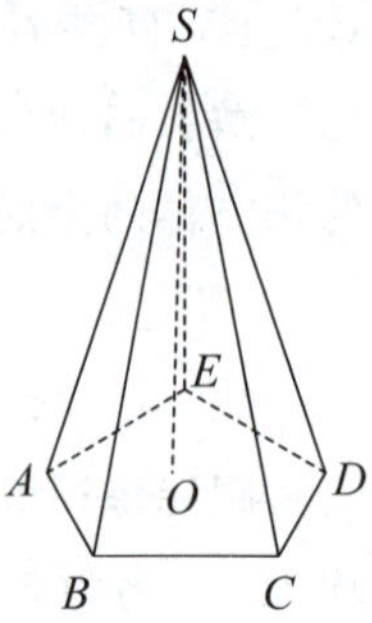

图 11－52

2. 正棱锥的性质

根据正棱锥的概念，易得正棱锥有如下性质：

(1) 正棱锥各侧棱相等，每个侧面都是全等的等腰三角形；

(2) 正棱锥的高、斜高和斜高在底面上的射影组成一个直角三角形，它的高、侧棱、侧棱在底面上的射影都是直角三角形.

3. 正棱锥的面积与体积公式

由正棱锥的表面展开图(如图 11－53 所示)及正棱柱的体积公式，可以得到正棱锥的侧面积、全面积、体积计算公式分别为

$$S_{正棱锥侧}=\frac{1}{2}ch'；$$

$$S_{正棱锥全}=\frac{1}{2}ch'+S_{底}；$$

$$V_{正棱锥}=\frac{1}{3}S_{底}\ h.$$

其中，c 表示正棱锥的底面周长，h' 表示正棱锥的斜高，$S_{底}$ 表示正棱锥底面的面积.

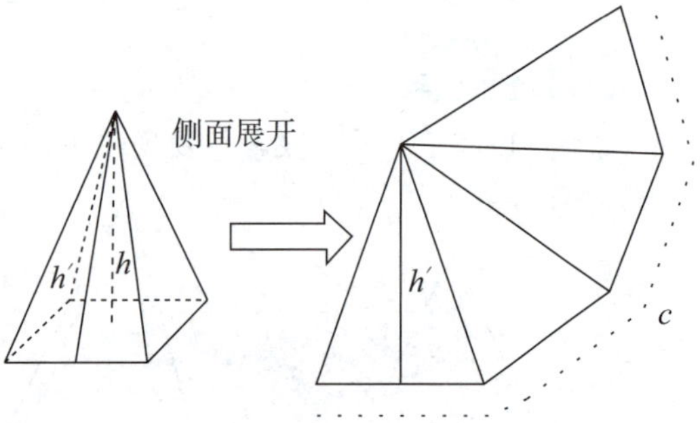

图 11－53

新知识应用

例题 3 如图 11－54 所示，棱锥的底面是边长为 3 的正方形，侧棱 SB 的长为 5，侧面 SAB、SAD 都与底面垂直，求棱锥的侧面积.

解： 因为 $SA\perp$ 底面 $ABCD$，$AD=AB=3$，

所以 $SD=SB=5$，$SA=\sqrt{SD^2-AD^2}=\sqrt{5^2-3^2}=4$.

再由三垂线定理可知，$SD\perp CD$，$SB\perp BC$，那么 $\triangle SAB$、$\triangle SAD$、$\triangle SBC$、$\triangle SDC$ 均为 Rt$\triangle$，所以

$$S_{Rt\triangle SAB}=\frac{1}{2}\cdot SA\cdot AB=\frac{1}{2}\times4\times3=6,$$

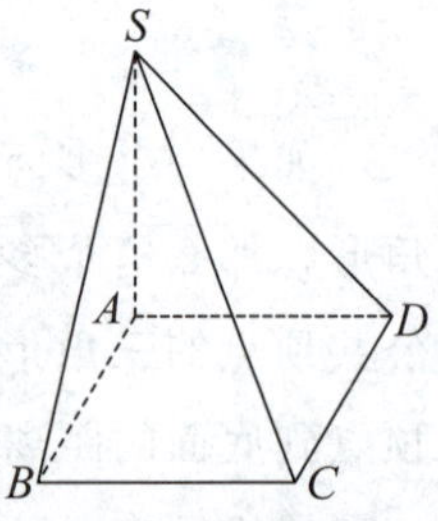

图 11－54

$S_{Rt\triangle SBC}=\frac{1}{2}\cdot SB\cdot BC=\frac{1}{2}\times5\times3=7.5$,

$S_{Rt\triangle SDC}=\frac{1}{2}\cdot SD\cdot DC=\frac{1}{2}\times5\times3=7.5$,

$S_{Rt\triangle SAD}=\frac{1}{2}\cdot SA\cdot AD=\frac{1}{2}\times4\times3=6$,

即 $S_{四棱锥侧}=S_{\triangle SAB}+S_{\triangle SBC}+S_{\triangle SDC}+S_{\triangle SAD}$

$=6+7.5+7.5+6$

$=27.$

跟踪练习3 设计一个正四棱锥冷水塔塔顶(如图 11-55 所示)，高是 1m，底面的边长是 2cm，制造这种塔顶需要多少平方米铁板？(保留两位有效数字)

动动脑：

归纳求正棱锥的面积与体积的常规方法.

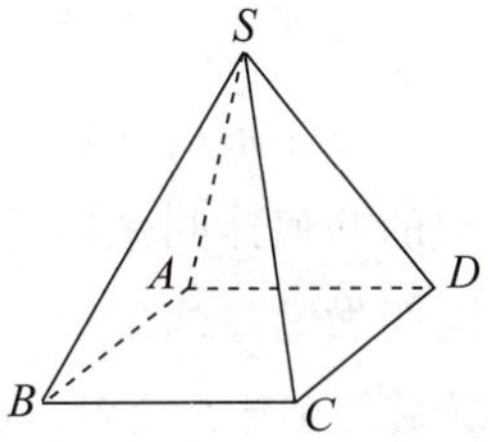

图 11-55

11.6 圆柱、圆锥、球

11.6.1 圆柱

旧知识链接：

思考卷纸、薯片桶的形状特征.

观察与思考

用矩形的一条边所在的直线为旋转轴，其余各边绕旋转轴旋转，可以得到如图 11-56 所示几何体.

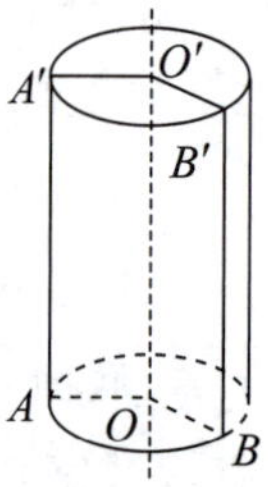

图 11-56

新知识学习

1. 圆柱的概念

以矩形的一边所在的直线为旋转轴，其余各边旋转而形成的曲面所围成的几何体叫做**圆柱**．旋转轴叫做**圆柱的轴**，垂直于轴的边旋转而成的圆面叫做**圆柱的底面**，不垂直于轴的边旋转而成的曲面叫做**圆柱的侧面**，无论旋转到什么位置，这条边都叫做**侧面的母线**，两个底面间的距离叫做**圆柱的高**，圆柱用表示轴的字母表示.

如图 11-56 所示，直线 OO'是轴，线段 $O'O$ 是高，$A'A$、$B'B$ 是母线，上述几何体为圆柱 OO'.

2. 圆柱的性质

小组互动：

理解圆柱有关概念及性质.

根据圆柱的概念，圆柱有如下的性质：

(1) 平行于底面的截面是圆；

(2) 过轴的截面分别是矩形.

3. 圆柱的面积与体积公式

由圆柱的表面展开图(如图 11-57 所示)及棱柱的体积公式，容易得到圆柱的侧面积、全面积、体积计算公式分别为

$$S_{圆柱侧}=cl=2\pi rl;$$
$$S_{圆柱全}=cl+2\pi r^2=2\pi rl+2\pi r^2;$$
$$V_{圆柱}=\pi r^2 h.$$

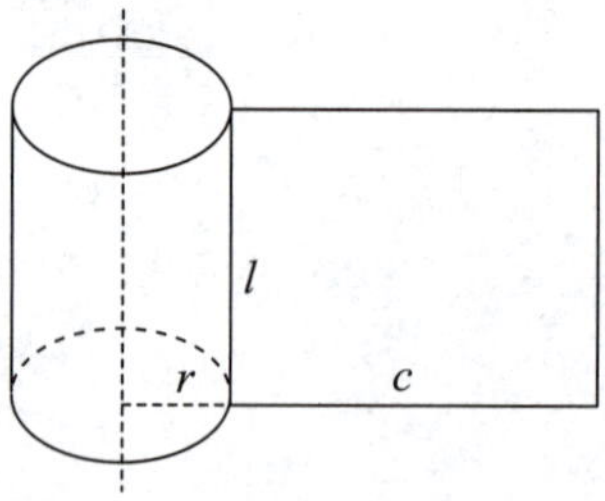

图 11-57

其中 r 表示圆柱的底面半径，c 表示圆柱的周长，l 表示圆柱的母线长.

新知识应用

例题 1 电镀金属棒(尺寸如图 11-58 所示，单位：cm)．如果每平方米用锌 0.2kg，电镀 200 个这样的金属棒需要锌多少千克？

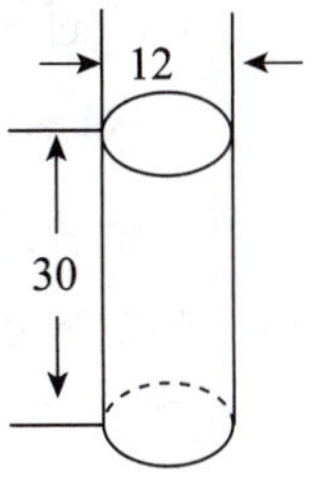

图 11-58

解： 由题意可知，金属棒的底面半径 $r=6\text{cm}$，高 $h=30\text{cm}$，则金属棒的侧面积和底面积分别为

$$S_{圆柱侧}=2\pi\times6\times30=360\pi(\text{cm}^2),$$

$$S_{圆柱底}=\pi\times6^2=36\pi(\text{cm}^2).$$

因为金属棒的全面积为

$S_{圆柱全}=S_{圆柱侧}+2S_{圆柱底}=360\pi+2\times36\pi=432\pi(\text{cm}^2)$.

所以每个金属棒所需镀锌 $\dfrac{432\pi\times0.2}{10000}=0.00864\pi(\text{kg})$，

电镀 200 个这样的金属棒需要锌为

$$200\times0.00864\pi=1.728\pi\approx5.4(\text{kg}).$$

跟踪练习 1 用一个边长为 6cm 的正方形卷成一个圆柱，求这个圆柱的底面半径及侧面积．

动动脑：

归纳求圆柱的面积与体积的常规方法．

11.6.2 圆锥

观察与思考

用直角三角形一直角边所在的直线为旋转轴，其余各边绕旋转轴旋转，得到如图 11-59 所示的几何体．

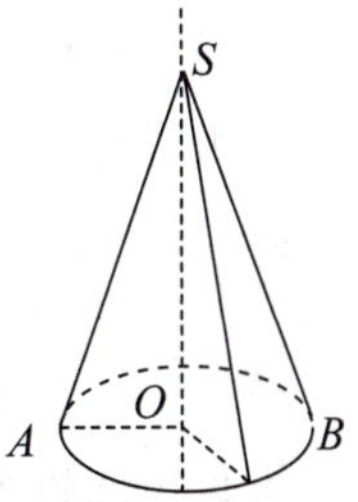

图 11-59

旧知识链接：

回忆古城堡顶部的形状特征．

新知识学习

1. 圆锥的概念

以直角三角形一直角边所在的直线为旋转轴，其余各边旋转而形成的曲面所围成的几何体叫做圆锥，旋转轴叫做圆锥的轴，另一条直角边旋转而成的圆面叫做圆锥的底面，斜边旋转而成的曲面叫做圆锥的侧面，无论旋转到什么位置，斜边都叫做侧面的母线，母线与轴的交点叫做圆锥的顶点，顶点到底面的距离叫做圆锥的高，圆锥用表示轴的字母表示．

如图 11-59 所示，SO 是圆锥的轴，SO 是圆锥的高，SA、SB 等是母线，上述几何体为圆锥 SO.

小组互动：

理解圆锥有关概念及性质．

2. 圆锥的性质

根据圆锥的概念，易得圆锥有如下的性质：

(1) 平行于底面的截面都是圆；

(2) 过轴的截面分别是等腰三角形.

3. 圆锥的面积与体积公式

由圆锥的表面展开图(如图 11－60 所示)及圆柱的体积公式，容易得到圆锥的侧面积、全面积、体积计算公式分别为

$$S_{圆锥侧}=\frac{1}{2}cl=\pi rl;$$

$$S_{圆锥全}=\frac{1}{2}cl+\pi r^2=\pi rl+\pi r^2;$$

$$V_{圆锥}=\frac{1}{3}\pi r^2 h.$$

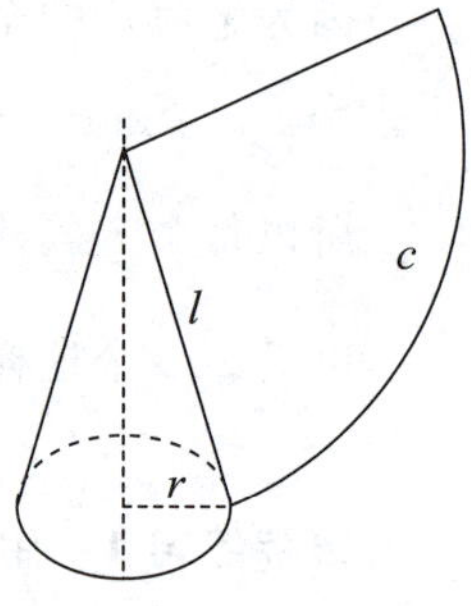

图 11－60

其中 r 表示圆锥的底面半径，c 表示圆锥的周长，l 表示圆锥的母线长.

新知识应用

例题 2 用一个半径为 4 的半圆形铁皮卷成一个圆锥筒，求这个圆锥筒的高及侧面积.

解： 如图 11－61 所示，设圆锥筒的高为 h，母线为 l，底面半径为 r.

由题意可知，圆锥筒的侧面积等于半径为 4 的半圆形铁皮的面积，所以

$$S_{圆锥侧}=\frac{1}{2}\times\pi\times4^2=8\pi.$$

再由圆锥的侧面积计算公式，得

$$\pi rl=\pi r\times4=8\pi，即 r=2.$$

在 Rt$\triangle SOA$ 中，

$$h=SO=\sqrt{SA^2-OA^2}=\sqrt{l^2-r^2}=\sqrt{4^2-2^2}=2\sqrt{3}.$$

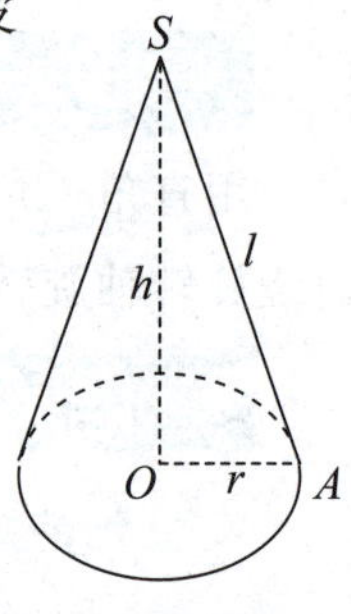

图 11－61

答： 这个圆锥筒的高为 $2\sqrt{3}$，侧面积为 8π.

动动脑：

归纳求圆锥的面积与体积的常规方法.

跟踪练习 2 将半径为 4 的圆形薄板沿三条半径截成全等的三个扇形，作成锥桶，求锥桶的高.

11.6.3　球

观察与思考

日常生活中常见的排球、足球、乒乓球和滚珠等，都呈球形.

旧知识链接：

回忆篮球、足球的形状特征.

新知识学习

1. 球的概念

半圆以它的直径为旋转轴，旋转一周所成的曲面叫做**球面**．球面所围成的几何体叫做**球体**，简称**球**．半圆的圆心叫做**球心**．半圆的半径叫做**球的半径**．连接球面上两点并且通过球心的线段叫做**球的直径**．一个球用表示它的球心的字母表示，如球 O.

如图 11－62 所示，点 O 是球心，线段 OC 是球的半径，线段 AB 是球的直径．球面被经过球心的平面截得的圆叫做**大圆**；被不经过球心的平面截得的圆叫做**小圆**．在球面上，两点之间的最短距离，就是经过两点的大圆在这两点间的一段劣弧的长度．把这个弧长叫做**两点的球面距离**．图 11－62中的 PQ 的长度就是 P、Q 两点的球面距离.

小组互动：

探讨并理解球的有关概念.

如图 11－63 所示，当把地球看作一个球时，经线就是球面上从北极到南极的半个大圆，赤道是一个大圆，其余的纬线都是小圆．

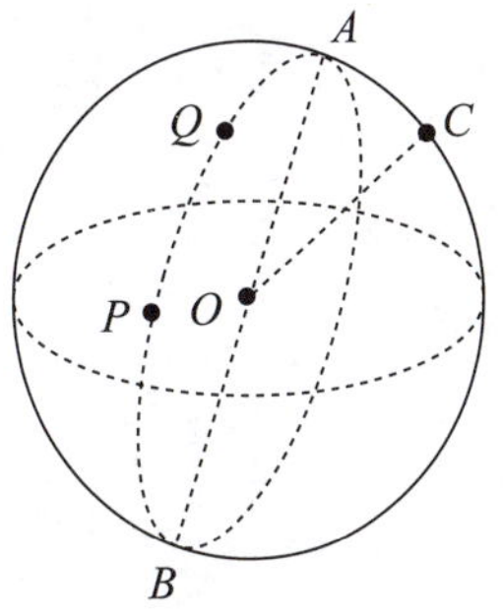

图 11－62

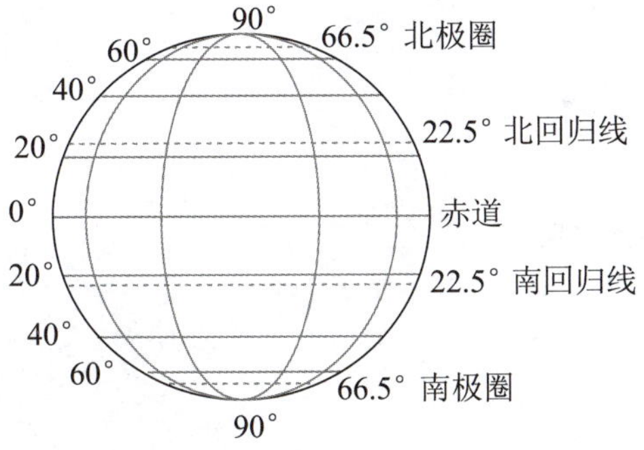

图 11－63

2. 球的面积与体积公式

球的表面积与体积计算公式如下：

$$S_{球}=4\pi R^2;$$

$$V_{球}=\frac{4}{3}\pi R^3.$$

其中，R 表示球的半径.

新知识应用

例题 3 有一半球的半径为 3cm，求该半球的体积.

解：由球的体积公式，可求得半球的体积为

$$V_{半球}=\frac{2}{3}\pi R^{3}=\frac{2}{3}\pi\times 3^{3}=18\pi(\text{cm}^{3}).$$

动动脑：

归纳求球的面积与体积的常规方法.

跟踪练习 3 一个球的半径为 5cm，求这个球的表面积和体积(保留 4 位有效数字).

阅读材料十一

“立几画板”软件介绍

“立体几何画板”用于立体几何图形制作的应用软件．它界面友好、操作方便、图形美观、文件小巧、功能强大，是数学教师教立体几何的工具平台，是学生学习立体几何的良师益友．“立体几何画板”的特色：

1. 图元类型丰富

点线面、柱锥台、圆弧球，命令按钮、动态计算一应俱全．图元选取方法多样、属性修改方便，有无限次的撤消、重做功能，有完备的帮助系统，易学易用．

2. 图形直观性强

可以运用多种投影(正平行投影、斜平行投影、中心投影)方式显示，可以多视图显示(主视图、左视图、顶视图等)，可以把被遮挡的线自动显示为虚线，可以对每一个物件添加材质属性，可加灯光效果、彩色贴图，自然逼真，胜似照片．

3. 计算快捷准确

选取图元，可以迅速判断点线面之间的位置关系，如共线、异面、平行、垂直等；可准确计算出有关的长度、角度、距离，如线面角、二面角、异面直线所成角及距离等，并将度量结果用动态文本显示．为方便教学，画板中提供了功能强大的函数计算器．

4. 变换方式多样

既可以从多种角度观察形体，进行视变换；还可以对图形进行旋转、平移、缩放等点变换，动作按钮能帮助你迅速制作变换的动画，让你在变化中寻求不变的规律．

5. 文字功能强大

在图形中可以直接添加文字说明，支持各种字体、各种符号；可以打开 WORD 编写的 RTF 格式的文本，插入幻灯片、FLASH 等，直接演示题目的解答．

6. 图像功能实用

对制作的图形既可以保存为立体几何画板文件，也可以保存为图片，配合剪贴板的使用，方便和其它软件交换数据．可以打开或保存多种格式的图像文件(如 bmp、jpg、gif、png 等)，并对此进行缩放、裁剪、转换等操作．

“ 立几画板 ”的安装与一般的 Windows 程序相同．安装后按照“帮助”中的说明进行设置.